子ども家庭まるごと支援テキスト

垣根を越えた重層的支援論

監修 宮本 文雄　編集代表 富樫 ひとみ
編集 大迫 秀樹・大西 良

明石書店

監修のことば

　健やかな子どもの育ちは、身体、心理（精神）、環境（社会）の３つの要因が、うまく連関・循環することにより形成されます。すなわち、体の健康、こころの健康、生活のしやすさが大切になります。情緒的に安定した環境で、子どもが夢や希望をもって生活・活動をすることが、子どもの育ちにおいて大変重要になります。

　しかし、わが国は、都市化、核家族化、少子化、高齢化、情報化等の進行により、子どもの育ちの環境に大きな影響を与えています。少子化時代の核家族世帯で育った親は、育児がどれくらい大変であるかを理解していない場合があります。育児は、産めば何とかなるというものではありません。例えば、乳児期、オムツを替え、ミルクを飲ませたのに、泣き止まない等の赤ちゃんの育児の気苦労（育児不安や母親の孤立化等）があります。幼児期になると、子どもを自由に外で遊ばせることができないこと（地域の養育機能の低下等）から、身体の諸能力等を伸ばすため体操教室に通わせる必要があります。また、小学校に入学して泳げないと困るので、スイミング教室に通わせる等、家庭の育児・教育の負担がますます大きくなっています。そして、子どもの育ちは、親の努力次第という社会的圧力もあります。三世代世帯は減少し、児童のいる世帯の平均児童数は減少傾向にあり、人（家族）との関わりが希薄になってきています。こうした環境において、親（保護者）は子育てを行っています。特に、共働き世帯は年々増加しており、産前産後、育休中、育休後等の支援体制を整備していく必要があます。

　子どもを産み、育て、家族をもちたい者には、家族がもてる環境を用意し、働きたい者には、いつまでも働ける社会を構築する必要があります。即ち、育児中の親が安心できる場（アドバイスや相談できる場）を作り、子育てに優しい街づくりが必要です。行政の果たすべき役割は、ますます大きくなっています。子育て支援においては、親（保護者）や子どものニーズを把握し、家族、地域の人々、専門家、行政等が連携・協働して取り組むことが大切です。そして、子育て支援は、人によるサービスが中心です。親（保護者）ならびに支援者は、健やかな子どもの育ちにおいて、「子どもと共に育っていく関係」、そして、「子どもを支えていく関係」が重要になります。次代の社会を担う子どもが、自立した個人として健やかに成長していくために、社会全体が子どもの育ちの支援に関心をもち、関わっていくこと、つまり、親（保護者）が安心して子育てができる社会、心豊かな子どもの育成ができる社会を築くことが喫緊の課題になっています。

宮本 文雄

編者まえがき

　2023年、子ども政策の司令塔となる"こども家庭庁"が創設されました。それまでは、子どもが遭遇する困難な事象を個別的・独立的に対象にした支援政策を各省庁がそれぞれに実施してきました。しかし、そのような省庁別対策では隙間に埋もれて支援が届きにくかった子どもも多かったので、政府主導による各省庁の垣根を越えた手厚い支援が求められるようになりました。個別的な支援対策から困難を連鎖的・総合的に捉える支援対策へと大きな方向転換が図られることとなったのです。

　本書は、"社会全体で子どもを護り育てる"という視座の下、育ちに必要とされる支援などを概説するテキストです。現行政策の下、子どもの育ちを真ん中に据え、支援対象領域の枠を越えて子どもが遭遇する困難を扱っています。日常生活の困難を対象にする福祉領域を始め、障害や病気などを対象にする医療領域、教育上の困難を対象にする教育領域、心理上の困難を対象にする臨床心理領域、インフラ整備などを対象とする都市政策などです。これらの困難について、困難の概念や発現のサイン、困難への支援制度・支援方法を要説しています。

　また、本書は子どもに関わる支援者や専門職が、その専門領域にかかわらず、子どもの育ちを丸ごと支援していくための基本的な知識を広く教授することを目的としています。そのため、本書は、子どもの育ちを学ばれている大学生や専門学校生、高校生、現在子どもに関わっておられる福祉・介護職や教職、心理職、医療職、さらには支援制度策定や社会インフラ整備をとおして子どもの育ちを支援しておられる行政職の方など、子どもの育ちに関わっておられるすべての方を対象にしています。

　子ども支援の政策の一つに福祉政策があります。この福祉政策は子どもが遭遇する困難を支援する主要な柱の一つで、社会情勢の変化とともに多様化してきました。福祉政策がどのように変遷してきたかを概括します。

　わが国の福祉政策は第二次世界大戦後に大きく転換しました。様々な要因の結果としての貧困に対する対策から対象者別の福祉政策が実施されるようになったのです。児童福祉政策もその一つで、1947年に児童福祉法が制定されました。児童福祉法では子どもの育成への保護政策として福祉的課題への支援が規定され、児童相談所が支援の中心的役割を果たしてきました。現在は、市町村においても相談援助活動が行われるようになり、児童相談所は児童虐待への対応など専門性が必要とされる相談援助活動や市町村への支援活動などを行っています。

　一方で、わが国の合計特殊出生率が1974年に2.07を下回り、人口減少への危機感が顕在化しました。1990年には過去最低の1.57になり、少子化対策が急務の課題となりました。1994年にエンゼルプランの公表、2003年に少子化社会対策基本法及び次世代育成支援対策推進法の

制定がなされ、少子化対策のための制度が整備されていきました。2012 年には子ども・子育て支援法等が制定され、少子化対策制度が拡充されました。現在は、主に、少子化社会対策大綱・地域少子化対策重点推進交付基金（少子化社会対策基本法）及び子ども・子育て支援新制度（子ども・子育て支援法等）、市町村等・事業主の行動計画（次世代育成支援対策推進法）の 3 つの対策で少子化対策が進められています。

このように、近年の子どもの育ちに対する支援政策は、大別すると子どもの福祉的課題への対策と少子化対策の 2 つ柱で進められてきました。支援が異なる省庁や機関等で扱われていましたが、2023 年に "こども家庭庁" が創設されたことにより、これら 2 領域の課題対策を統合的に扱う "こども家庭センター" が 2024 年 4 月より開設されました。

本書は、子どもが遭遇する危機や子どもの権利などを章題とした 9 つの章で構成されています。第 1 章では、福祉的課題に対する支援方法であるソーシャルワークについて要説します。第 2 章では、経済的危機として子どもの貧困やヤングケアラーなどを要説します。第 3 章では、非社会的危機として不登校やインターネット等への依存などを要説します。第 4 章では、反社会的危機として非行や家出、デジタルタトゥーなどを要説します。第 5 章では、命の危機としていじめ及び虐待を要説します。第 6 章では、子どもの障害と療育を要説します。第 7 章では、子どもの権利として、子どもの権利保障などを要説します。第 8 章では、子どもの健康問題（那珂市）や事故予防（日立市消防署）を要説します。第 9 章では、社会資源として都市政策（日立市）や、子どもの支援政策（茨城県）、地域の子育て事業などを要説します。

なお、本書の出版にあたり、第 8・9 章では茨城県福祉部子ども政策局及び日立市都市建設部都市政策課、日立市消防本部総務課、那珂市菅谷保育所にご協力をいただきました。深く感謝申し上げます。

本書が、読者の皆さまにとってそれぞれの領域における支援方法の理解を深めることに役立ち、また、子どもの育ちを社会全体で支援する一助となれば幸いです。

2025 年 1 月

編集代表　富樫 ひとみ

子ども家庭まるごと支援テキスト

垣根を越えた重層的支援論

目次

監修のことば　3

編者まえがき　4

第1章　福祉的アプローチとしてのソーシャルワーク

第1節　ソーシャルワークの定義と諸制度　12

第2節　ソーシャルワークの視点と過程　21

第2章　子どもを取り巻く経済的危機

第1節　ひとり親世帯　28

第2節　子どもの貧困　36

第3節　ヤングケアラー　44

第3章　子どもを取り巻く非社会的危機

第1節　不登校　52

第2節　ひきこもり　58

第3節　インターネット等への依存　62

第4章　子どもを取り巻く反社会的危機

第1節　非行　70

第2節　家出・夜間徘徊　80

第3節　性暴力とデジタルタトゥー　86

第5章　子どもを取り巻く命の危機

第1節　いじめ　93

第2節　虐待　103

第6章 子どもの障害と病気

第1節 身体障害・病弱と療育 114

第2節 知的障害 127

▶コラム❶ 療育を実践して——発達障害のある子どもたちへの療育チームアプローチ 134

第3節 発達障害 142

▶コラム❷ 子どもの孤独感——不適応的な孤独と必要な孤独 158

第7章 子どもの権利

第1節 子どもの権利に関する条約 162

第2節 子どもの権利保障 167

第3節 育ちの保障 175

第8章 子どもの健康と事故に対する予防と対策

第1節 熱中症 186

第2節 インフルエンザ 192

▶コラム❸ 保育所における子どもの熱中症・感染症対策——茨城県那珂市菅谷保育所・皆川所長にインタビューを行いました 196

第3節 食育 198

第4節 火災・事故から子どもたちを守るには——日立市消防本部からの提言 207

第9章 子どもを護る社会資源

第1節 子どもを護る都市政策 214

第2節 子ども支援政策と児童相談所の機能 224

第3節 地域子ども・子育て支援事業 233

第4節 子ども食堂と子ども110番の家 240

▶コラム❹ 茨城県の「子ども食堂」と「結婚・子育て」支援——茨城県福祉部子ども政策局の担当者様にインタビューを行いました 246

参考文献 248

索引 255

第1章

福祉的アプローチとしての
ソーシャルワーク

　日本社会において経済格差の拡大が深刻化しています。特に子ども
の貧困や教育格差の問題が大きな社会課題となっています。さらに、
家庭内における虐待やDV（ドメスティック・バイオレンス）、メン
タルヘルスの問題なども深刻さを増しています。

　このような社会状況の中で、ソーシャルワークは多様な社会課題に
対応し、支援を必要とする人々の生活を支える重要な役割を担ってい
ます。

　本章では、ソーシャルワークの定義や視点ならびにその展開過程に
加え、子どもの福祉領域における課題と現在の対応、さらには子育て
支援に関する制度について詳述します。

第 1 章　福祉的アプローチとしてのソーシャルワーク

第1節　ソーシャルワークの定義と諸制度

1　ソーシャルワークの定義

　ソーシャルワークとは、人々の生活を良くするために様々な活動を行う専門的な学問や仕事です。この仕事をする人をソーシャルワーカーといい、日本ではその国家資格として社会福祉士があります。

　社会福祉は、社会全体の幸せや繁栄を意味しています。歴史的には、慈善活動や社会事業がその前身といえ、時代や立場、人によってやや言葉の定義が異なります。しかし、一般的に社会福祉とソーシャルワークは同じように捉えられることが多いですが、ソーシャルワーカーとは、社会や人々の関係について考える専門職といえるでしょう。

　すなわち、個人と社会、市民と国家などの関係において、どのように彼らがつながっているのか、あるいは上手くいかないのかについて考える専門職です。その活躍の範囲は社会福祉サービスの提供場面だけではありません。近年では、教育や医療機関だけでなく、ソーシャルビジネスなどの領域でも活躍が期待されています。

　ソーシャルワークの役割について、国際ソーシャルワーカー協会（IFSW）は「ソーシャルワークのグローバル定義」という形で以下の3つの要素を示しています。

◆ソーシャルビジネス：社会問題を解決することを目的とした事業のことを指します。例えば貧困や子育て支援などを行っている企業があります。

> i　社会変革と社会開発：ソーシャルワーカーは、社会の不公平や差別をなくし、より平等な社会を作るために活動します。例えば、男女平等の実現や子どもの権利の尊重、障害者の権利条約への批准などがあります。これらは、より多くの人が持っている力を社会で発揮できるようにするために、社会の仕組みを変える取組です。
>
> ii　社会的結束：ソーシャルワーカーは、人々が助け合い、支え合うことができる社会を目指して活動します。これにより、コミュニティの中でのつながりが強まり、社会全体の安定と調和が促進されます。
>
> iii　人々のエンパワメントと解放の促進：ソーシャルワーカーは、人々が自分の力で問題を解決できるようにサポートします。これにより、人々は自分の力を発揮し、自分らしく生きることができるようになります。

◆エンパワメント：1950年代から60年代にかけてアフリカ系アメリカ人が行った公民権運動が起源の言葉です。クライアント（支援を必要とする人）が本来持っている力を取り戻すための支援のことです。

　こうした要素は、ICT技術の進歩やグローバル化の進展により、ます

第1節　ソーシャルワークの定義と諸制度

ます重要になっています。なぜなら、各国でマイノリティ（少数派）の存在やその人たちのニーズがこれまで以上に見えるようになったからです。こうした今までの社会が考えてこなかったニーズに直面した際に、ソーシャルワーカーが社会にどのように働きかけるかが、彼らの能力を試す重要な試金石であるといえます。

2　子ども福祉領域における支援対象者

　ソーシャルワーカーが活躍する分野はどんどん広がっており、日本でも子どもへのサポート場面でますます必要性がいわれてきています。例えば、2023年にこども家庭庁が設立され、こども基本法が施行されており、これをもとに、2024年にはこども家庭ソーシャルワーカーという新しい資格ができました。これらの取組は、子どもやその養育者の人権を守るために行われているものです。

（1）こども家庭庁とこども基本法

　こども家庭庁は、子どもの利益を最優先にし、子どもの目線で政策を進めるための機関として作られました。こども基本法では、すべての子どもが尊重されるべきであり、基本的人権が守られることが強調されています。例えば、子どもが自分の意見を言える機会が保障されることなどが記載されています。また、養育者も子どもを育てる責任を持つ存在として、十分な支援を受けられることが明記されています。

（2）これまでの子ども福祉における課題と現在の取組

　日本では、1994年に「児童の権利に関する条約」を批准してから、少子化対策が中心に行われてきました。しかし、子どもや養育者の人権を守る視点が十分に展開されず、特に子どもが自分の意見を言えない状態が続いていました。虐待やネグレクト（育児放棄）、経済的な貧困などがその要因になります。こうした虐待などの状況下においては、子どもと大人の間に依存的な関係が生まれがちであり、このことが子どもの福祉に関する大きな問題となっています。

　これに対し、こども家庭庁とこども基本法の施行により、子どもの最善の利益を第一に考えた政策が目指されています。すなわち、子どもが自分の意見を自由に言えるようになり、養育者も子育ての喜びを感じられる社会環境を整備することが目指されています。

◆こども家庭ソーシャルワーカー：子ども家庭福祉の実務者が持つ専門性の向上を目的につくられた認定資格です。市区町村こども家庭センターの統括支援員や児童相談所の児童福祉司の任用要件の一つとしても位置付けられています。

第1章　福祉的アプローチとしてのソーシャルワーク

（3）子ども福祉における課題と現在の対応のポイント

　子どもの福祉に関する問題には、虐待やいじめなどがありますが、こ
れらの問題には複雑な背景があります。例えば、子どもが虐待を受けて
いる場合、その原因は経済的な問題や家族の孤立、要介護者の存在など、
様々な要因が絡み合っていることが多いです。このような複雑な問題に
対応するためには、子どもの教育や支援を担当する専門職[*1]がしっかりと
対処する必要があります。

　以下では、特に近年子ども福祉領域における支援のケースとして挙げ
られているテーマについて簡単に説明します。[*2]

〈子どもの経済的な危機〉
①ひとり親支援と貧困について

　厚生労働省（2023 年）によれば、日本の子どもの貧困率は 11.5% で
あると言われています。こうした中、子どもの貧困の要因でもある養育
者の貧困要因に視点を向けてみると、ひとり親家庭の貧困率は 48.1%
と先進国の中でも高い水準だと言われています。とくに日本では、母子
家庭への対応は喫緊の課題です。厚生労働省の全国ひとり親世帯等調
査（2022 年）によると、ひとり親家庭の 86.8% は母子家庭で、特に女
性のひとり親家庭が多いです。女性のひとり親家庭では相対的貧困◆率が
50% を超えていることも踏まえれば、経済的な支援や精神的な安定を
図るための支援がますます必要であることがわかります。

②子どもの貧困について

　子どもの貧困と彼らの福祉に関する問題の関連性は高いことが知られ
ています。養育者の貧困が子どもの十分な食事や医療、教育を受けられ
ない状況を作り出していることや、貧困に追い詰められた養育者が虐待
やネグレクト（育児放棄）に至るケースは少なくありません。こうした
ことを踏まえれば、養育者への対応と子どもの貧困の問題は並行して解
決すべき課題であるといえます。この状況に対し、「子供の貧困対策に
関する大綱～全ての子供たちが夢と希望を持って成長していける社会
の実現を目指して～」（2019）では、学校プラットフォームという概念
が使われています。プラットフォームとは共通の土台となる環境を意味
しており、学校を中心としつつ、子どもやその家族の貧困を早期発見し、
対応することが重要視されています。

　また、個別の貧困問題のみに焦点を当てるのではなく、より広範な地

＊1：子どもを支援す
る専門職には福祉職の
ほか、教育職や医療職、
行政職などがあり、子
どもを中心として支援
を進めていきます。

＊2：第2章以下に詳
述しています。

◆相対的貧困：世帯の
所得が等価可処分所得
の中央値の半分に満た
ない状態を指します。
これに対し、絶対的貧
困とは、人として最低
限の生活を送ることが
できない状態のことを
指します。

14

域課題として捉え、異なった社会サービスや地域の資源をうまく連携させるための仕組みづくりも大切です。

　これらの仕組みの一つとしては、**要保護児童対策地域協議会**◆（要対協）が近年注目されています。学校やスクールソーシャルワーカーを中心としつつ、複合化した問題を秘めている可能性がある貧困問題にいかに早期に着手するかは今後ますます重要な課題となるといえるでしょう。

③ヤングケアラーに関する課題

　家庭環境の影響に伴う子どもの福祉に関する課題としては、**ヤングケアラー**や不登校・ひきこもりなどがあります。この中で、ヤングケアラーとは、幼い頃から日常的に家族のケアをするために、家事や家族の世話をしている子どもたちを指します。例えば、障害のある家族がいることなどにより、ケアを日常的に行っているケースがあります。そのような場合、ヤングケアラーである子どもたちが自分の担っているケアの負担自体を正確に認識できていないことが多くあり、子どもの権利をどのように守り、健全な成長を支えるのかが課題となります。

〈子どもの非社会的な危機〉

④不登校・ひきこもりに関する問題

　不登校・ひきこもりについては、そのきっかけが、「体調不良」「不安・抑うつ」「いじめ被害」や「教職員とのトラブル、叱責」など多岐にわたることが知られています。この不登校・ひきこもりについて解決する場合の留意点は、きっかけと原因が一致しない状況があることです。すなわち、いじめ被害や教職員とのトラブルをきっかけとしてひきこもったとしても、それらのトラブルが生じた原因を特定し、除去しなければ課題解決につながらないことになります。こうしたことから、彼らの学校や社会への復帰に向けてどのようなステップを踏むのかは不登校・ひきこもりになったきっかけのみに焦点化して解決するのではなく、個別に原因を探るべきでしょう。

　原因をたどるとき、例えば子どもによっては学校のシステムや仕組み自体が合わないといった状況もみられます。あるいは家庭環境の課題から学校に通うために必要なエネルギーが欠如し、通学が難しいこともあります。そうした一目では見えない子どもの状況を理解するためには、学校を中心としたコミュニティだけでなく、要保護児童対策地域協議会（要対協）などを中心とした地域の社会資源と上手く連携する支援関係の

◆要保護児童対策地域協議会（要対協）：虐待を受けている子どもを含む要保護児童の早期発見や適切な保護を目的として設けられた組織です。2004年の児童福祉法改正により、彼らに関する情報交換や支援を行うための協議の場として法定化されました。その後、2007年の同法改正で努力義務化されました。第7章第3節4（3）などでも紹介されています。

第 1 章　福祉的アプローチとしてのソーシャルワーク

構築も期待されます。

⑤インターネット等への依存

　インターネット等への依存が社会問題化し始めたのは 1990 年代後半頃です。スマートフォンなどのデジタルデバイスの普及により、気軽に人々がつながることができるようになった反面、子どもが利用する場面においては特に注意が必要です。

　デジタルデバイスの利用時間制限だけでは、子どものインターネット等への依存に対処できないことが多いです。例えば、多くの中高生はソーシャルメディアを利用しており、インターネットを通じて友人関係の維持を行っていることから、そこで行われる否定的なコメントのやりとりなどに強く影響を受ける様子があります。こうした根本的な課題を解消しつつ、多面的なアプローチをすることでこれらの依存状態から逃れることが期待されるでしょう。

　なお、このようなインターネット等への依存状態は、精神的な不安定さや睡眠不足、学業成績の低下などにつながることが観察されています。また、この問題と並行して、ゲーム依存も指摘されています。世界保健機関 (WHO) は 2019 年 5 月に「ゲーム障害 (Gaming Disorder)」を疾病として認定しており、デジタルデバイスを中心とした社会課題が深刻化しています。

〈子どもの反社会的な危機〉

⑥非行

　非行とは、一般に法律をはじめとする社会的な規範に反する行為のことを示しますが、少年非行とは、少年法第 3 条 1 項にて次の 3 種類の行為などを総称した概念です。

> 1) 14 歳以上 20 歳未満の少年による犯罪行為
> 2) 14 歳未満の少年による触法行為
> 3) ぐ犯[*3]

　中学生以下の触法少年は 2020 年以降、徐々に増加傾向にあり、例えば中学生は 2023 年には 3440 人となっています（警察庁生活安全局人心安全・少年課 2024a）。

⑦家出と徘徊、性犯罪

　10 代の行方不明者数とその原因・動機別割合の調査によると、その

＊3：まだ法に触れるような罪を犯したわけではないものの環境や少年の性格などの面から将来的に法を犯すおそれがある少年少女。

16

要因の 35.1％ は家族関係であることがいわれており、学業関係を理由としたものは 8.9％ と報告されています（警察庁生活安全局人身安全・少年課 2024b）。家族関係が要因である場合、単に家族との不仲やネグレクト（育児放棄）が要因であることだけでなく、学校でいじめにあっているのを家族に話すことができず、不仲にある様子も見られます。

こうした家出が深夜徘徊などへつながった場合、性犯罪へと発展するケースも珍しくありません。教育機関や支援機関が把握できる範囲には限界があることを前提としつつ、どのように早期の対応ができるのかは課題です。

⑧デジタルタトゥー

画像や動画を中心としたデジタル情報は、SNS やその他のインターネットコンテンツを通じて急速に拡散されるようになりました。しかし、その一方で、一度公開された情報は完全に削除することが難しく、子どもの将来にとって不利益な情報が公開された場合、それが半永久的に残り続ける可能性があります。

〈子どもの命の危機〉

⑨いじめ、虐待

いじめ防止対策推進法においては、いじめの定義について、「児童生徒に対して、（略）他の児童生徒が行う心理的又は物理的な影響を与える行為（インターネットを通じて行われるものを含む。）であって、当該行為の対象となった児童生徒が心身の苦痛を感じているもの」と示しています。

◆いじめ防止対策推進法：2013（平成25）年に制定されました。いじめの防止対策等に関する基本理念やいじめの禁止、また関係者の責務等を規定している法律です。

その発生要因や現象は多岐にわたりますが、学校の一つの特性として、人と異なる特徴を持つものを排除し、集団の結束を強化しようとする傾向があります。こうした状況では、例えばクラスやクラブ活動などの集団内での人間関係のゆがみや不適応な行動が表れやすいといえることから、近年では多様性の理解を一つのキーワードとしたダイバーシティ教育の必要もいわれるようになってきています。

次に、虐待についてです。虐待は一般に次の 5 つに分類されます。

1) 身体的虐待：暴力的行為によって身体に傷やアザがあること
2) 心理的虐待：脅しや侮辱などの言葉や態度、無視、嫌がらせ
3) 性的虐待：本人が同意していない、性的な行為やその強要
4) 経済的虐待：本人の合意なしに財産や金銭を使用し、本人が希望する金銭の使用を理由なく制限すること
5) ネグレクト（育児放棄）：必要な世話などを行わないことによって、生活環境や身体的・精神的状態を悪化させること

第1章　福祉的アプローチとしてのソーシャルワーク

　　　子どもへの虐待で報告されているもののうち、最も多いのが心理的虐待であり、次に身体的虐待があります（こども家庭庁2023）。また、いじめや虐待の要因について考えた際には、加害側（虐めた側）のストレスの高さやその行為に至った要因についても視野に入れつつ、防止策の検討を行うことが重要であることが知られています。

〈子どもの障害と配慮〉
⑩障害のある子どもの場合（身体・知的・発達）

　　文部科学省（2022a）の調査によると、通常の小・中学校の学級には8.8％、高校の学級には2.2％の割合で、知的発達に遅れはないものの、特別な教育的支援を必要とする子どもが在籍しています。このような子どもたちの教育においては、高校における通級指導の制度化や障害者差別解消法に基づく合理的配慮の提供が進められています。

　　この合理的配慮を提供するためには、障害のある子どもがどのように学校や地域生活に参加したいのか、そのニーズを聞くことが重要です。支援者は障害のある子どもやその家族と配慮内容を調整しながら、①障害特性や地域の社会資源について最新の情報を得ること、②支援ニーズが変わりやすいことを理解し、定期的な対話を行うことが求められます。

＜その他の子どもの危機＞
⑪社会的養護、地域における子ども支援等

　　社会的養護とは、主に2つのことを指します。1つめは、養育者のいない子どもや虐待などを理由に養育者から分離された子どもを社会的に育てることです。2つめは、子どもを保護するだけでなく、そういった養育に大きな困難を抱える家庭自体を支援することを意味します。

　　近年、子育て世帯の支援においては、子育てをしながら働くことができる環境を整備することが大きな課題となっています。特にひとり親家庭の支援においては、仕事と子育ての両立が困難であることや、養育者自身が抱える孤立や貧困の状態が見えにくいことが指摘されています。

　　これに対して、地域子育て支援センターや子育て支援拠点の強化を図ることで、地域の子育て中の世帯の交流促進や育児相談を実施し、子育ての負担を軽減する取組が行われています。

⑫外国にルーツがある子どもの場合

　　文部科学省（2022b）によると、公立学校における日本語指導が必要

◆合理的配慮：障害者差別解消法における合理的配慮とは、障害のある人から何らかの配慮を希望する意思の表明があった場合に、事業者側（学校やサービス提供者）側に過度な負担にならない範囲で、彼らの持つ社会的障壁を取り除くために提供する支援などのことを指します。

な外国人にルーツのある児童生徒の数は、2012年から2021年で約1.8倍に増えています。日本語指導が必要な児童生徒の中には、特にポルトガル語、中国語、フィリピノ語を話す子どもたちが多いです。外国籍児童生徒の91.0％、日本国籍児童生徒の88.1％が、学校で特別な配慮を受けています。

　しかし、外国にルーツがある児童生徒の支援には課題が多くあります。彼らは国内で特定の地域に集中して住む場合のみでなく、散在化（広く分散して住むこと）する傾向も見られます。こうしたことから、社会資源の開発や維持に困難が大きく、地域ごとに支援ニーズに十分対応できない場合があります。そのため、日本語指導が必要な高校生の中退率は高く、進学や就職においても課題が多くなっています。

活躍するソーシャルワーカーや福祉専門職

　このほかにも、子どもへの福祉的なアプローチをするのに重要な福祉の専門職には以下のような専門職がいます。
◆スクールソーシャルワーカー（SSW）
　スクールソーシャルワーカーは学校における福祉の専門職です。①問題を抱えた児童生徒を取り巻く環境への働きかけること。②家庭、学校、地域の関係機関をつなぐこと。③学校内における支援チームの構築・支援の展開をしつつ、子どもの悩みや抱えている問題の解決に向けて支援する専門職です。
◆医療ソーシャルワーカー（MSW）
　医療機関などにおける福祉の専門職で、病気になった患者やその家族に対して、サポートする人のことを指します。例えば、医療的・社会的な制度の活用方法の提案や、地域の社会資源の紹介、入院・退院の調整、自宅の環境整備など幅広いサポートを行います。
◆精神保健福祉士（PSW）
　精神保健福祉士は、精神障害のある人に対する相談援助などの業務に携わる人です。病院では入院から退院までの相談に応じ、日常生活を送るための支援などを行います。病院以外では、地域生活を支援する目的で相談支援や生活訓練、就労支援などを行ったり、地域住民へのメンタルヘルスに関する理解啓発活動に携わったりします。
◆家庭支援専門相談員（ファミリーソーシャルワーカー）
　児童相談所と連携して、虐待などの理由で施設に入所している子どもの親権者との連絡調整や、家族復帰・里親の委託などをとりまとめることで、親子関係の再構築を図れるよう支援します。
◆里親支援専門相談員（里親支援ソーシャルワーカー）
　乳児院と児童養護施設に配置される職員です。所属施設の入所児童の里親委託を推進するために、児童相談所の里親担当の職員と連携しつつ、里親支援などの業務を行います。

3　子育て支援ニーズと諸制度

　2003年に少子化社会対策基本法が制定され、子ども・子育て応援プランなどが作られてから、国内でも様々な子育て支援施策が進められています。これらの施策では、若者の自立や働き方の見直しなど広い視点から子育て支援の目標が立てられ、育児休業取得率などの目標も設定されてきました。

　また、同年には次世代育成支援対策推進法が時限立法として制定され、国の行動計画が作られました。地域ごとの行動計画もあり、地域の特性

◆少子化社会対策基本法：2003年に成立した法律で、誰もが家庭をもち子どもを生み育てることができる社会を実現するために、国及び地方公共団体はこれに対応するための施策を講じる責務を有するとしています。

第1章　福祉的アプローチとしてのソーシャルワーク

◆プラチナくるみん：子育てサポート企業の認定制度「くるみん」よりも、さらに取組が進んでいる企業に対して与えられる認定マークです。

に応じた子育て環境の整備が進められています。例えば、企業が子育て支援に関する一定の基準を満たすと「くるみん」という認定マークがもらえる制度が2003年から始まっています。2015年度には、さらに「プラチナくるみん」という特例認定も作られ、多くの企業がこの認定の取得を目指しています。また、少子化社会対策基本法に基づく施策の新しい大綱として「子ども・子育てビジョン」が閣議決定され、2010年には「こども手当」や高校授業料の無償化などの経済的支援策も始まりました。

キーワード　Let's review!（復習してみましょう！）

こども家庭庁	こども家庭庁は、2023年4月に設置された行政機関です。その目的は、子どもや家庭に関する政策を総合的に推進し、子どもの健やかな成長と発達を支援することです。こども家庭庁の設立においては、これまで複数の省庁に分散していた子ども関連の政策や業務を一元化し、効率的かつ効果的に運営することが目指されています。
合理的配慮	主に国内においては、障害のある人が社会生活の中で公平に参加できることを目的とし、必要な支援や調整を行うことを指します。また、障害のある人が教育、雇用、公共のサービスなどを受ける際に差別的な取扱いを受けずに生活できるようにするための取組です。
社会的擁護	保護者のないこどもや、監護することが難しい保護者を持つ子どもに対し、公的責任で社会的に養育し保護することや、養育困難が大きな家庭への支援を行うことです。

第2節 ソーシャルワークの視点と過程

1 ソーシャルワークの視点

　ソーシャルワークでは、**エコロジカル・アプローチ**という考え方が重視されています。このアプローチは、クライアントの問題を、その人と周りの環境との関係から理解し、その環境にどう働きかけるかを大切にしています。つまり、子どもが抱える問題の多くは、周りとの関係や環境による影響で生じると考え、それらに対してアプローチすることが求められています。

　例えば、子どもをとりまく問題は、家庭環境や経済的困難といった外的要因だけでなく、周りの大人たちの見方や態度などといった周囲の関わり方が大きく影響することがあります。大人の見方は、子どもが自分をどう感じるかに大きな影響を与え、子どもが自分の価値をどう捉えるかに関わってきます。このような環境の影響をしっかりと考慮して、ソーシャルワーカーは子どもに対応することが求められています。

　また、最近のソーシャルワークの現場では、子どもの貧困や虐待の問題においても、複数の要因が絡み合っていることが多いです。例えば、障害のある女の子の場合、性別による社会的な役割に関する偏見と、障害に対する差別が重なって、問題がさらに複雑になることがあります。このようなケースでは、より広い視野とクライアントへの深い理解が必要です。

2 ソーシャルワークの過程

　ソーシャルワーカーが、クライアントと話をするときには、経験に関係なくミスをすることがあります。これは、ソーシャルワーカーもクライアントも人間であることから、完全に避けることはできません。しかし、クライアントと良い関係を築き、しっかりとサポートするためのポイントを学ぶことは大切です。そうすることで、ミスを減らすだけでなく、自分の仕事を振り返るときにも役立ちます。

　ソーシャルワークには、次のような7つのステップがあります。

21

1) 初回面接（インテーク）：最初の面談で、クライアントの状況を聴取します。
2) アセスメント：クライアントが抱えている問題を詳しく確認します。
3) 計画策定：クライアントの問題を解決するための計画を立てます。
4) 介入：計画に基づいて実際にサポートを行います。
5) モニタリング：サポートの進行状況をチェックします。
6) 事後評価：サポートがうまくいっているかどうかを評価します。
7) 終結：サポートの終わりを迎えます。

　各ステップでは、目標を設定し、それを達成するための計画を立て、実際に行動することが重要です。クライアントと一緒に目標を確認し、その目標に向けて具体的な行動を計画しながら進めていきます。

（1）初回面接（インテーク）
①初回面接の姿勢と信頼関係の構築

　初回面接で大事なのは、クライアントとの間に信頼関係（ラポール）を築き、適切な支援ができるかを確認することです。相談に来る人の中には、相談窓口に来ること自体が大きな負担で、社会的に孤立している場合があります。この初回面接が、彼らにとって数少ない社会とのつながりの一つになることも多いです。

　初回面接は、いつも計画通りに始まるとは限りません。電話や突然の訪問で始まることも多く、ソーシャルワーカーは対応時の表情や声のトーン、歩き方などからクライアントの問題を推測しながら対応することになります。このような場合、共感的な態度を持ち、クライアントの悩みや苛立ちに向き合うことが重要です。ここでいう共感（エンパシー）とは、クライアントの気持ちをクライアントと同じように感じることではなく、彼らの状況を理解し、一緒に問題を考えることです。

②支援提供の適切性

　初回面接を通して、ソーシャルワーカーは自分が継続して支援を提供するのが適切かどうかを判断する必要があります。クライアントの抱える問題に対して必要な手助けを考え、適切な他の機関につなげることも重要な役割です。他の機関に紹介する場合は、クライアントとの信頼関係を壊さないようにしながら、どのように紹介するか、また個人情報の扱いについて事前にクライアントと確認することが大切です。

（2）アセスメント
　ソーシャルワークにおけるアセスメントとは、支援の目標や方法を考

えるために必要な情報を集め、支援ニーズを査定することです。ただし、クライアントが最初から自分の問題をはっきり言えるとは限らないことに注意しなければなりません。

　例えば、長い間抑圧されてきた場合、子どもやその家族は、本当の問題とは違うことを話すことがあります。特に子どもは、自分の状態を説明するための言葉が足りないことや、養育者に依存しているために、本当の問題を言えないことが多いです。このような場合、ソーシャルワーカーは言葉だけでなく、表情や行動からも情報を読み取り、それを整理して子どもの権利を守るために役立てることが求められます。

　しかし、十分な対応が難しいこともあります。例えば、子どもが自分の強みについて話すことができず、常に自分に対して否定的なことを言う場合、本当の支援のニーズを見つけることが難しくなることがあります。このような場合、ソーシャルワーカーはより慎重に対応することが大切です。

（3）計画策定

　アセスメントでクライアントの強みや支援が必要な点を把握した上で、ソーシャルワーカーは支援計画を作成します。このとき、注意すべきポイントは2つあります。

　1つ目は、支援の過程をいくつかの段階に分けることです。一般的には「短期・中期・長期」の3段階に分けることが多いです。短期計画では、作成したその時から数か月以内に達成できる目標を設定します。中期・長期計画を立てることで、状況の変化とクライアントの生活の変化をしっかりと把握することが重要です。

　2つ目は、クライアントが望む生活を理解した上で計画を作成することです。ソーシャルワーカーや他の専門職が提供する支援は、身体的な面だけでなく、社会生活や心理的な面にも大きな影響を与えます。だからこそ、各段階で達成する目標とその目標がクライアントの生活にどのような影響を与えるかを考えなければなりません。例えば、クライアントが子どもの場合、生活や学習の目標を達成することでどのような生活を送りたいのかを考えることが重要です。これにより、目標が高すぎることを防ぎ、子どもの健全な成長を見守ることができます。

（4）介入

　ソーシャルワークにおける介入とは、クライアントの生活上の問題を

第1章　福祉的アプローチとしてのソーシャルワーク

解決するために、個別の支援計画をもとに行うサポートです。ソーシャルワーカーは一時的にクライアントの生活に関わる存在であり、生活の中心はクライアント自身にあります。このことを理解しながら、介入方法を2つに分けます。一つはクライアント本人に直接働きかける方法であり、もう一つはクライアントの周りの環境に働きかける間接的な方法です。どちらの介入法も、クライアントやその家族の主体性を尊重し、効果的な支援方法を考える必要があります。

　介入においてクライアントの主体性を尊重するためには、信頼関係をしっかりと築くことが求められます。また、関係者（ステークホルダー）◆とのパートナーシップも重要です。つまり、ソーシャルワーカーは関係者一人ひとりが独立した人格を持つことを意識し、クライアントのみではなく彼らにも過度なストレスを与えないよう配慮する必要があります。

◆関係者（ステークホルダー）：クライアントの支援を展開する上で関わる利害関係者のことを指します。クライアントが子どもの場合、例えば、家族や学校の人間関係や、行政機関などが当てはまることが多いです。

（5）モニタリング

　ソーシャルワークにおけるモニタリングとは、個別の支援計画に基づいて提供されるサービスの進み具合や、サービスの運用状況を定期的にチェックし、評価することです。クライアントの生活は常に変化しているため、支援ニーズも変わることが多いです。例えば、支援をほとんど受けてこなかったクライアントが新たにサービスを利用し始めると、支援の内容が変わることがあります。したがって、介入を始めたばかりの段階では、特にこまめにモニタリングを行い、適切な支援を提供することが重要です。

（6）事後評価

　ソーシャルワークにおける事後評価とは、支援計画で設定した目標がどれだけ達成されたかを評価し、支援の終了を検討する際に行う評価です。この評価は支援者だけでなく、クライアントである子どもやその家族と話し合って行うことが重要です。これにより、支援が終わることへの不安を減らすことができます。

　事後評価では、支援がクライアントの生活にとって意義深いものであったか、倫理的に行われたかどうかを確認することが重要です。また、エビデンスに基づいた支援であったかも検討する必要があります。支援者は自身の支援を振り返り、必要に応じて事例研究やスーパービジョンを活用することが大切です。

第2節　ソーシャルワークの視点と過程

（7）終結

　ソーシャルワークにおける終結とは、クライアントの生活環境が改善されたなどの理由で支援を終了することです。困りごとがなくなったとき、支援者がクライアントの生活から手を引く際には、これまでの支援を振り返り、クライアントと一緒に確認することが重要です。支援を終える際には、クライアントと支援者が支援の終了に同意していること、クライアントが新たな問題が生じた際にサポートを受けられる仕組みがあること、そしてクライアントが助けを求めることができる状況であることが必要です。

　終結の際には、クライアントにとって不安が強くなることもあります。その場合、必要に応じて再び専門的な支援を受けられることを伝え、不安を軽減することが大切です。

キーワード　Let's review!（復習してみましょう！）

エコロジカル・アプローチ	1970年代以降、ソーシャルワークの主流となったモデルです。個人か環境かのいずれかに生活問題の原因を見出すのではなく、それらの交互作用の中で生じる問題について、両者を一体的に捉える論理を実践の中に導入しようとしています。
初回面接（インテーク）	初回面接（インテーク）では、クライアントとの信頼関係を築き、適切な支援ができるか確認することが重要です。相談者の中には社会的に孤立し、相談に来ること自体が大きな負担となる場合があります。この初回面接が彼らにとって貴重な社会とのつながりとなることもあります。
関係者（ステークホルダー）	クライアントの支援を展開する上で関わる利害関係者のことを指します。

コーヒーブレイク①

日本で初めて珈琲を飲んだ人は、誰でしょう？

　私たちが、普段、ちょっと一息つくときに飲んでいるコーヒーには、アメージングな歴史があります。通説によると、コーヒーは6世紀頃にエチオピアで生まれました。その後、ヨーロッパ、アメリカに広まっていきます。

　ところで、日本で初めてコーヒーを飲んだ人は、正確には分かりません。皆さんは、誰の名前が浮かんだでしょうか？　ジョン万次郎？　幕末のアメリカ使節団の勝海舟？　福澤諭吉？　それとも、伊達政宗が派遣した支倉使節団？

　文献では、大田蜀山人（大田南畝）や島津重豪公などが有力候補として挙げられています。

　大田蜀山人は幕府直属の下級武士で、狂歌や戯作、随筆といった俗文芸の世界で有名だった人物です。1804年に日本人として初めてコーヒーを飲んだ人とされています。

　島津重豪公は薩摩藩の第8代藩主です。海外に関心が強く、オランダ商館長とも親交がありました。シーボルトとも会見しています。日蘭学会が刊行した『オランダ商館日記』には、コーヒー豆を所望したことが記載されており、コーヒーを飲んだと考えられています。

〈参考文献〉
尚古集成館 HP　https://www.shuseikan.jp（2025.1.6 閲覧）
味の素 AGF 株式会社「コーヒー大事典」https://agf.ajinomoto.co.jp/enjoy/cyclopedia/ （2025.1.6 閲覧）
九州大学付属図書館「続・雅俗繚乱」https://www.lib.kyushu-u.ac.jp/ja/exhibition/gazoku2024/chapter2 （2025.1.6 閲覧）

第2章

子どもを取り巻く
経済的危機

　子どもの健全な育ちを考えるにあたって、まず大前提となるものは、穏やかで安心して過ごすことができる、そして、豊かな文化的刺激にあふれている生活環境の確保だと言えるのではないでしょうか。しかしながら、近年、経済的な問題などを背景にして、子どもを取り巻く経済的危機が取り上げられることが多くなっています。本章ではこのような視点に基づき、ひとり親世帯、子どもの貧困、ヤングケアラーなどの問題から取り上げていきます。

第2章　子どもを取り巻く経済的危機

第1節　ひとり親世帯

◆ひとり親世帯：母親または父親のいずれかと、子どもとからなる家庭をいいます。

　ひとり親世帯の高い貧困率は、大きな社会課題です。それではなぜ、ひとり親世帯の貧困率が高く、経済的困窮（貧困問題）が起こりやすいのでしょうか。ここでは、ひとり親世帯の世帯所得と就労状況、養育費の問題を取り上げます。また経済的困窮によって生じる子どもの成長・発達への影響について説明します。

1　ひとり親世帯の経済的困窮

＊1：厚生労働省(2023)「2022（令和4）年 国民生活基礎調査の概況」https://www.mhlw.go.jp/toukei/saikin/hw/k-tyosa/k-tyosa22/index.html（2024.6.17閲覧）

＊2：内閣府男女共同参画局（2023）「男女共同参画白書 令和5年版」https://www.gender.go.jp/about_danjo/whitepaper/r05/zentai/pdfban.html（2024.6.13閲覧）

　厚生労働省の「2022（令和4）年 国民生活基礎調査の概況」[*1]によると、ひとり親世帯の貧困率は44.5%で、ひとり親の約2人に1人が貧困の状態に直面していることが示されています。内閣府男女共同参画局の「男女共同参画白書 令和5年版」[*2]の調査結果によると、ひとり親世帯の約9割（89%）が母子世帯であることから、ひとり親世帯の貧困問題は主として母子世帯の貧困問題であると言えます。

　図2-1-1は、世帯別の生活に対する意識調査の結果です。生活が「苦しい」（「大変苦しい」と「やや苦しい」の合計）と回答した人の割合は、「母子世帯」で75.3%と高くなっています。とりわけ、母子世帯では「大変苦しい」と回答した人の割合が全体の約4割（39.4%）となっており、他の世帯（「全世帯」や「児童のいる世帯」）と比べても母子世帯で生活苦を感じ、ゆとりのない厳しい生活を余儀なくされている現状がうかがえます。

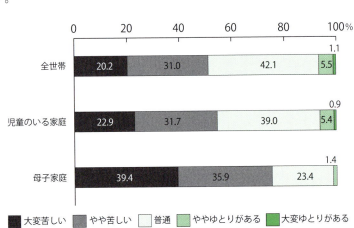

図2-1-1　世帯別の生活に対する意識の状況
出所：厚生労働省（2023）「2022（令和4）年 国民生活基礎調査の概況」をもとに筆者作成

第1節　ひとり親世帯

表2-1-1　母子世帯および父子世帯の就労状況および年間平均就労収入について

	母子世帯	父子世帯
世帯数	119.5万世帯	14.9万世帯
就労状況	86.3%	88.1%
内訳		
正規職員	48.8%	69.9%
非正規職員（パート・アルバイト等）	37.5%	18.2%
年間平均就労収入	236万円	496万円

出所：厚生労働省（2023）「2022（令和4）年 国民生活基礎調査の概況」をもとに筆者作成

　それではなぜ、母子世帯において貧困（生活苦）の問題が生じるのでしょうか。その理由には様々なことが考えられますが、中でも女性の就労状況や男女間による収入格差の問題が大きく関係していることが指摘されています。

　表2-1-1に示すように、母子世帯の就労状況は86.3%と高く、父子世帯と比べてもさほど大差はありません。しかし、年間平均就労収入をみると、母子世帯は236万円で父子世帯（496万円）の2分の1以下の収入しか得られていない状況にあります。つまり、働いているのに収入に大きな格差がみられるのです。

　この要因については、男女間での雇用条件の違いが考えられます。

　母子世帯と父子世帯の就労状況を比較すると、父子世帯は正規職員の割合が高くなっていますが、母子世帯ではパートやアルバイトなどの非正規職員の割合が高く、母子世帯の4割近く（37.5%）を占めています。

　非正規職員として働く母子世帯では、子どもの突発的な病気やけがによって仕事を休まざるを得ない場合もあり、それが収入の減少に直結し、家計にも大きな影響を与えます。さらに、母子世帯では貯蓄50万円以下の世帯が34.6%というデータ[*1]もあります。

　つまり、母子世帯の8割以上は就労しているにもかかわらず、低賃金でワーキングプアの状況におかれていることが、貧困から抜け出せず、厳しい生活苦の状態になっている理由の一つであると考えられます。

　このように、母子世帯は日々の生活を限られた金銭でなんとかやりくりしながら凌いでいると言っても過言ではありません。そのような状況下では、何か一つでも歯車が狂えば、まるで下り坂を転がるようにして生活環境は悪化してしまうのです。

　母子世帯の経済的困窮は、まさに日本社会における子どもの貧困問題の重要な一側面であるといえます。言い換えると、女性（特に母子世帯）の貧困問題が子どもの貧困問題に直結するということです。ここで強調

◆ワーキングプア：働いているものの十分な収入を得られず貧困状態にある人を指し、「働く貧困層」とも呼ばれています。

第2章　子どもを取り巻く経済的危機

しておきたいことは、そもそも「子どもの貧困」という現象が独立して存在しているわけではないということです。すなわち、「子どもの貧困」問題とは、子どもが育つ世帯の貧困であり、おとな（世帯）の貧困問題であるということです。したがって、子どもの貧困への支援は、第一義的におとな（世帯）への支援が重要となるのです。

2　養育費の問題

母子世帯や父子家庭になる理由の多くは離婚です。離婚が原因でひとり親になった世帯は、母子世帯で8割、父子家庭で7割を超えています。本来であれば、離婚相手から養育費を受け取る権利があります。しかし、厚生労働省の「令和3年度 全国ひとり親世帯等調査結果報告[*3]」によると、母子世帯の半数以上（56.9％）は養育費を受け取っていない現状があります。その理由として、離婚時に養育費に関する取り決めがされていないことや、仮に取り決めがなされていても、それを実行（あるいは継続）されないということがあります。養育費を受け取れない理由として、「相手に支払う意思がないと思った」が40.5％で最も高く、次いで「相手に支払う能力がないと思った」が33.8％、「取り決めの交渉がわずらわしい」が19.4％となっています。

ここで注目したいことは、「相手に支払う能力がないと思った」という回答が全体の約3割を占めていることです。これは何を意味しているのでしょうか。

その理由として、男女を問わず世帯全体が貧困化していることが考えられます。図2-1-2は全世帯での相対的貧困率の推移を示したものです。2021（令和3）年の全世帯の相対的貧困率は15.4％であり、統計のある1985（昭和60）年以降、じりじりと上昇を続け、現在も高止まりをしています。とりわけ最近では、父子世帯の経済的困窮も大きな社会課題となっています。

一般的に父子世帯というと、親族が子どもの世話をしてくれて父親は仕事で忙しく働いているイメージがあるかもしれませんが、実際はそうではありません。前述した「令和3年度 全国ひとり親世帯等調査結果報告[*3]」でも、父子世帯が困っていることとして、「家計」に関することが全体の約4割（38.2％）を占め、最も高くなっています。つまり、母子世帯の貧困問題の背景には、父子世帯を含む全世帯の経済的困窮が関係していると考えられます。

◆養育費：子どもの監護や教育のために必要な費用のこと。

＊3：厚生労働省（2022）「令和3年度 全国ひとり親世帯等調査結果報告」https://www.cfa.go.jp/assets/contents/node/basic_page/field_ref_resources/f1dc19f2-79dc-49bf-a774-21607026a21d/9ff012a5/20230725_councils_shingikai_hinkon_hitorioya_6TseCaln_05.pdf（2024.5.10閲覧）

◆相対的貧困率：等価可処分所得（税金や社会保険料などを除いた所得）の中央値の半分に満たない状態のことで、その国や地域の水準において大多数の世帯に比べて貧しい状態をいいます。

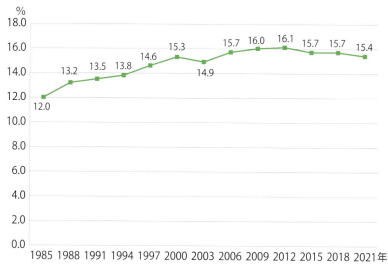

図 2-1-2　わが国における全世帯の相対的貧困率の推移
出所：厚生労働省「令和4年度国民生活基礎調査の概況」より筆者作成

3　経済的困窮が子どもの成長や未来に及ぼす影響

　ひとり親世帯（母子世帯ならびに父子世帯）に暮らす子どもの中には、経済的困窮によって様々な困難や不利の連鎖を経験することがあります。例えば、子どもの中には「家族で旅行に行った友人の話を聞くと格差を感じる」や「夏の絵日記の宿題が地獄。みんなの旅行の話を聞いてどこへも連れて行ってもらえない自分を惨めに感じる」などと話す子もいます。また、ある母子世帯の母親は、「たまに子どもに出かけることを提案すると、その体験自体を喜ぶのではなく、『友だちに自慢できる』、『友だちと対等になれる』と喜ぶ子どもの姿に心が痛くなる」と話していました。

　つまり、経済的困窮による経験の欠如などの**体験の格差**◆は、子どもの自尊心や自己肯定感などの低下を招き、精神的不調を来すこともあります。

　子どもの時期の体験や経験は、人格の形成において極めて重要な事柄となります。乳幼児期は、母子関係を基盤として愛着や基本的信頼感を形成し、食事や睡眠といった生活習慣の基盤を築いていきます。また、就学期（小・中学生）になると、子どもは学校という場で多くの時間を過ごし、友だちや教師、先輩や後輩などとコミュニケーションを図りながら社会関係を広げていきます。それらの社会関係を基盤にしながら、生活体験や文化的な営みを様々な形で経験し、豊かな人格を形成していきます。

　また、子どもの成長で重要とされている「非認知能力」にも影響を及

◆体験の格差：旅行や習い事、休日に友達と一緒に遊ぶなど、学校の外で行われる体験機会の格差をあらわす言葉。

ぼします。非認知能力とは協調性、外向性、自己肯定感、自己有用感、自制心、勤勉性など生きる上で必要な能力のことです。非認知能力が低いと自己肯定感が欠如し、常に自信や目標を持てず、協調性に欠けた人格が形成されることがあり、その結果、社会に馴染めなくなってしまう場合もあります。

さらに子どもの時期は身体的に脆弱な時期でもあります。年齢が低いほど脆弱性は高く、健康を維持するための他者への依存も高くなります。そのため、貧困という成育環境に悪影響を与え得る要素を持っていると、疾病や不健康を経験しやすくなります。中には体調不良や小さなけががあっても、診察代や治療費がかかるため、病院へ行くことを敬遠する人もいます。これは子どもにとっては大きな問題です。結果として重篤な病気に感染したり、虫歯によって歯がボロボロになるなど様々な弊害が生まれることがあります。

また就学期は学校をはじめとする教育制度とのかかわりが深く、教育の機会がどのように得られるかは、この時期の過ごし方に直接関係します。このように子どもの時期の貧困は、生活面に様々な問題を引き起こすとともに、子どもが生来備えている成長・発達しようとする力や生きる意欲に関係し、子どもの未来にまで影響を与えるのです。

さらに体験や経験の格差による負の連鎖は、人を社会の中で生きづらくするとともに、多くの傷つきを生じさせます。すなわち、体験格差による負のスパイラルの問題です。負のスパイラルは、一度陥ると抜け出すことは困難で、このマイナスの循環によって人々は「傷つき」や「生きづらさ」を抱えることになります。

また「傷つき」の体験は、記憶として子どもの心に深く刻み込まれます。この「傷つき」の体験は、心の傷（トラウマ）となってその人を苦しめます。やがて、この傷つき（トラウマ）は、生きるエネルギーを奪い、その人を弱くしていきます。ここに貧困の怖さがあります。貧困によって生じる様々な不利の連鎖は、人の人間関係や社会関係を断ち切り、多くの機会（チャンス）を剥奪する性質を持っています。子どもたちにとって、機会（チャンス）の喪失は、人としての発達・成長することを阻害します。

つぎに貧困によって生じる不利の連鎖とそのことによって生じる社会的問題（問題事象）についてみていきます。貧困による経済的困難が子どもや家族の暮らしにおいて、多様な側面に影響を与えることが多くの研究によってわかっています。

図 2-1-3　経済的困難がもたらす様々な問題事象
出所：山野良一（2014）『子どもに貧困を押しつける国・日本』光文社、p.12 を参考に著者作成

　図 2-1-3 は、経済的困難がもたらす問題事象です。例えば、経済的困難は、子どもの虐待・ネグレクトの問題と深く関連しています。例えば、経済的困難は、身体や口腔の健康とも深くかかわっています。経済的事情から医療機関への受診抑制が起こることがあります。また経済的困難による不十分な衣食住は、前述の健康問題を生じさせたり、子どもの発達にも影響を与えたりします。さらに経済的困難は、親族・近隣からの孤立などつながりの希薄化をもたらします。

　このように、経済的困難が起点（原因）となって様々な問題が生じます。そして引き起こされた問題が新たな問題を生み、その問題がまた次の起点（原因）になって新たな問題をつくり出します。つまり、経済的困難をきっかけに多くの問題が幾重にも重なり合い、それらが複合的な問題となって生活自体を立ち行かなくさせていきます。そしてその困難は時間の経過に伴って循環し、問題の多重化と深刻化をもたらします（図 2-1-4）。

　貧困の中にいる子どもたちは、自覚のない知らないうちに不利の連鎖に飲み込まれ、負のスパイラルにはまっていきます。一度負のスパイラルに陥ってしまうと、蟻地獄のように這い上がることができないくらい不利の連続の渦に飲み込まれていくのです。

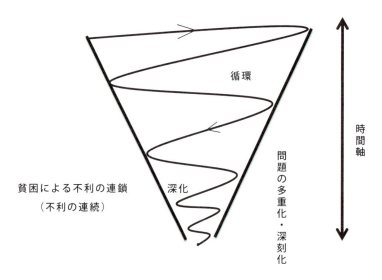

図 2-1-4　貧困の不利の連鎖・連続による負のスパイラル（イメージ図）

　最後に、政府によるひとり親世帯等の支援策について紹介します。政府は、2023（令和 5）年 4 月 1 日に「こども家庭庁」を発足し、これまで別々の省庁で行われてきた子ども政策の司令塔機能を一本化しました。こども家庭庁は、ひとり親家庭や寡婦が自立に向け取り組むための支援として、①「子育て・生活支援策」、②「就業支援策」、③「養育費の確保策」、④「経済的支援策」の 4 本柱により施策を推進しています。具体的には以下のようなことが挙げられます。

◆寡婦：夫に死に別れて再婚しないでいる女性のこと。

＊4：こども家庭庁（2024）「ひとり親家庭等の支援について」https://www.cfa.go.jp/assets/contents/node/basic_page/field_ref_resources/0a870592-1814-4b21-bf56-16f06080c594/630e53a9/20240402_policies_hitori-oya_52.pdf（2024.6.30 閲覧）

　①「子育て・生活支援策」としては、母子・父子自立支援員による相談支援や子どもの生活・学習支援緒事業等による子どもへの支援、母子生活支援施設の機能充実などがあります。
　②「就業支援策」としては、母子・父子自立支援プログラムの策定やハローワーク等との連携による就業支援の推進や母子家庭等就業・自立支援センター事業の推進などがあります。
　③「養育費確保支援」としては、養育費・面会交流相談支援センター事業の推進や母子家庭等就業・自立支援センターにおける養育費相談の推進などがあります。
　④「経済的支援」としては、児童扶養手当の支給や母子父子寡婦福祉資金の貸与などがあります。

第 1 節　ひとり親世帯

　このように、政府は年齢の壁や組織による縦割りの壁を取り払い、切れ目のない包括的な支援を行うことで、子どもたちの健やかな成長を社会全体で支えることを目指しています。

キーワード　Let's review!（復習してみましょう！）

ひとり親世帯	母親または父親のいずれかと、子どもとからなる家庭をいいます。単親世帯ともいいます。このうち、母と児童の家庭を母子世帯あるいは母子家庭、父と児童の家庭を父子世帯あるいは父子家庭といいます。
ワーキングプア	働いているものの十分な収入を得られず貧困状態にある人を指し、「働く貧困層」とも呼ばれています。ワーキングプアと呼ばれる人々は、より多くの収入を得るために長時間働くことで過労に至るケースも多く、健康面にも悪影響を及ぼす場合があります。
養育費	子どもの監護や教育のために必要な費用のことをいいます。一般的には、子どもが経済的・社会的に自立するまでに要する費用を意味し、衣食住に必要な経費、教育費、医療費などがこれに当たります。
体験の格差	体験の格差（体験格差ともいいます）は、一般的には旅行や習い事、休日に友達と一緒に遊ぶなど、学校の外で行われる体験機会の格差をあらわす言葉です。比較的新しい言葉であるため、明確な定義はまだありません。
こども家庭庁	政府で所管する子どもを取り巻く行政分野のうち、従来は内閣府や厚生労働省が担っていた事務の一元化を目的に設立された内閣府の外局です。2023 年 4 月 1 日に発足しました。

第2章　子どもを取り巻く経済的危機

第2節　子どもの貧困

少し長くなりますが、はじめに筆者が経験したエピソードをご紹介します。筆者が相談員として活動していたとき、知人からある男子生徒の相談を受けました。その男子生徒はある日、知人につぎのことを語ってくれたそうです。

> 僕は中学校の3年間、最後まで大好きなサッカーをしたかった。でもそれはできなかった。中学2年生の時、顧問の先生に『サッカー部の友達との人間関係が嫌で部活を辞めます』と伝えて退部したけど、それは本当の理由じゃない。本当は、家にスパイクと練習服を買うお金がなかったからなんだ。仕事を頑張っているお母さんにこれ以上お金のことで負担をかけたくなかった。誰にも相談できなくて、結局、顧問の先生に嘘をついてサッカー部を辞めたんだ。[*1]

＊1：本事例は、個人のプライバシーに配慮し類似の困難事例を統合的にまとめたものであり、実際の一事例に該当するものではありません。

知人から聞いた彼の言葉は、今も筆者の心に焼きついています。

このように、子どもが経済的理由で"あきらめる"ということを選択せざるを得なかった経験は、とても耐え難いものだと思います。

たとえどんなに努力しても、いくら能力があっても、経済的理由で継続できない（続けるという選択ができない）経験は、無力感に苛まれることだと思います。また自分自身で"あきらめる"ということを選択することは、「何をやっても無理」という感覚を生じさせ、「どうせ私なんか」という気持ちを大きくし、努力する気持ちをも後退させてしまうでしょう。

ここでは、子どもの貧困の現状ならびに相対的貧困の本質的課題、経済的格差から生じる様々な困難や不利の連鎖について解説します。

1　子どもの貧困率の現状

＊2：厚生労働省（2023）「2022（令和4）年国民生活基礎調査の概況」https://www.mhlw.go.jp/toukei/saikin/hw/k-tyosa/k-tyosa22/index.html（2024.6.17閲覧）

わが国の子どもの貧困率は、11.5％（2021［令和3］年時点）です。18歳未満の子どもの約9人に1人が貧困状態におかれていると推計されています。[*2]これは、日本全体で考えれば約250万人の子どもが貧困で苦しんでいることになります。

36

第2節　子どもの貧困

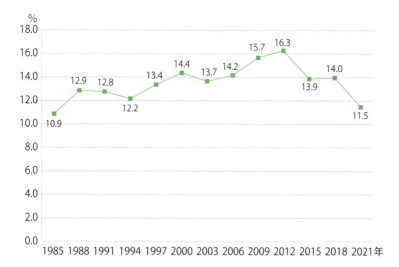

図 2-2-1　わが国における子どもの貧困率の推移
注：18歳未満を子どもと定義。2018年以降は、新基準として自動車税や仕送りなどの支出を加えている。
出所：厚生労働省（2023）「2022（令和4）年　国民生活基礎調査の概況」をもとに筆者作成

　図 2-2-1 は、わが国の子どもの貧困率の推移です。子どもの貧困率は、3年おきに政府によって公表されています。1985（昭和60）年は10.9％でしたが、その後はじわじわと上昇し、2012（平成24）年に16.3％で最も高くなっています。近年ではやや改善しているようにみられますが、依然として高値であることには変わりません。

　そもそも「子どもの貧困率」は、子どものいる世帯の相対的貧困率を指すものです。この相対的貧困率という数値は、OECD（経済協力開発機構）や厚生労働省が算出する方法に基づくものです。具体的には、子どものいる世帯のうち、等価可処分所得（税金や社会保険料などを除いた手取りの所得）の中央値の半分以下の所得となる世帯の割合を指します。またほかにも子どもの貧困を測る指標として、就学援助制度を利用している世帯数（児童生徒数）から経済的困窮状態を把握する方法があります。文部科学省の「令和5年度就学援助実施状況等調査結果」[*3]によると、2022（令和4）年度の全国の就学援助率は13.9％となっています。

　このように深刻化する子どもの貧困を解決すべく、2013（平成25）年6月に議員立法によって「**子どもの貧困対策の推進に関する法律**（以下、**子どもの貧困対策推進法**）」が制定されました。この法律では、子どもの将来が生まれ育った環境によって左右されることのない社会を実現するために、①教育支援、②生活支援、③就労支援、④経済的支援の4つの柱からなるもので、その対策を国や地方自治体に義務づけています。また子どもの貧困対策推進法を受けて定められた「**子供の貧困対策に関する大綱〜全ての子供たちが夢と希望を持って成長していける社会の実**

＊3：文部科学省(2023)「令和5年度就学援助実施状況等調査結果」https://www.mext.go.jp/content/20231221-mxt_shuugaku-000018788_001.pdf
(2024.6.30閲覧)

第 2 章　子どもを取り巻く経済的危機

表 2-2-1　「子供の貧困対策に関する大綱」に掲げられている 13 の指標

1	生活保護世帯に属する子どもの高等学校等進学率
2	生活保護世帯に属する子どもの高等学校等中退率
3	生活保護世帯に属する子どもの大学等進学率
4	生活保護世帯に属する子どもの就職率
5	児童養護施設の子どもの進学率および就職率
6	ひとり親家庭の子どもの就園率
7	ひとり親家庭の子どもの進学率および就職率
8	スクールソーシャルワーカーの配置人数およびスクールカウンセラーの配置率
9	就学援助制度に関する周知状況
10	日本学生支援機構の奨学金の貸与基準を満たす希望者のうち、奨学金の貸与を認められた者の割合
11	ひとり親家庭の親の就業率
12	子どもの貧困率
13	子どもがいる現役世帯のうち、おとなが一人の貧困率

出所：「子供の貧困対策に関する大綱〜全ての子供たちが夢と希望を持って成長していける社会の実現を目指して〜」から抜粋

現を目指して〜」では、13 の指標を改善することを掲げています（表2-2-1 参照）。

　しかしながら、これらの指標は、生活保護世帯やひとり親世帯など貧困の程度が比較的高い子どもを対象としており、高校や大学進学等の教育面が充実している一方、日常生活の改善に関することについては課題となっていました。

　そして 2024（令和 6）年 6 月、子どもの貧困対策推進法の改正案が国会で成立しました。現行の「子どもの貧困対策推進法」は、「子どもの貧困の解消に向けた対策推進法」へと変更されました（2024 年 9 月 25日施行）。

　この改正法の目的では、貧困により子どもが適切な養育・教育・医療を受けられないことがないこと、多様な体験の機会が得られないことがないこと、子どもの権利などが害され、社会から孤立することがないことが明確化されました。また基本理念に「現在のこどもの貧困を解消しつつ将来のこどもの貧困を防ぐこと」や「妊娠から出産まで、おとなになるまでの支援が切れ目なく行われること」などが新設されています。

2　相対的貧困の本質的課題

　ところで、「貧困」というものに対して、みなさんはどのようなイメージを抱くでしょうか。もしかすると粗末な服を着て、食べるものも満足に得られない発展途上の貧しい国の人々をイメージしたり、あるいは紛

争から逃れた難民や終戦直後の貧しい日本をイメージする人もいると思います。

そもそも「貧困」とはどういう人や状態をいうのでしょうか。

ここでは、相対的貧困の本質的課題を捉えるために、簡潔に「絶対的貧困」と「相対的貧困」の概念について整理したいと思います。

「絶対的貧困」とは、生きるために必要な栄養や衣服などを満足に得ることができず、生きることさえもままならない状態をいいます。つまり、生物学的な見地から生存するために必要なものが整っていない状態をいいます。そのため「絶対的貧困」は「生存貧困」とも呼ばれることがあり、時代や地域、国を越えて共通する不変の定義として用いられます。

一方、「相対的貧困」は、経済的な理由でその国もしくは社会の大多数の人が享受している"普通の生活"を送ることができない状態をいいます。ここでいう"普通の生活"とは、食べ物や衣服の充足はもちろんのこと、スポーツや余暇への参加、友人との交際などといった機会も含まれます。

例えば、友人の結婚式に出席するためには、単に寒さをしのぐだけの衣服ではなく、華やかな場にふさわしいものが必要になるでしょう。またスポーツを楽しむためには、ユニフォームや道具を揃える必要があります。つまり、単に物質として充足していればよいということではなく、社会的な水準からみて、その状況や場面に見合ったものとして"普通"であるかどうかが重要な視点になります。

このように、「絶対的貧困」は視覚的に困窮の状態であることが理解しやすい（判断しやすい）のですが、「相対的貧困」は、その状態が貧困かどうかはっきりとせず、明確にはわからない（判断しにくい）ことも多く、そのため「見えにくい問題」あるいは「表面化しづらい問題」と言われます。

また貧困研究者のピーター・タウンゼント氏は、人間の最低限の生活には、単に生物的に存在するということでなく、社会の構成員として人と交流したり、人生を楽しんだりすることも含まれると論じています。そこで大切な考え方として「相対的剥奪」があります。「相対的剥奪」は、子どもが子どもらしく生活する上での必需品（モノや機会、経験などを含めて）がどれだけ揃っているかを見るものです。なお、表2-2-2は子どもが子どもらしく生活し、生きるために必要なものの一例です。

このような必需品がどれだけ確保できているかが、貧困による格差の解消や子どもの生活の質（QOL）の向上にかかわってきます。

第2章　子どもを取り巻く経済的危機

表2-2-2　子どもが子どもらしく生活し、生きるために必要なものの一例

> ①　必要な時に医者にかかれること
> ②　1日1時間以上の休んだり、遊んだり、自由に過ごせる時間
> ③　1日3回の食事
> ④　学校で使用する物品（制服、通学カバン、教材など）
> ⑤　予防接種を受けること
> ⑥　高校までの教育
> ⑦　野菜または果物（1日1回以上）
> ⑧　学校での給食
> ⑨　遠足や修学旅行などの学校行事への参加
> ⑩　塾に通うこと
> ⑪　習い事
> ⑫　1年に1回の家族旅行
> ⑬　大学またはそれ以上の教育
> ⑭　友達を時々家に呼ぶことができること
> ⑮　インターネットにつながるパソコン
> ⑯　新しい（お古ではない）洋服
> ⑰　スマートフォン
> ⑱　自分の部屋
> ⑲　家の中で勉強ができる場所
> ⑳　誕生日、クリスマス、お正月などのお祝い　　　など

3　格差から生じる様々な社会課題

＊4：仲村優一ほか監修、岡本民夫ほか編（2007）『エンサイクロペディア社会福祉学』中央法規出版

＊5：阿部彩（2011）『弱者に居場所がない社会──貧困・格差と社会的包摂』講談社、pp.62-65

＊6：西川潤（2008）『データブック貧困』岩波ブックレット No.730、pp.46-48

　社会には、経済格差や男女格差、地域格差など多様な格差が存在します。

　そもそも格差とは、「同類のものの間における程度（価値、水準、格付けなど）の差や違い[*4]」と定義されます。

　格差がもたらす社会現象の一つに「マタイ効果」といわれるものがあります。

　「マタイ効果」とは、「最初の小さな格差が、次の格差を生み出し、次第に大きな格差に変容する性質のこと[*5]」です。例えば、裕福な人は投資による利潤や銀行への預金で大きな利益を得ることができ、お金がお金を生んでいく状態になりますが、経済的に貧しい人は日々の生活に追われて多くの支払いを抱え、仮に借金があれば借金の利息を返済しなければならなくなります。つまり、お金がない人はさらにお金が必要な状態になります。このように、富める人はさらに富み、貧しい人はさらに貧しくなってその差が大きくなることをいいます。そして格差を放っておくと、さらなる格差が生じ、挽回できないくらいの格差になってしまいます。このような格差を生み出す資本主義社会がもつ性質について、人々を資本主義システムに統合する面と、そして人々を絶えずこのシステムから排除する面の両面から成り立っているとの指摘があります。[*6]それが意味するのは、資産や収入、機会などの格差がつくられると、人々

の社会的集団から貧困者や弱者が区別され、この区別に基づいて差別へと進展し、それはやがて偏見となって人々を支配していくことになるというメカニズムです。この格差と支配のメカニズムが「社会的排除」の状態をつくり出していきます。そのため、小さな格差であっても、それを放置すれば社会的排除という重大な問題へと発展していくのです。

　冒頭で紹介したエピソードのように、経済的理由によって子どもたちは他人と比較して自分の置かれている状況が鮮明になることで、自己嫌悪に陥り、強い劣等感や絶望感、将来に対しての「あきらめ」の気持ちを抱くようになると思います。貧困は普通に暮らしている中で多くの関係性と機会（チャンス）を知らず知らずのうちに失い、その状況が続いてさらに深刻化すると、夢や希望を持てない「あきらめ」が深刻な問題となります。

　このような貧困による社会的排除や不利の連鎖によって、子どもは様々な生きづらさを抱えることになります。特に筆者は、子どもが将来の夢や希望を持てない「あきらめ」や「意欲の欠如」などは大きな課題であると思います。貧困による不利の連鎖により、様々な機会（チャンス）自体が得られない場合、しだいに子どもは将来に夢や希望をもてなくなり、それらを叶えたい、実現させようという気持ち（意欲）が湧かない状態になります。「どうせ私なんか…」「私には無理」という感覚に支配され、何に対しても早い段階であきらめるようになります。すなわち「あきらめ」が当たり前になります。この「あきらめ」は、その後の新たな機会（チャンス）への意欲も失わせ、将来の夢や希望がなくなり、日常が無感動と無力感に支配され、閉塞的になっていく中で様々な可能性を自ら潰していくセルフネグレクトの状態に陥っていくのです。

4　貧困によってもたらされる様々な困難とその連鎖

　貧困による不利の連鎖によって、子どもは様々な生きづらさを抱えることになります。「関係性の欠如」は大きな課題の一つです。例えば、友だちと遊びに出かける費用、話題になっている本や同じお菓子を購入する費用、習い事に通う費用などが払えないことで、その子どもはそれだけ友だちとの接点が少なくなります。つまり、人とのつながりが細くなり、孤立しやすくなるのです。貧困による関係性の欠如は、人々の自立にも大きな影響を与えます。

◆世代間連鎖：親から子ども、そして子どもから孫へ、複数の世代にわたって同じような問題（課題）が繰り返されること

また貧困は、心のゆとりが奪われることで、家庭の教育力・養育力の低下、虐待・ネグレクトなどの困難な状況に陥るといった課題や、「周囲に知られたくない」という負の感情から「保護者が支援を拒否する」ことで社会的に孤立するといった課題も生じさせます。さらに、保護者自身が貧困の環境で育ち、現在の困難な状況に気づいていない（気づくことができない）ために、支援を必要としないことから、支援する側からも「一見、見かけでは分からない」といった特有の課題もあります。

この不利の連鎖による**世代間連鎖**に関しては、「**社会的相続**」という概念で説明されることがあります。社会的相続とは、「自立する力の伝達行為」のことをいいます。図 2-2-2 に示すように、保護者は子どもに対して、将来必要となる自立する力を様々な形で伝えていきます。具体的には、子どもにかけるお金、子どもにかける時間、保護者の周囲との関係、保護者の生活習慣、保護者の価値観などです。当然、社会的相続の担い手は、保護者だけでなく、親族や近所の大人、学校の先生、施設の職員などの場合もあります。この「自立する力の伝達行為」の充実と、担い手に足りなければそれを補完することこそが、貧困による不利の連鎖を断ち切るための重要な視点になります。

最後に、筆者に「貧困の最大の敵は何か」と問われれば、真っ先に「社会的無関心」と答えます。なぜならば、社会による無関心（ネグレクト）は貧困問題をさらに増大させるからです。子どもの 9 人に 1 人が貧困と言われますが、この「1 人」がどのような思いをし、生活しているのかに目を向けることが重要です。貧困によって生きづらさを抱き、多くの傷つきを経験しながら暮らしている子どもたちに対し、一人ひとりがもっと関心をもち、社会全体で何ができるのか、何をすべきなのかを考え、行動しなくてはならないといえるでしょう。

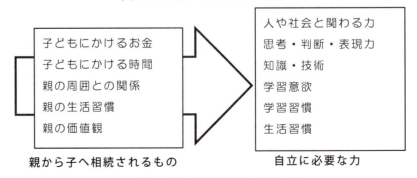

図 2-2-2　社会的相続のイメージ
出所：日本財団「子どもの貧困対策プロジェクト」発表会会見資料を参考に筆者作成

第2節　子どもの貧困

キーワード　Let's review!（復習してみましょう！）

相対的貧困	ある国や地域の生活水準の中で比較したときに、大多数よりも貧しい状態のことを指します。例えば、学校の給食費が払えない、部活で必要なものが買えないなど、ほとんどの人が持っているものを持てない状況にあることを指し、日本などの先進国でも見られるものです。
世代間連鎖	親から子ども、そして子どもから孫へ、複数の世代にわたって同じような問題（課題）が繰り返されることをいいます。
社会的相続 （貧困の連鎖）	学力（認知能力）以外で子どもの将来の自立に資する能力を引き継いでいく過程のことです。貧困世帯においては、親が仕事に追われて子どもと十分に接する時間を取れない、親自身も生活習慣が乱れ、子どもへの関心が低いなどの理由でこの社会的相続が十分に行われないことがあります。

43

第2章　子どもを取り巻く経済的危機

第3節　ヤングケアラー

1　ヤングケアラーの定義と子どもを取り巻く環境

（1）ヤングケアラーの定義と家族ケアの影響

　2024年に改正された**子ども・若者育成支援推進法**では、第2条にヤングケアラー状態が明示され第15条でヤングケアラーへの支援が法定化されました。同法では、ヤングケアラーを「家族の介護その他の日常生活上の世話（以下、『**家族ケア**』とする）を過度に行っていると認められる子ども・若者（括弧内筆者）」としています。この文言中の「過度に」とは、概ね18歳未満の子どもにおいては遊びや勉強等の時間が奪われる状態を、概ね18歳以上30歳以下の若者においては勉強や就職準備等の時間が奪われる状態をいいます。子どもや若者に家の手伝いの程度を越えた重い身体的・精神的負荷がかかっている状態を指しています。

　従来、子どもが家の手伝いをすることは、躾（しつけ）として奨励されたり褒められたりしてきました。しかし、その手伝いを「過度に」子どもが担うことになれば、子どもとしての時間が奪われることになります。授業や学校活動、部活動での学びの時間や友人との遊びの時間、また将来などについての思索や経験の時間などで培われる知識の習得や交友関係の構築、子ども時代に体験した方がよい経験ができにくくなる、という事態を引き起こします。

　また、家族ケアは、子どもへ精神的負担も負わせます。親などの相談相手になったり家計の心配をしたりするなど、本来子どもが心配しないような家庭の問題を子どもが抱えることになります。

　このような子どもの時間の喪失や精神的な負担は、現在だけでなく将来にも大きな影響を及ぼすことがあります。学校卒業後、介護に専念したり仕事と家族ケアを両立するために不安定就労に就いたりすることです。場合によっては、家族ケアが終了した後であっても社会との交流が乏しい状況が続いたりすることもあります。

（2）家族ケアの実際

　ヤングケアラーが担っている家族ケアとは、障害や病気などの家族に代わって家事を行ったり、障害や病気などの家族を介護・対応したりすることです（図2-3-1）。ヤングケアラーは家事や介護などの身体的・肉

◆子ども・若者育成支援推進法：子どもや若者を取り巻く深刻化などを背景に、2009年に制定されました。総合的な子供・若者育成支援施策の推進を目的としています。

＊1：「**子どもの権利条約**」に規定されている、健康に生きる権利や教育を受ける権利、子どもらしく過ごせる権利、経済的搾取等からの保護などの権利侵害にあたる可能性があります。

第3節　ヤングケアラー

障がいや病気のある家族に代わり、買い物・料理・掃除・洗濯などの家事をしている。

家族に代わり、幼いきょうだいの世話をしている。

障がいや病気のあるきょうだいの世話や見守りをしている。

目の離せない家族の見守りや声かけなどの気づかいをしている。

日本語が第一言語でない家族や障がいのある家族のために通訳をしている。

家計を支えるために労働をして、障がいや病気のある家族を助けている。

アルコール・薬物・ギャンブル問題を抱える家族に対応している。

がん・難病・精神疾患など慢性的な病気の家族の看病をしている。

障がいや病気のある家族の身の回りの世話をしている。

障がいや病気のある家族の入浴やトイレの介助をしている。

図2-3-1　ヤングケアラーが担っている仕事
出所：こども家庭庁「ヤングケアラーについて」https://www.cfa.go.jp/policies/young-carer/

体的負担にとどまらず、家族を励ましたり家族の柱となるなどの精神的負担も担っています。

(3) 子どもを取り巻く環境

　子どもが行っている家族ケアには、祖父母や父、母、きょうだいへの身体的ケアや見守り・相談相手などの精神的ケア、家事などがあります。これらの家族ケアは、日常生活を送る上で必要不可欠な営みですが、ひとり親家庭など、何らかの事情で親や家族を取り巻く大人が行えない事態が生じたときに、大人に代わって子どもが行ったりしています。

　子どもが家族ケアを担う要因は複数ありますが、その一つに、"家庭内の事情を他者に知られたくない"や"相談しても解決は難しいだろう"という子どもや家族の心情があります。"家族が助け合うのは当たり前"という、子どもや家族などにヤングケアラーについての認知がないことも少なくありません。[*2] また、福祉制度の狭間にある家族ケアも多く、制度を活用しているもののそれだけでは十分でない、ということも要因の一つです。例えば、幼いきょうだいの食事・入浴などの世話や保育所等への送迎、ひとり親家庭や共働きの親を手助けする家事などです。さらには、家計を助けたり子ども自身の教育費を賄うための制度が活用されなかったり制度そのものが不十分だったりする、ということもあります。

　家族の誰かが行わなければ日常生活に大きな支障が生じる家族ケア

＊2：ヤングケアラーの実態を調査したものに、三菱UFJリサーチ＆コンサルティング(2021)「ヤングケアラーの実態に関する調査研究報告書」や日本総合研究(2022)「ヤングケアラーの実態に関する調査研究報告書」があります。

第2章　子どもを取り巻く経済的危機

しわ寄せが、子どもに及んでいるのです。

（4）子どもが発するサイン

　子どもは家族をケアすることに対して、当然のことと思っていたり誇りをもっていることがあります。そのため、自ら助けを求めないことも多く ヤングケアラーの発見は簡単ではありません。しかし、家族ケアに多大な時間を費やしたり、また体力や神経を使うことで子どもの学校生活に影響がでることが少なくありません。学校生活や地域において、以下の態度[3]が見られたら、その子どもがヤングケアラーであることの可能性を考えてみる必要があります。

> ①学校での欠席や遅刻、早退が多い。忘れ物が多い。
> ②授業中の居眠りが多かったり疲れている様子が見られる。学力が下っている。
> ③給食で何度もおかわりをする。
> ④精神的な不安定さが見られる。
> ⑤自分のことや家族の話をしたがらない。
> ⑥家族の通院等に付き添っている姿を見かける。
> ⑦幼いきょうだいの送迎をしている姿を見かける。
> ⑧学校にいるべき時間に地域で見かける。
> ⑨日本語の苦手な家族等の通訳をしている。
> ⑩家計を支えるためのアルバイトをしている。

　もちろん、ここに挙げた態度がヤングケアラーであることを必ずしも示しているということではありません。友人には家族ケアの相談をしていることもあります。また、これらの態度が、ヤングケアラー以外の問題を示している場合もあります。しかし、総じて子どもが子どもらしからぬ態度を示したときには、その子どもへの支援の要否を検討していくことが大切です。

2　ヤングケアラーへの支援

（1）ヤングケアラーへの支援制度

　ヤングケアラーという存在が社会に認知され始めたのは近年のことです。そのため、福祉的課題をもつ子どもへの支援を検討する要保護児童対策地域協議会においてもヤングケアラーの認知は低く、対応も十分ではありませんでした。

　このような状況のもと、2021年に、文部科学省と厚生労働省の連携によるヤングケアラーの支援に向けた福祉・介護・医療・教育の連携プロジェクトチームが発足し、同年に報告書が提出されました。それを受けて、2022年度から「ヤングケアラー支援体制強化事業」などにおいて、

＊3：三菱UFJリサーチ＆コンサルティング（2020）「ヤングケアラーへの早期対応に関する研究報告書」及び東京都（2023）「東京都ヤングケアラー支援マニュアル」においてヤングケアラー発見のためのアセスメントシートやチェックリストが掲載されています。

◆要保護児童対策地域協議会：児童福祉法第25条の2に規定されている協議会で、要保護児童（支援対象児童）等に関する情報の交換及び支援の協議を行うものとされています。第7章第3節4(3)などで詳述しています。

地方自治体における実態調査や関係機関研修、支援体制構築等の取組推進が開始されました[*4]。しかし、ヤングケアラー支援に関する法制上の位置付けがないことや地方自治体の支援内容が明確でないこと、地方自治体によって取組状況にばらつきがあることなどの課題があることが分かりました。このような課題を解決するために、2024年に**子ども・若者育成支援推進法**が改正され、国や地方自治体の努力義務として、ヤングケアラーへの支援が明記されました。

一方で、児童虐待の数が増加し続けるなど児童やその家庭を取り巻く状況は依然として厳しい状況にあります。児童の権利擁護に基づいた養育環境等などの実現を支援するため、2022年に**児童福祉法**が改正され、市町村の業務として要保護児童などへの包括的かつ計画的な支援を実施する「**こども家庭センター**」の設置が努力義務化されました。これまでその存在が認知されにくかったヤングケアラーの支援がこども家庭センターの業務として明記されました[*5]。

（2）ヤングケアラー支援の体制

ヤングケアラーが担っている家族ケアは、家族全体が抱えている課題に対するケアで、多くの場合その課題はいくつもあったり、また複雑であったりします。そのため、ケアの内容は多岐にわたります。例えば、父親または母親に障害があり就労が難しい場合は、親への身体介護や精神的支え、通院介助、障害福祉サービス申請のための手続き、家事遂行のほかに、経済的困窮への対応も必要となるかもしれません。祖父母の介護が必要になった場合は、多かれ少なかれ父親や母親へ祖父母の介護負担がかかることから子ども家族の日常生活へその影響が及び、子どもが祖父母の介護や家事など過度の負担を負うことになるかもしれません。

そのため、ヤングケアラーへの支援は、必要に応じて家族全体をケアの対象として家族ケアに関わる多くの専門職が協働して支えていくことが求められます。こども家庭センターなどが中心となってヤングケアラー家族支援のための**ネットワーク**を形成したり**多機関・多職種連携**による支援体制の整備や**チームアプローチ**等による支援が必要です（図2-3-2）。

また、ヤングケアラーへの支援は子ども期から若者期への移行後にも求められます。その際は、**重層的支援体制整備事業**を活用し、必要に応じて**多機関協働事業**による支援を行うことが効果的です。

＊4　2022年は**こども家庭庁設置法**が制定された年でもあります。翌2023年4月1日に内閣府の外局としてこども家庭庁が発足し、文部科学省や厚生労働省と連携のもと、こども政策の中心的役割を担っています。

◆努力義務：法律の条文で「〜するよう努めるものとする」等と規定されている事項で、努力することが義務付けられています。

＊5：こども家庭庁（2024）「**こども家庭センター**ガイドライン」において、ヤングケアラーへの支援が取り上げられています。

◆チームアプローチ：多職種や他機関の担当者が当事者を中心としたチームを形成し、チームとして問題の解決のため協働して支援するアプローチです。

◆重層的支援体制整備事業：社会福祉法第106条に基づく事業で、地域住民の複合化・複雑化した支援ニーズに対応する包括的な支援体制を整備することを目的としています。

◆多機関協働事業：重層的支援体制整備事業の中の包括的相談支援事業において、単独の支援関係機関では対応が難しい複雑化・複合化した事例等を扱います。

第2章　子どもを取り巻く経済的危機

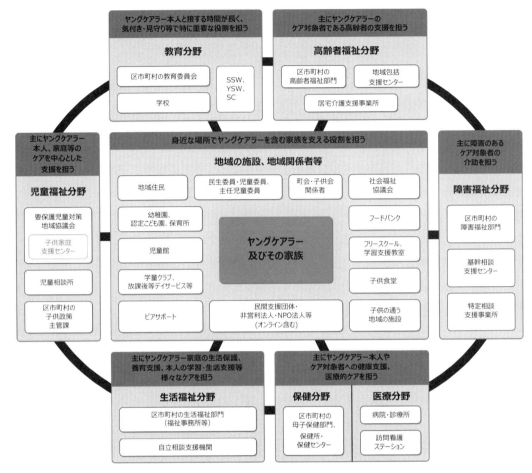

図2-3-2　ヤングケアラー及びその家族を支える関係機関
出所：東京都（2023）「ヤングケアラー支援マニュアル」（有限責任監査法人トーマツ（2022）「厚生労働省令和3年度 子ども・子育て支援推進調査研究事業「多機関連携によるヤングケアラーへの支援の在り方に関する調査研究」多機関・多職種連携によるヤングケアラー支援マニュアル～ケアを担う子どもを地域で支えるために～」をもとに東京都が作成したもの）

（3）ヤングケアラーへの支援の方法

　ヤングケアラーを支援するにあたり、子どもは自ら助けを求めないことが多く、一見、他の子どもたちと何ら変わらない態度を見せていることもあります。子どもや福祉サービス利用家族と接触のある学校、福祉サービス提供機関などが積極的に子どもの様子に注意を払ったり家庭における子どもの状況を把握しようとする姿勢が早期発見につながります。[*6]

　ヤングケアラーの相談を受けた機関や発見した機関は、こども家庭センターや市町村の担当部署と連携して支援にあたります。その際、子どもや家族の意向・心情に寄り添うことが重要です。子ども自身は家族を大切に思い進んで家族ケアを担っていることも多いため、その家族ケアが必要かどうかの客観的な判断が難しい場合があります。また、ケアすることが子どもの精神的支えになっている場合もあるので、子どもの心

＊6：学校では、ヤングケアラーへの気付きを与える記名式のアンケート調査を行うことがあります。そのアンケート調査や教員などの気付きでヤングケアラーの発見に努めています。

情も勘案した慎重なアセスメントが必要です。一方で、多機関・多職種連携の必要性についても検討を行い、必要な場合は支援の中心となる担当機関や部署を明確にします。

　アセスメントの結果、子どもとしての時間が奪われている状況の場合は支援プランを作成して支援を実施します。支援は、ヤングケアラーが担っている家族ケアの一部を外部サービス等で代替します。障害のある家族への介護ケアであれば障害福祉サービスを活用したり、高齢家族などへの介護ケアであれば介護保険サービスの活用、家事や幼いきょうだいへのケアであれば子育て世帯訪問支援事業の活用などです。経済的困窮の状況にある場合は、生活保護制度の活用も検討が必要です。外部サービスや福祉制度の活用をする場合は、いずれの場合も家族の理解を得ることが不可欠です。

　アセスメントの結果、子どもとしての時間が奪われるに至っていない状況であれば、進学や就職、将来などへの不安に対する支援として、**ピアサポート**や**オンラインサロン**などの活用も検討していくことになります。

　ヤングケアラー支援の要否判断の結果、制度活用による支援の実施が必要な場合ばかりではありません。見守りやインフォーマルな支援となる場合や発見時等においては支援が必要と認められなかったり支援の受入を拒否されたりする場合もあります。しかし、いずれの場合であっても子どもや家庭の状況を定期的に確認することが必要です。

◆ピアサポート：ピアとは、同じような境遇や経験等をもつ対等な関係の人たちのことで、ヤングケアラーのピアサポートとは、ヤングケアラー経験者同士の相談支援をいいます。

◆オンラインサロン：ヤングケアラー当事者同士がインターネットで悩みや情報を共有したりするオンライン上のコミュニティです。市町村等の公的機関や民間の団体が運営しています。

キーワード　Let's review!（復習してみましょう！）

ヤングケアラー	子ども・若者育成支援推進法第2条に規定されている、「家族の介護その他の日常生活上の世話を過度に行っていると認められる子ども・若者」のことです。
子ども・若者育成支援推進法	子どもや若者を取り巻く環境の深刻化などを背景に、2009年に制定されました。総合的な子供・若者育成支援施策の推進を目的としています。同法は2024年に改正され、国や地方自治体の努力義務として、ヤングケアラーへの支援が明記されました。
こども家庭センター	2022年の児童福祉法改正において、市町村に設置が努力義務化されました。要保護児童などへの包括的かつ計画的な支援を行います。
重層的支援体制整備事業	社会福祉法第106条に基づく事業で、地域住民の複合化・複雑化した支援ニーズに対応する包括的な支援体制を整備することを目的としています。相談を受け止める包括的相談支援事業及びアウトリーチ等を通じた継続的支援事業、単独の支援機関では対応できない複雑化・複合化した事例等を支援する多機関協働事業、社会とのつながりを作る支援を行う参加支援事業があります。

コーヒーブレイク②

サンタクロースの服はなぜ赤いの？

　子どもたちにとって、夢のサンタクロースからもらうクリスマスプレゼントは、とても楽しみなものです。サンタクロースといえば、赤い帽子、赤い服、白いひげのおじいさんを連想しますが、実は、この姿かたちが万国共通になってから、まだ1世紀も経っていません。それ以前のサンタクロースは、国によって様々な異なる姿かたちをしていました。

　赤い衣装をまとった白いひげのサンタクロースは、1931（昭和6）年にコカ・コーラ社のクリスマス・キャンペーン広告で描かれたことがきっかけといわれています。ちなみに、日本では、1919（大正8）年に、初めてコカ・コーラが輸入されました。

　また、サンタクロースの赤い服は、モデルになったといわれる聖ニコラスが着ていた司祭服が赤い色だったことに由来しているという説もあります。

〈参考文献〉
コカ・コーラカンパニージャパン「「赤い衣装のサンタクロース」のルーツ」https://www.coca-cola.com/jp/ja/media-center/christmas-santa （2025.1.6 閲覧）
岡山理科大学経営学部経営学科「ミニレクチャー」https://www.mgt.ous.ac.jp/about/management/lecture/lecture_m-11/（2025.1.6 閲覧）

第3章

子どもを取り巻く
非社会的危機

　子どもたちは、その発達途上で様々な環境の変化や自身の身体的・精神的な変化に伴って、一時的に、取り巻く社会・生活環境に適合できないという状態が生じることがあります。いわゆる、不適応状態ということになりますが、これは、大きく分けると、内面に向かう「不登校」や「ひきこもり」など「非社会的な問題」と、「非行」、「犯罪」などの「反社会的な問題」に分けられます。発達経過においては、誰もが少なからず経験するのですが、その時期に、周囲が良く理解して、適切な対応をすることが重要となります。この章では、前者の非社会的な問題について、不登校、ひきこもり、インターネット等への依存の問題から取り上げていきます。

第1節 不登校

1 不登校の概念

　皆さんの小学校時代、中学校時代、また高校時代に様々な理由がもとで欠席がしばらく続いていた友達はいませんでしたか。そのような友達の状態について、「不登校」のことばを耳にしたことはなかったでしょうか。現代では、クラスにこのような不登校状態の児童生徒がいることは珍しいことではありません。

　文部科学省は、「不登校」を「疾病や経済的・物理的理由などの明確な理由がないにもかかわらず、学校に行かない、あるいは行けない現象」としています。また、「児童生徒の問題行動・不登校等生徒指導上の諸課題に関する調査」では次のように規定しています。

> 不登校とは、児童・生徒指導要録の「欠席日数」欄及び「出席停止・忌引き等の日数」欄の合計の日数により、年度内に30日以上登校しなかった（長期欠席）児童生徒で、何らかの心理的、情緒的、身体的、あるいは社会的要因・背景により、児童生徒が登校しないあるいはしたくともできない状況にある者を指す。（ただし、「病気」や「経済的理由」、「新型コロナウイルスの感染回避」による者を除く。）

（「児童生徒の問題行動・不登校等生徒指導上の諸課題に関する調査」より引用）

図 3-1-1　不登校児童数の推移
出所：文部科学省「令和4年度 児童生徒の問題行動・不登校等生徒指導上の諸課題に関する調査結果について」をもとに作成

第1節　不登校

　図3-1-1を見てください。小学生、中学生ともに不登校児童は増加しています。小学生よりも中学生の方に対象が多いことがわかります。なぜ、このような差異があるのでしょうか。また、2020（令和2）年からのコロナ禍期間にも不登校児童は増加しています。文部科学省(2023)は、理由として、休養の必要性を明示した**教育機会確保法**の趣旨が浸透したこと、新型コロナウイルス感染症拡大防止の観点から運動会や遠足、修学旅行などの活動が制限されて児童生徒の登校意欲が低下したこと、臨時休校や再開が繰り返され児童生徒等の学校を休むことに対する抵抗感が下がったり生活リズムが乱れたりしたことなどが考えられるとしています。

2　不登校の要因

　次に、不登校になった理由について文部科学省「児童生徒の問題行動・不登校等生徒指導上の諸課題に関する調査」をもとにした表3-1-1を見てください。

　文部科学省の分析によると、不登校の要因は、小学校と中学校ともに①「無気力、不安」が50%以上を占めており理由の最多になっています。次に小学校では②「生活の乱れ」と③「親子の関わり方」が多く、中学校では②「生活の乱れ」と③「いじめを除く友人関係をめぐる問題」が挙げられています。「生活の乱れ」は同じですが、それに続いて小学生

◆教育機会確保法：不登校などの様々な理由で十分な義務教育を受けられなかった子どもに教育機会を確保するための法律。不登校をどの子どもにも起こり得るものとして問題行動であると受け取られないよう配慮することとしています。

◆新型コロナウイルス感染症：2019年12月、「原因不明のウイルス性肺炎」として中国・武漢で初めて報告されました。世界中で感染拡大し、日本では2023年4月までに約3346万人以上が新型コロナウイルス感染症と診断されました。国内では2023年5月、5類感染症に移行となりました。

表3-1-1　不登校の要因

	不登校児童生徒数	学校に係る状況								家庭に係る状況			本人に係る状況		左記に該当なし
		いじめ	いじめを除く友人関係をめぐる問題	教職員との関係をめぐる問題	学業の不振	進路に係る不安	クラブ活動、部活動等への不適応	学校のきまり等をめぐる問題	入学、転編入学、進級時の不適応	家庭の生活環境の急激な変化	親子の関わり方	家庭内の不和	生活リズムの乱れ、あそび、非行	無気力、不安	
小学校	105,112	318	6,912	1,901	3,376	277	30	786	1,914	3,379	12,746	1,599	13,209	53,472	5,193
		0.3%	6.6%	1.8%	3.2%	0.3%	0.0%	0.7%	1.8%	3.2%	12.1%	1.5%	12.6%	50.9%	4.9%
中学校	193,936	356	20,598	1,706	11,169	1,837	839	1,315	7,389	4,343	9,441	3,232	20,790	101,300	9,621
		0.2%	10.6%	0.9%	5.8%	0.9%	0.4%	0.7%	3.8%	2.2%	4.9%	1.7%	10.7%	52.2%	5.0%
合計	299,048	674	27,510	3,607	14,545	2,114	869	2,101	9,303	7,722	22,187	4,831	33,999	154,772	14,814
		0.2%	9.2%	1.2%	4.9%	0.7%	0.3%	0.7%	3.1%	2.6%	7.4%	1.6%	11.4%	51.8%	5.0%

注：「長期欠席者の状況」で「不登校」と回答した児童生徒全員につき、主たる要因一つを選択。
　　下段は、不登校児童生徒数に対する割合。
出所：文部科学省「令和4年度 児童生徒の問題行動・不登校等生徒指導上の諸課題に関する調査結果の概要」
　　　https://www.mext.go.jp/content/20231004-mxt_jidou01-100002753_2.pdf

第3章　子どもを取り巻く非社会的危機

◆心理的離乳：人格形成として青年期における親への依存から独立と自我確立の過程を幼児期の乳離れ過程と類比させて呼ぶ用語。

では「親子の関わり方」が、中学生では「友人関係」が挙げられています。これらはまさに思春期の特徴である、親への心理的離乳から友人への親和性への変化の様相だと思えます。また、令和2年度の「不登校児童生徒の実態把握に関する調査」（2020）によると、学校に行きづらいと感じ始めたきっかけとして、「友達のこと（いやがらせやいじめ）」「友達のこと（それ以外）」「先生のこと」「勉強のこと」「身体の不調」「生活リズムの乱れ」「きっかけ不明」という回答がありました。行きづらさのきっかけとして「友達」「先生」が挙がっている点に注目します。「友達」「先生」は子どもの傍らにいて行動を共にしており影響が大きい存在です。心地よい関係性を築くことができれば、相談できたり援助してくれる関係であればなお、不登校の回避につながるのかもしれません。また、登校したくても登校できない状況であるなら、それは環境的要因の改善が必要でしょう。しかし、一方で、必ずしも不登校回避が必要だと言い切れない場合もあるのではないでしょうか。登校すれば、つらいことが起きると想像できその子どもが苦しむのであれば、登校しないことで心身の安全や自我が保たれていることもあります。

3　子どもの症状・態様と子どもからのサイン

子どもの発達によって不登校の要因と様子が異なっています。

（1）就学前の子ども

子どもが保育園か幼稚園に通園する際、保護者による送迎または園バスによる送迎が一般的です。しかし保護者の何らかの事情（例えば、保護者の仕事による不在、保護者の病気や入院、他家族のことなど）により登園時に付き添えない場合、子どもが登校を渋ることにつながりやすいと言えます。また、子どもの本来の体内リズムが保護者の生活（例えば、昼夜逆転の生活、食事や就寝時間が不定など）に偏っていくことによっても登園渋りが起こりえます。さらに、子どもの都合によると、自由度の高い家庭と違い共同生活の場である保育施設では自由な振る舞いができないことの方が多いでしょう。園の友達やきまりに自分を合わせていくことがストレスにつながり、不適応を示す可能性があります。

（2）小学期の子ども

低学年は、幼児期からの移行期で気持ちの切り替えや登校習慣を身に

第1節　不登校

付ける土台作りの時です。保護者が宿題などの家庭学習に関わることもまだ必要とされる時でしょう。保護者が多忙などで子どもに関心が向けられていないと感じた場合、子どもの意欲が下がっていたなど、子どもに元気が見えなくなって気づくこともあります。環境の変化で腹痛や微熱、食事の量の減少、不眠といった症状が出ることがあります。

　中学年からは、仲間と共にいることに意識が増しさらに運動量や学習意欲も高まる時期です。頑張っていることへの評価が意欲につながりますが、規律ある時間管理の耐性ができていないことやクラスの集団行動についていけないこともあります。勉強が分からなかったり、生活リズムが乱れてくると、何をするにも怠惰になりやすく、登校意欲が減退することもあります。

（3）中学・高校・大学期の子ども

　人の視線が気になり、人からどう見られているのか、アイドル等をモデルとして客体の自分を意識し始める年齢です。個性や能力の違いも含めて他者に関心が出てきます。他者の視線が気になることや自意識の高まりから、些細な失敗や恥ずかしさから登校しづらくなることもあります。親以上に友達との関係性を重視し始めます。学校の友達と良好な関係が築ければ登校は楽しいですが、嫌なことがあると登校しづらさも出てきます。仲間外れに合わないように努力することもあります。仲間との関係を大切にするがあまりに同調しすぎて反社会的行動になるケースもあります。集団の中で部活動や勉強、進学に集中していく一方で、周囲の期待に合わせることにストレスを感じる子どももいます。また、仲間に同調しない発達障害の子どももいます。貧富の格差が見られる現代社会では、家庭の手伝いに追われて不登校になっているヤングケアラー◆の子どもについての報告もあります。不登校の要因が多岐にわたっています。大学期は親元を離れて一人暮らしを始めたり、大学の勉強、サークル、就活など、比較的自由度が高い生活である分、自主性と自己責任が求められる環境へと移行していきます。気の合う先輩や後輩など友達との出会いや先生との出会いの歓びもある反面、アルバイトや趣味（ゲームやライブ）に没頭して昼夜逆転から不登校になる子どももいます。

◆ヤングケアラー：家族にケアを要する人がいる場合に、大人が担うようなケア責任を引き受け、家事や家族の世話、介護、感情面のサポートなどを行っている、18歳未満の子どものこと。第2章第3節で詳述しています。

4　支援方法

　不登校にならないための予防的な側面から述べると、子どもが不登校

に陥る前からの体制づくりが重要ではないでしょうか。子どもを見守る立場の保護者と学校の教職員が日々の家庭生活、学校生活の様子をしっかり観察し把握がなされているかが重要になります。保護者や先生と子どもがお互いに言葉をかけて子どもがよく話してくれるようなら問題は深くないでしょう。現代ではメール等の発達によって、学校では、欠席・遅刻等の諸連絡の迅速・共有化が即時に可能になっています。子どもの事情把握ができます。このような欠席理由の確認と様子の把握は、欠席が連日に及ばないための防止になります。筆者の経験では、さらに本人へフォローの連絡を入れることによって、翌日から登校できるケースがあります。細かい対応は、本人や保護者への信頼関係形成にもなります。「先生に話せるのなら不登校にならない」というように、不登校本人からの相談はまれです。学校ではスクールカウンセラーが支援をしていくことが多いでしょう。場合によっては、学外の相談機関との連携もあります。

◆スクールカウンセラー：児童生徒、保護者、教師に対する相談に対応する心理専門職。相談・助言、保護者や教職員に対するカウンセリングやコンサルテーション、研修会、講話、事件・事故等の被害児童生徒への緊急対応や心のケア等支援を行います。

5　支援制度と利用方法・手続き

　文部科学省及びこども家庭庁は、2023（令和5）年に「誰一人取り残されない学びの保障に向けた不登校対策（COCOLO プラン）」を打ち出しています。

　　1. 不登校の児童生徒全ての学びの場等を確保し、学びたいと思った時に学べる環境を整えます。
　　2. 心の小さな SOS を見逃さず、「チーム学校」で支援します。
　　3. 学校の風土の「見える化」を通して、学校を「みんなで安心して学べる」場所にします。
　　（「COCOLO プラン」より引用）

◆チーム学校：専門性に基づく指導体制の充実を図り教員だけでなく、スクールカウンセラーやスクールソーシャルワーカーなどの専門的知識や経験を持ったスタッフが連携協力しチームとして子どもを支援します。

　上記の骨子から、具体的なスローガンが打ち出され、現在、各自治体から各教育機関、民間団体など関係する機関に具体的取組がなされています。
　学校では、学びの多様化学校の設置支援のほか、校内教育支援の ICT 環境の整備、スクールカウンセラー・スクールソーシャルワーカーの配置充実などが盛り込まれています。

◆スクールソーシャルワーカー：ソーシャルワークを学校において展開する専門職です。子どもを取り巻く環境へのリスクアプローチや子どもの権利や人権の視点に重きを置いた家族支援策を進めます。

第 1 節　不登校

キーワード

不登校	何らかの心理的、情緒的、身体的もしくは社会的要因又は背景によって、児童生徒が出席しない又はすることができない状況（病気又は経済的理由による場合を除く）をいいます。
不登校推移	文部科学省の統計によると、不登校児童生徒が毎年増加しています。小学生より中学生の方が増加率が高くなっています。
不登校要因	子どもの発達によって不登校の要因と様子が異なります。本人に係る状況として、小学生・中学生ともに無気力・不安が理由の最多となっています。
COCOLO プラン	2023（令和 5）年 3 月、永岡文部科学大臣（当時）の下、「誰一人取り残されない学びの保障に向けた不登校対策」（COCOLO プラン）がとりまとめられました。

第3章　子どもを取り巻く非社会的危機

第2節　ひきこもり

田嶌（2010）によると、1990年代末から2000年代初め「不登校」、「ひきこもり」がクローズアップされ、「学校へ行かないこと」はともかくとして、「家から出ないこと」の心理・社会的な問題性が明らかになってきたといいます。

1　ひきこもりの概念

厚生労働省（2010）はひきこもりについて次のように定義しています。

> 様々な要因の結果として、社会的参加（義務教育を含む就学、非常勤職員を含む就労、家庭外での交遊）を回避し、原則的には6か月以上にわたって概ね家庭にとどまり続けている状態（他者と交わらない形での外出をしていてもよい）を示す現象概念である。
> （「ひきこもりの評価・支援に関するガイドライン」より引用）

さらに、図3-2-1を見てください。内閣府（2016）の実態把握として、生活状況に関する調査から作成されたものです。

「ひきこもり」と一口に言っても、準ひきこもりから狭義のひきこもりまで深刻さが多様であることを示しています。主に外出の頻度や範囲を目安としてその代表的な状態について、各段階に応じて示されています。6か月以上という時間を経ても状態は変化していきます。

ひきこもりの定義は一定に確立しているとは言い難く、村澤（2017）の指摘のように「ひきこもり」の概念は拡大を続けています。先で述べますが、コロナ禍以降SNSや電話の利用により人の交流が自由で頻繁

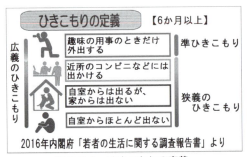

図3-2-1　ひきこもりの定義
出所：長野県精神保健福祉センター

になった現在では在宅時間だけの要因ではひきこもりの線引きは難しいです。また、40歳以上65歳未満を対象に行われた調査（内閣府 2019）では、現在、推計で61.3万人のひきこもりの人がいるとされ、**8050問題**としても大きな話題になりました。ひきこもりの子どもをかかえる親の会が厚生労働省の助成を受けて17歳以上を対象に行った調査では、「ひきこもり」の平均年齢が36.8歳、平均期間が8.1年と高齢化・長期化が以前にも増して進んでいることも明らかにされています（KHJ全国ひきこもり家族会連合会 2019）。

　つまり、「ひきこもり」は、成人期以降にまで影響する問題であるといえます。

◆ 8050問題：80代の親と50代の子どものような組み合わせの世帯に生じる生活問題について、8050問題と呼ばれます。高齢者の親と無職の子どもなどが同居し、深刻な生活問題を抱える例もあります。

2　ひきこもりの要因

　「ひきこもり」は、多様な要因が重なっておこると考えられます。個人的要因として、病気や障害、思春期特有の悩みや家庭のこと、学校や職場での出来事やリストラなど社会的要因が重なることもあるでしょう。

　「ひきこもり」の中で6〜8割は不登校を経験している（井出 2007）とされています。内閣府 (2016) が15歳以上を対象として「ひきこもり」の調査をしているように、思春期および青年期からひきこもりに陥りやすくなることが想定されています。前節の不登校の継続としてひきこもりが発生していると捉えれば、不登校の間に就学期間が終わって、帰属先がなくなり、ひきこもり化していくと考えられます。

3　子どもの症状・態様とサイン

　ひきこもりの人に不登校経験者が6〜8割いる点に着目してみると、中学、高校の学校生活の挫折感が続いている状態でしょうか。人の中で過ごすことはコミュニケーションをとることでエネルギーが必要なことです。しかし不登校になった要因が解決すれば、ひきこもり状態が直ちに収束するとは考えられません。在宅で自由がきく本人任せの環境が、社会と乖離した状態になるのではないかと思います。怠惰になっていくと思え、ここでも家族の支援が必要なのではないでしょうか。昨今、新型コロナウイルス感染症拡大によって人との交流が自由にできなくなりました。コロナ禍によりインターネットが発達し、在宅授業や勤務をはじめとして、直接人と関わる現場に出かけなくても在宅の状態で多くの

人と交流し、目的を果たせることが可能になったのです。顔を出さなくても LINE や電話やネット上で人との交流は可能です。その点からは、従来の「ひきこもり」の概念も変化している途上かもしれません。時代の変化とともに社会の状況も変化しているのです。人との交流の仕方も変化しているのです。人との直接的関わりに喜びを見出していた頃とは形が違っていくのかもしれません。まだまだ変化の途上であり「ひきこもり」の実態把握が難しい社会になっていくのかもしれませんね。

4　支援方法

厚生労働省(2010)の「ひきこもりの評価・支援に関するガイドライン」によると、4つの支援方法があります。支援はより具体的になっています。

・地域連携ネットワークによる支援
・家族への支援
・当事者への支援（来談型アウトリーチ型）
・訪問支援（アウトリーチ型支援）

以下の図 3-2-2 を見てください。

久保による近年の支援の広がりです。相談には、市町村の窓口があり支援方法が多岐にわたっていますが、有効なひきこもり支援は確立されておらず現場では支援の困難さがあるようです。支援の的確な時期と内容には個別差があります。支援のばらつきに、支援者養成と定着が追いつかない課題もあります。

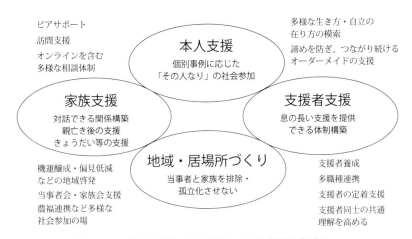

図 3-2-2　様々な領域におけるひきこもり支援の広がり
出所：久保（2023）をもとに作成

第2節　ひきこもり

5　支援制度

　厚生労働省による「ひきこもり対策推進事業」（2009年創設）は、以下の3つの事業から構成されています。
・ひきこもり地域支援センター設置運営事業
・ひきこもり支援に携わる人材の養成研修
・ひきこもりサポート事業
　「ひきこもり対策推進事業」実施要領は一部改正（2018）され、地域における相談機関として定着しつつあります。さらに「生活困窮者自立支援制度」との連携を強化し、「**ひきこもり地域支援センター**」は全都道府県政令指定都市（67自治体）に設置されています。

◆生活困窮者自立支援制度：経済的に困窮し最低限度の生活を維持することができなくなるおそれのある生活困窮者に尊厳を守り、意思を尊重しながら地域社会の中で生活を立て直し自立していけるような支援の実現をするために作られた制度です。

キーワード　Let's review!（復習してみましょう！）

ひきこもり	様々な要因の結果として就学や就労などの社会的参加を回避し、原則的に6か月以上にわたって家庭にとどまり続けている状態。平均年齢が36.8歳、平均期間が8.1年と高齢化・長期化が進んでいる。
ひきこもり地域支援センター	全都道府県政令指定都市（67自治体）に設置されている。本人や家族への相談支援、居場所づくり、連絡協議会、当事者家族会、住民向け講習会研修会の事業がされる。

第3章　子どもを取り巻く非社会的危機

第3節　インターネット等への依存

　現在、私たちを取り巻く環境には**インターネット**を利用できる機器（**スマートフォン**、タブレット、パソコン、テレビ、**ゲーム機**など）が数多く存在します。知りたいことがあれば、すぐに調べることができますし、動画でその詳細を確認することもできます。家族や友人とも **SNS** で気軽に連絡を取ることもできますし、遠くに住む祖父母や友人ともビデオ通話で顔を見ながら会話をすることができます。このように、私たちの生活はインターネットによりとても便利になりました。しかし、便利になったからこそ様々な問題も起きています。この節では、子どもたちがインターネットのある生活をどのように送っているのか、またそれにより、どのような影響を受けているのか説明します。

1　インターネットの利用状況

　こども家庭庁が実施した「令和5年度 青少年のインターネット利用環境実態調査」（表3-3-1）によると、青少年（小学生：10歳以上、中学生、高校生）によるインターネット利用率は全体の98.7％（n=3279）であり、学校種別に見ても、小学生（n=953）98.7％、中学生（n=1259）98.6％、高校生（n=1048）99.6％といずれも高い割合となっています。

　さらに小学生の最も利用率が高い機器は「ゲーム機」（75.8％）でしたが、中学生は「スマートフォン」（78.7％）、高校生も「スマートフォン」（97.4％）であり、子ども専用のスマートフォン所持率は小学生70.4％、中学生93.0％、高校生99.3％でした。

　いずれかの機器によるインターネットの利用内容は、いずれの学校種においても「動画を見る」が上位（高校生95.8％、中学生94.1％、小学生

表3-3-1　青少年がインターネットを利用している機器（学校種別）

	総数	小学生	中学生	高校生
スマートフォン	74.3%	42.9%	78.7%	97.4%
自宅用のパソコンやタブレット等	46.1%	52.4%	46.8%	39.6%
学校から配布・指定されたパソコンやタブレット等（GIGA端末）	69.7%	73.6%	72.0%	64.7%
ゲーム機	65.9%	75.8%	70.5%	51.4%
テレビ（地上波、BS等は含まない）	61.1%	64.5%	61.1%	58.7%

出所：こども家庭庁 (2024)「令和5年度 青少年のインターネット利用環境実態調査 調査結果（概要）」を参考に作成

第3節　インターネット等への依存

90.5％）でしたが、GIGA端末においては、「勉強する」が80.7％（総数）、次いで「検索する」が62.9％（総数）で、平日1日あたりの平均利用時間は約4時間57分でした。

　この調査では、低年齢層（0～9歳）に対しても実施しています（0～6歳は保護者による回答）。低年齢層のインターネット利用率は全体の74％（n=2160）であり、年齢別に見ると「1歳」33.1％、「2歳」58.8％、「5歳」79.4％のように年齢が上がるとともに高くなる傾向にあります。

　主に利用している機器は、「テレビ（地上波、BS等は含まない）」が53.3％、「自宅用のパソコンやタブレット」が38.0％、「ゲーム機」が35.8％、「スマートフォン」が27.1％。また小学生を母数（n=1016）とした場合、55.2％が「GIGA端末」を利用していました。

　親とスマートフォンを共有して利用しているのは73.8％ですが、小学生になると26.4％が子ども専用のスマートフォンを利用しており、10歳で専用と共用の割合が逆転します。いずれかの機器によるインターネットの利用内容は「動画を見る」93.6％（総数）、「ゲームをする」64.7％、「勉強をする」40.0％（総数）であり、平日1日あたりの平均利用時間は約2時間5分でした。

◆ GIGA端末：「GIGAスクール構想」（文部科学省）によって義務教育を受ける児童生徒に対して1人1台配付された学習者用端末。

2　子どものインターネット利用による影響

　日常生活においてインターネットが身近になるほど保護者は子どもの発達への影響や依存など心配は尽きません。2022（令和4）年1月にセコム株式会社[*1]は、全国の小学生の子どもをもつ25歳から59歳の男女400名を対象に「小学生の安全対策に関する意識調査」を実施しました。それによると、全体の18.5％の保護者が子どもの生活において最も不安に思うこととして「インターネット上のトラブル、危険」と回答しました。また子どものインターネット利用について特に不安を感じていることは「視力の低下や睡眠不足など健康上の問題」（24.7％）、「いじめなどの友人間のトラブル」（17.7％）、「知らない人とのメッセージのやりとり」（16.7％）でした。

＊1　セコム株式会社は、日本の警備保障会社。子どもや女性向けの安全啓発活動も行っています。

（1）発達への影響

①視力の低下

　文部科学省が公表した2022（令和4）年度の「学校保健統計調査」によると、裸眼視力が1.0未満の割合は、小学生が37.88％、中学生が61.23％、高校生が71.56％であり、いずれも過去最多となりました。

第3章　子どもを取り巻く非社会的危機

同省は、スマートフォンをはじめとする機器の使用時間が増えていることがその原因であると分析しており、画面から30cm以上目を離して利用するなど、適切な使い方を呼びかけています。

②スマホ急性内斜視

　近年、10〜20代でスマホ急性内斜視と診断される人が多くなっています。内斜視とは、片方の眼が内側に寄っており、対象物が2つ横に並んで見える（複視）状態です。画面を長時間にわたり至近距離で見ることが続いた場合にその症状が現れると考えられており、海外でも報告されています。画面と一定の距離を保つこと、1時間に数分程度、意識的にスマートフォンを触らない休憩を取りましょう。

③睡眠

　可視光線（人の目に見える光）の中でも非常に強いエネルギーを持つ青色光をブルーライトといいます。ブルーライトはパソコンやスマートフォン、テレビなどの液晶画面から強く放射されているため、就寝前のこれらの利用は、画面から出ているブルーライトの影響を受け、質の良い睡眠を妨げます。厚生労働省が　公表した「健康づくりのための睡眠ガイド2023」では、1〜2歳児は11〜14時間、3〜5歳児は10〜13時間、小学生は9〜12時間、中学・高校生は8〜10時間の睡眠時間の確保を推奨しています。しかし、たとえ睡眠時間が確保できたとしても、就寝直前までゲームやスマートフォン等を使用し、脳が覚醒した状態では眠りが浅くなり、質の良い睡眠を取ることはできません。就寝の1時間前には遅くとも利用を終わらせるよう心がけましょう。

（2）ネットいじめ

　現在、インターネットを使ったいじめ、いわゆるネットいじめが増加しています。SNSなどで悪口を書いたり、無視したり、仲間外れにしたり、人に見られたくない写真を他の人があえて投稿したりなど、内容は様々です。またネットいじめは学校以外の場でも昼夜問わず、休日でも行われることから相手を精神的に追い詰めます。特にSNSでは文章のやり取りでコミュニケーションを取ることが多いため、思いがけない一言で相手を傷つけてしまうこともあります。それがきっかけで誤解が生まれ、いじめに発展してしまうケースもあります。大人でも文章でのやり取りには直接話すよりもその内容に配慮を必要とします。相手にメ

◆スマホ急性内斜視：スマートフォンやタブレット、ゲーム機などの使用によって比較的短時間でなった内斜視のことです。

ッセージを送る際は相手の立場になって読み返すなど、その内容を確認した上で送信することが大切です。

しかし、このような配慮をしてもなお、友人関係でうまくいかない、いじめられているかもしれないなど不安に感じた場合は、迷わず周りの大人に相談するよう日頃から子どもと話をしましょう。「いつでもあなたの味方」であることを伝え、いざという時に頼ってもらえる信頼関係を築いておくことが必要です。

（3）スマホ依存症

スマホ依存症とは、スマートフォンの使用により日常生活や健康に悪影響が出ているにもかかわらず、自分の意志では使用がやめられず精神的に依存してしまうことです。図3-3-1は、スマホ依存症の具体例です。

図3-3-1　スマホ依存症の具体例

スマホ依存症は、私たちに様々な影響を及ぼします。前述した視力の低下や睡眠への影響のほかにも情報過多による脳疲労から起こる記憶力や集中力の低下、人と直接話す機会の減少によって起こるコミュニケーション能力の低下も挙げられています。

スマートフォンは手軽に持ち運ぶことができるだけに、移動中、食事中、布団の中など、どのような場所でも友人と気軽に連絡を取ることができ、SNSでは多くの人とつながることもできます。動画視聴やゲームにのめり込む人も少なくありません。前述した「令和5年度　青少年のインターネット利用環境実態調査」（こども家庭庁）によると、青少年の平日1日あたりの平均利用時間は約4時間57分でしたが、その内訳は、小学生が約3時間46分、中学生が約4時間42分、高校生が約6時間14分となっています。仙台市教育委員会が東北大学と学校関係者とで実施している「学習意欲の科学的研究に関するプロジェクト」によると、自宅での学習時間が長くてもスマートフォン利用時間が長い場合、学習時間が短い子ども以上に成績が上がりにくい、または下がりや

すいことが確認されています。しかし、長時間利用するからと利用を禁止するなどしても、子どもが納得していなければ隠れて利用するかもしれません。長時間利用することで自分にどのような影響があるのか、そうならないためにはどのように利用することが望ましいのかなど、家族でよく話し合いルールを決めることが大切です。

　スマホ依存症はひどくなるまえに相談することが大切です。学生であれば学校の養護教諭やカウンセラーにまず相談してみましょう。その他にも医療機関、各都道府県の精神保健福祉センターなどでも相談することができます。

3　子どものインターネット利用に対する保護者の対応

　前述した「小学生の安全対策に関する意識調査」（セコム株式会社 2022）では、子どもがインターネットを利用する際に、家庭で行っている対策についても保護者に尋ねています（n=310）。それによると、「使用する時間帯、場所、限度時間を決めている」（61.9%）、「勝手に課金しないように約束している」（51.9%）、「個人情報や写真を知らない人に送ったり、SNS に公開しないように教えている」（39.0%）など、各家庭により様々な対策を講じている一方で、「特に安全対策はしていない」と回答した保護者が 10.6% いました。

（1）フィルタリング

　フィルタリングとは、不適切な情報へのアクセスを制限することです。子どもがスマートフォン等を利用する際には携帯電話会社が提供するフィルタリング設定を活用することで、出会い系サイトやアダルトサイト、暴力的な表現のあるサイトなど不適切な情報を見ることができないようになります。「令和 5 年度　青少年のインターネット利用環境実態調査」（こども家庭庁）では、少数（青少年の保護者 4.5%、低年齢層の子どもの保護者 10.4%）ではありますが保護者自身がフィルタリングについての知識をもっていないことが明らかになりました。携帯電話会社はその使用者が青少年(18 歳に満たない者)である場合、原則としてフィルタリングサービスを提供することが義務付けられていますが、保護者自身も子どものスマートフォン等の安全な利用について関心を持ち、子どもを不適切な情報から守らなくてはなりません。

（2）ルール作り

　「令和5年度 青少年のインターネット利用環境実態調査」（こども家庭庁）によると、低年齢層（0～9歳）の子どもの保護者のうち、「ルールを決めている」と回答したのは全体の80.8％で、子どもの年齢が上がるとともにこの割合は増加傾向にあります。しかし、青少年（10歳以上）は、学校種別が上がるにつれて「ルールを決めていない」と回答する傾向が増加しています。青少年とその保護者のルールの有無に関する割合にも差が見られることから、認識にギャップがあることも確認できます。

　子どもが専用のスマートフォンを持つにあたり、使用する上でのルールを事前に一緒に決めることが大切です。保護者が一方的に決めたルールは簡単に破ってしまう傾向があることが指摘されていますが、親子できちんと話し合って決めたルールは破られにくいため、成長とともに少しずつ見直していくとよいでしょう。特に0～6歳くらいの子どもの場合は、ルールの数を5～6個程度にし、具体的でわかりやすく守りやすいものにしましょう。例えば、「使うのは1時間まで」「寝る前には使わない」「勝手に使わない」などです。誰かのサポートがなければ守れないのでは意味がありません。自分で判断できる内容を意識し守ることができたら忘れずに褒めましょう。

（3）保護者の利用の仕方

　インターネット利用、特にスマートフォンにおいては、保護者は子どものお手本となることが大切です。子どもにたくさんルールを課しても、保護者自身が食事中や会話中にスマートフォンを好きなだけ見ていたら子どもは不満に思うでしょう。子どもと一緒に過ごしている時間は大人もルールを意識して子どものお手本になるよう努めましょう。また、祖父母など子どもにとって身近な大人にも子どもといる時は同様のルールを守ることを協力してもらい、みんなが子どもと一緒にルールを守ることを心がけましょう。

4　相談窓口

　文部科学省のホームページでは、「子供のSOS相談窓口」として、いじめや友人関係の不安・悩みなどがある子どもやその保護者が相談できる窓口を紹介しています。SNSで相談できる窓口、電話で相談できる窓口、地元の相談窓口（対面、電話、SNS・メール）など、利用者が相談

第3章　子どもを取り巻く非社会的危機

しやすい方法を選べるようになっており、気軽に使用してもらうよう呼びかけています。

　例えば、SNSで相談できる窓口としては、10代・20代の女性専用の相談窓口（「BONDプロジェクト」）や24時間365日、年齢・性別を問わず無料・匿名で利用できるチャット相談窓口（「あなたのいばしょチャット相談」）などがあります。また電話で相談できる窓口としては、18歳までの子どものための無料電話相談窓口（「チャイルドライン」）などがあり、相談方法に加えて対応可能な時間も夜中や早朝等、利用しやすいよう配慮されています。

キーワード　Let's review!（復習してみましょう！）

SNS	social networking service（ソーシャル・ネットワーキング・サービス）の略で、インターネット上のコミュニティサイトです。多くの人とコミュニケーションが取れることが魅力の一つで、自身の情報を発信したり、友人や知人、特定の企業やタレントなど他者の情報を受信することで最新の情報を得ることもできます。SNSには様々な種類がありますので、その特徴を理解して利用しましょう。
GIGA端末	「GIGAスクール構想」（文部科学省）によって義務教育を受ける児童生徒に対して1人1台配付された学習者用端末のことです。
スマホ急性内斜視	片方の目が内側に寄っている状態を内斜視といいます。スマホ急性内斜視とは、スマートフォンやタブレット、ゲーム機などの使用によって比較的短期間でなった内斜視のことで、一つの物であるにもかかわらず2つ並んで見えます（複視）。小さな画面を近い距離で長時間見続けるような使用方法が一因であると考えられています。

第4章

子どもを取り巻く
反社会的危機

　非行や家出、夜間徘徊の背景には、家庭環境や社会的要因が深く関わっています。虐待やネグレクトを含む逆境的小児期体験（ACE）は、子どもの心に深刻な影響を及ぼします。さらに、地域のつながりの希薄化や支援の不足により、子どもが孤立しやすくなっている現状も見過ごせません。また、SNSの普及により、子どもが危険な環境へと巻き込まれるリスクも高まっており、その影響はますます深刻化しています。

　本章では、非行行動の要因や子どもが発するサイン、支援制度について取り上げます。加えて、子どもの性被害や性加害といった性暴力、リベンジポルノをはじめとするデジタルタトゥーの問題についても詳しく解説します。

第4章　子どもを取り巻く反社会的危機

第1節　非行

1　非行とは

　非行とは、広義では、「社会の規範からの逸脱や道徳に反する行為」、すなわち、いわゆる反社会的な逸脱行動のことを指しています。この意味では、成人に対してもあてはまりますが、一般的には、青少年の反社会的な行為に対して用いられ、その場合は、「少年非行」ということが多くなっています。少年非行についての基本法として、「少年法」が定められていますが、この法律では、20歳に満たない者のことを「少年」（男女の両方を含む）としています。法律の目的は、少年の健全育成であり、非行をした少年（「非行少年」）に対して、保護的、教育的方法によって性格を矯正するとともに、生活環境を調整するなどして非行性を除去し、非行のない社会生活を送れるようにすることを基本としています（少年法第1条）。

　なお、少年の非行に対しては、警察、家庭裁判所や児童相談所などの様々な機関が対応することになりますが、例えば、警察（少年警察活動規則）では飲酒や喫煙、深夜徘徊などの行為をしている少年のことを不良行為少年と呼んで補導の対象としており（大塚 2019）、こうした少年も、広義では非行少年に含まれます。また、児童福祉領域においては、児童相談所では非行相談として、主に、ぐ犯相談及び、触法相談に対応しています。さらには、校内暴力・いじめといった問題行動や家庭内暴力（母親等に対する暴力）も少年非行の一部として警察庁生活安全局により統計データが挙げられています（法務省『令和5年版 犯罪白書』2024）。

　以下、この第1節では、少年法に規定される「非行少年」について、主にとりあげていきます。なお、広い意味での非行に含まれるもののうち、家出や夜間徘徊などについては、主に、第2節で触れていくこととします。

2　「非行少年」とは

（1）非行少年の区分

　少年法でいう「少年」とは20歳に満たないもののことを指しますが、2022年4月に施行された改正少年法では、18歳と19歳を新たに「特定少年」として17歳未満とは異なる扱いがなされることとなりました

◆ぐ犯相談：虚言、家出、浪費などの問題行動があり、将来犯罪や触法行為を行う可能性のある18歳未満の児童の相談のこと。詳しくは次項で紹介します。

◆触法相談：刑罰法令に触れる行為を行った14歳未満の児童の相談のこと。詳しくは次項で紹介します。

第1節 非行

（いわゆる厳罰化の流れに即しています）。少年の犯罪捜査は成人とほぼ同様に警察において行われますが、嫌疑が認められた事件の場合には、すべて家庭裁判所に送致され（全件送致主義）、刑事手続き・少年審判手続きのどちらで扱うかを決定します。家庭裁判所の審判に付される少年は、少年法第3条によって、①「犯罪少年」、②「触法少年」、③「ぐ犯少年」に区別されており、この3つを総称して「非行少年」と呼んでいます。以下に説明します。

①「犯罪少年」

　「犯罪少年」は、万引きをした少年、暴力により他人を傷つけた少年、道路で暴走行為をした少年など「罪を犯した少年」のことをいいます。犯罪行為をした以上、刑事裁判を受ける可能性がありますが、少年法が刑事訴訟法の特則と定めているため、原則として家庭裁判所の審判対象となります。ただし、極めて重大な犯罪行為を犯した場合には、事件を検察官に送致して刑事裁判に付され、刑罰が科されることもあります。

②「触法少年」

　「触法少年」は、「14歳に満たないで刑罰法令に触れる行為をした少年」のことを指します。犯罪構成要件に触れる行為をしても、14歳未満であれば責任能力が欠けるため（刑法41条）、刑事罰を受けることはありません。有責性を欠くと成人の場合であれば、無罪放免という形となりますが、少年の場合には、健全育成の観点から放置できないので、少年法は、「触法少年」という特別な制度を用意しており、家庭裁判所の審判対象としています。

③「ぐ犯少年」

　「ぐ犯少年」とは、一定のぐ犯事由があり、将来、罪を犯し、又は刑罰法令に触れる行為をする虞のある少年（少年法3条1項3号）のことを指します。具体的には、保護者の正当な監護に服しない性癖がある、正当な理由がなく家庭に寄り付かない、犯罪性のある人もしくは不道徳な人と交際し、またはいかがわしい場所に出入りしている、自己または他人の特性を害する行為をする性癖がある、などです。

　成人であれば、犯罪構成要件に触れない限り、いかに危険な振る舞いであっても公権力が刑事法的に介入することはできません。しかし、少年の場合は、健全育成の観点から放置することはできないため、少年

◆審判：家庭裁判所において、受理した少年事件について、調査の結果をもとに、家庭裁判所裁判官がその判断を示すもの。非公開で行われます。保護処分や不処分などの決定がなされます。

◆ぐ犯：虞犯（ぐはん）とは「罪を犯す虞（おそれ）がある」という意味であり、音読みで「虞」は「ぐ」と読みます。

71

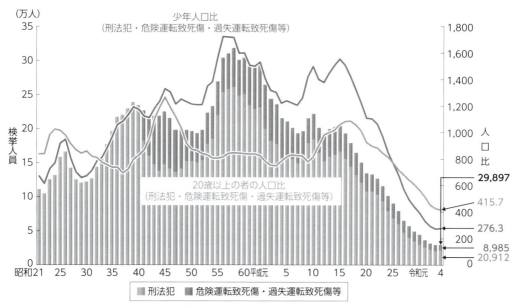

図 4-1-1　少年による刑法犯等検挙人員・人口比の推移
出所：法務省法務総合研究所編（2024）『令和 5 年版 犯罪白書』p.115

法が、「ぐ犯少年」という特別な制度を用意しており、家庭裁判所の審判対象となります。なお、ぐ犯少年では、特定少年に当たる 18 歳、19 歳は除かれますので、18 歳未満が対象となります。

（2）非行少年の状況

少年による刑法犯等検挙人員・人口比の推移について、図 4-1-1 に示します。少年非行のピークは昭和 58（1983）年を頂点として、数としては、年々減少している状況にあります。

3　非行行動の要因

（1）生物・心理・社会モデル

非行行動発生の要因については、多角的な視点から見ていくことが必要です。特に、現在、犯罪心理学などの領域で重視されているのは、「**生物・心理・社会モデル**＊1」です。例えば、生物学的な視点からは、**発達障害**といった器質的な問題の可能性が指摘されます。また、心理学的な視点からは、自己イメージの低下や愛着の問題等によって感情の調整機能が未熟であり、不快な感情をうまくコントロールできないことから、ひいては、暴力や薬物犯罪等の反社会的な行動につながってしまう可能性があります。さらに、社会学的な観点からは、不良交友との親和性によ

＊1：生物・心理・社会モデルについては、第 6 章第 1 節でも紹介しています。

◆発達障害：ADHD、ASD、LD など、生まれつきの脳機能の発達に関する障害（器質的障害）のことを指します。詳しくは、第 6 章第 3 節を参照。

第1節　非行

り、反社会的な行動がむしろ肯定されるような文化的な側面に触れることが、さらなる非行傾向へとつながる可能性などがあります。もちろん、これらは相互に影響していますので、単独の視点のみで考えるのではなく、複合的な視点を考慮しながら見ていくことが必要です。

（2）青年期限定反社会性

　非行行為の発生と年齢との関係を見ると、一般的には10歳頃から徐々に増加し、15歳〜17歳頃にピークを迎えたのち、若年成人期に至ると大きく減少するという傾向が認められます。Moffitt, T. (1993) は、犯罪者には主に2つの発達経路をたどるということを見出していますが、**青年期限定反社会性**と生涯継続反社会性と呼びます。青年期限定反社会性としては、青年期のみに非行・犯罪が見られ成人期以降は特に問題が見られないタイプのことです。これは青年期の発達課題と深く関連しており、アイデンティティの確立のための心理的な反抗が見られたり、第二次性徴に伴い身体やホルモンバランスが変化して心身が不安定になる時期が背景にあると考えられます（「疾風怒濤の時代」と呼ばれることもあります）。一方で、生涯継続反社会性とは幼少期から問題行動が見られ、発達とともに多様化と悪化を繰り返して、生涯にわたり犯罪を続けるタイプのことです。割合としては人口の数パーセントに過ぎないとされていますが、児童虐待や発達の問題が背景にある場合が考えられます。

（3）児童虐待（マルトリートメント）等を含む逆境的小児期体験

　児童虐待（マルトリートメントといった不適切な扱いを含む）が、非行の背景にあることは以前より指摘されています（大迫1999、橋本2004など）。児童虐待とは、親または親に代わる保護者等による身体的あるいは性的な暴力や**心理的虐待**、**ネグレクト**を含むものです。また、家庭内における**面前DV**は心理的虐待に含まれることが明確となったことから、警察から児童相談所への通告件数が増え、児童虐待の件数の内訳でも、心理的虐待の割合が増えている状況にあります。このような虐待はいずれのタイプであっても、子どもの心と身体に大きな悪影響を与え、何らかの手当てをされないまま放置されると、その後の子どもの人生に大きな悪影響を与えると考えられています。なお、児童虐待でなくとも、家庭環境における不遇な体験、あるいは学校でのいじめ被害の体験など（いわゆる、特に小児期、思春期における逆境的体験）も、同じような影響を与えることがあります。

◆マルトリートメント：「大人の子どもへの不適切なかかわり」のことを指し、児童虐待を広い意味で捉えた概念です（児童虐待とは言い切れない行為をも含むもの）。

◆逆境的小児期体験（Adverse Childhood Experience：ACE）：小児期（思春期を含む）における家庭環境での不遇な体験、あるいは学校でのいじめ被害の体験、あるいは児童虐待を受けた体験など、当事者にとっては相当な苦痛を伴う過酷な体験のことを指します。第9章第2節も参照のこと。

◆面前DV：子どもの前での夫婦喧嘩（暴力、暴言）は、面前DV（ドメスティック・バイオレンス）と呼ばれ、心理的虐待として認知されます。

73

第４章　子どもを取り巻く反社会的危機

（4）発達障害およびそれへの不適切な対応

　近年、非行・犯罪といった反社会的な問題行動と発達障害との関連性も注目されています。**発達障害**とは、**ADHD（注意欠陥多動性障害）**や**LD（学習障害）**、そして**ASD（自閉スペクトラム症**：特にアスペルガー症候群など高機能のものを含む）を指しています。これらについては、いわゆる重大な事件を起こした少年、および成人の背景に、発達障害の問題があった事例がいくつか報告されるようになったこと、あるいは、**発達障害者支援法**の制定（2004年）などによって、その認知度が高まったことなどが影響していると思われます。もちろん、一般的に見た場合に、このような発達障害を持つ子どもたちが必ずしも非行・犯罪に関わるというわけではありません。特に問題となるのは、発達障害のある子どもたちに対する不適切な対応が加わり、**二次障害**としての非行等の問題行動が発生する場合です。この点について、小栗（2007）は、非行化の背景にあるものとして、「発達障害の症状が長期間にわたって見逃され、子ども自身が失敗体験を積み重ねた結果、自己像の歪みとともに非行化している場合が稀ではない」ことについて述べた上で、非行化した子どもに発達障害があったということよりも、それに周囲が気付かなかったことの方が、よほど重大な問題であるとしています。つまり、発達障害プラス不適切な対応ということになるでしょう。その上で、早期からの発達相談の果たす役割、あるいは学校の教師が果たす役割の重要性について指摘しています。つまり、幼児期及び学童期における周囲の気付きと対応が鍵となるということです。また、定本（2000）も、非行少年が持つ対人関係や行動パターンは、成長の過程で出来上がってきたものであり、思春期に一朝一夕に修正することは非常に困難であるとし、やはり障害の早期発見と早期療育こそが、思春期の行動障害の予防という観点で最も求められると述べています。

◆二次障害：発達障害の特性自体は一次障害と呼ばれますが、不適切な対応により、自尊心がダメージを受けるなどして、不登校や非行などの症状が出た場合は、二次的な問題であることから「二次障害」と呼びます。

4　子どもの症状・態様

　非行少年とは先述の通り「罪を犯した少年」、「14歳に満たないで刑罰法令に触れる行為をした少年」、および「将来罪を犯し、または刑罰法令に触れる虞(おそれ)のある少年」をいいます。具体的には、窃盗を代表的なものとする刑法犯であり、殺人、強盗、傷害、暴行、脅迫、詐欺、恐喝、横領（遺失物等横領を含む）、放火、公務執行妨害、住居侵入、器物損壊、傷害、窃盗などの刑法に違反する行為が含まれます。そのほかの

法令違反では、交通犯罪（暴走行為などの道路交通法違反、飲酒の上での危険運転などの自動車運転死傷行為処罰法違反）、薬物犯罪（薬物の使用・所持等に関する覚せい剤取締法、大麻取締法、麻薬取締法、あへん法及び毒劇法の各違反）などのほか、銃刀法違反、児童買春・児童ポルノ禁止法、軽犯罪法、迷惑防止条例・青少年保護条例違反などがあります。

なお、ぐ犯の内容については、先述したとおり「保護者の正当な監護に服しない、犯罪性のある者との交友など」ですが、犯罪の前段階を捉える累計であるぐ犯の認定はかなり厳格に行われており、年間の処理人員は千人に満たない程度となっています。しかしながら、少年の健全育成に対する早期対応の必要性から、家庭裁判所による処分ではなく、警察段階で対応する「補導」という行政的な仕組みが作られており、2022（令和4）年における深夜徘徊等による補導人員は29万人を超えています（第2節参照）。

5　子どもからのサイン

子どもからの、非行前段階のサインとして、親への反抗、金品の持ち出し、夜間徘徊や家出、喫煙、飲酒などといった行動上の問題のほかに、児童虐待*2などが背景にある場合は、**PTSD◆症状**として、トラウマ性の侵入再体験症状、回避麻痺症状、過覚醒症状などによるパニックや攻撃性、怒りなどの表出が目立つこともあります。また、**愛着障害◆**の症状として、無差別的な愛着関係や虐待的な人間関係の反復傾向などがみられることもあります。さらには、自己概念の障害から、「どうせ自分が悪いんだろ」、「俺は悪い子だから」等、自己に対する価値観を見いだせないような言動をしたり、罪悪感が強かったり、無気力であったりして、時には自暴自棄になるような行動をとることも少なくありません。なお、発達障害の中でも特にADHDの場合には、叱責を受けることが多くなることで自己イメージが悪化し、その結果、反社会的な行動やその集団との親和性が高くなることもあるため注意が必要だと考えられます。

6　支援方法

法を犯した（触法含む）行為に対応しますので、裁判所や少年院、保護観察所等の公的な機関によって厳格に対処がなされます（以下の少年法の手続き参照）。ただし、あくまでも少年の健全育成を目的としていま

◆補導：警察官を含む警察職員（少年補導職員など）によって行われるもので、少年の非行が行われやすい場所において非行少年や不良行為少年などを発見し、必要に応じてその場で、助言・指導等の措置をとる活動のこと。現場での注意や助言のみでは足りないときは保護者等に連絡し、必要な監護・指導を促すこともあります。ただし、強制力は有しません。

＊2：児童虐待については、第5章第2節で詳しく紹介しています。

◆PTSD：心的外傷後ストレス障害のことで、自然災害や事故、児童虐待など、対処能力を超えた出来事への遭遇により、フラッシュバック（侵入再体験症状）を引き起こします。なお、様々な心理的な問題を抱えている場合に診断されることがあります。それへの心理的なケアが非常に重要な課題です。

◆愛着障害：乳幼少期に児童虐待などを含む、何らかの原因により、母親や父親など特定の養育者との愛着の形成がうまくいかず、様々な問題を抱えている状態のことを指します。

第4章　子どもを取り巻く反社会的危機

すので、その背景を理解した対応が最も重要です。具体的には、「反社会的な行為」という表面的な事象にとらわれるのではなく、その背景にある発達段階における特徴、あるいは被虐待や発達障害プラス不適切な対応などによる心の傷付きに目を向けます。もちろん、不適切な行為に対しては一定の枠組みを提示することが重要ですが、虐待を受けた子どもたちに生じている PTSD 症状や愛着障害に対する心理的ケアの観点からの対応、また、発達障害児に対しては、その特性を理解した対応を行うといういことが必要です。例えば、怒りの表出に対しては、背景を理解しつつ、気持ちの言語化を促し、感情コントロールを身につけられるようにすること、あるいは、発達障害の特性を理解し、多動な子には集中時間を短くして、小さな目標を達成した時には積極的に褒めて自尊心を高めていく対応を行うことなどがあるでしょう。これらの対応は家庭裁判所等の専門機関、あるいは専門機関及び学校や家庭等との連携の上で実施されます。

7　支援制度と利用方法・手続き

（1）支援制度の概要と流れ

　この節では少年法の手続きについて述べます。少年が起こした事件などには、刑罰を与えることを目的とした成人に対する刑事手続とは異なり少年法が適用されます。家庭裁判所での少年に対する審判は、成人に対する裁判と異なり、少年に対して非行の重大性や自分の問題点などをよく理解させて反省を深めさせ、その健全な育成をはかることを目的としています。

　事件の送致を受けた**家庭裁判所**では、**家庭裁判所調査官**による調査等をもとに、審判不開始、審判開始等の決定をします。審判は基本的には非公開で行われます。家庭裁判所は、少年の心身の状況等を検査するなどの必要がある場合、観護措置決定により、少年を少年鑑別所に送致します。また、家庭裁判所は、相当の期間、少年を家庭裁判所調査官に直接観察させる**試験観察**にすることもできます。家庭裁判所が、刑事処分が相当と認めるときは、事件を検察官に送致します（なお、犯行時 16 歳以上の少年による一定の重大事件については、原則として事件を検察官に送致しなければなりません［いわゆる原則逆送致]）。それ以外の事件に対しては家庭裁判所が**保護処分**等の決定をします。保護処分には、**保護観察、児童自立支援施設、児童養護施設送致**（18 歳未満の少年に限る）又は少年院送

◆家庭裁判所調査官：家庭裁判所における心理学等の人間科学に関する専門的知見を有する専門職のことで、審判等の際に必要な調査や環境調整などにおいて大きな役割を果たしています。

◆試験観察：家庭裁判所において、少年に対する処分を直ちに決めることが困難な場合に、少年を適当な期間、家庭裁判所調査官の観察に付すことがあります。これを試験観察と呼び、この期間中には、調査官が、少年に対し、更生のための助言や指導を与えながら、少年が自分の問題点を改善していこうとしているかといった視点で観察を行います。明確な期間は定められていませんが、多くの場合3か月から6か月程度になります。

◆保護処分：家庭裁判所の審判の結果、不処分、児童福祉上の措置相当、検察官送致には該当しない場合（要保護性が認められる場合）には、保護処分の決定が下されます。その内容は、保護観察、児童自立支援施設送致・児童養護施設送致、少年院送致です。

第1節 非行

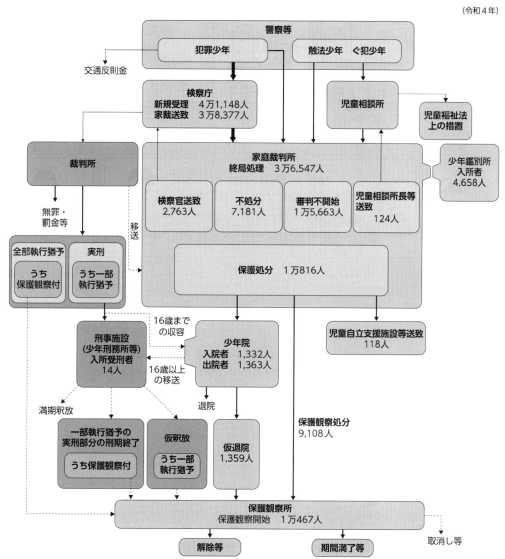

図 4-1-2 非行少年の処遇の概要
出所：法務省法務総合研究所編（2024）『令和5年版 犯罪白書』p.127

致（概ね12歳以上の少年に限る）があります。

　非行少年の処遇の概要について、図4-1-2に示します。令和4（2022）年中に家庭裁判所が行った決定とその人員（概数）が示されていますが、審判不開始と不処分（処分なし）が多いことがわかります。なお、触法少年と14歳未満のぐ犯少年については、児童福祉法上の措置が優先さ

第4章　子どもを取り巻く反社会的危機

れ、児童相談所の判断で、家庭裁判所の審判に付すのが適当な事案のみ
を家庭裁判所に送致しています。家庭裁判所は、児童福祉法上の措置を
相当と認めるときに、事件を都道府県知事または児童相談所長に送致し
たり、保護処分としての児童自立支援施設送致等の決定をしたりします。

（2）支援機関

　支援に関する機関としては、**警察（少年サポートセンター）、家庭裁判所、
少年鑑別所、少年院、保護観察所**等（裁判所、法務省の機関）、**児童相談
所、児童家庭支援センター、児童養護施設、児童自立支援施設**等（児童
福祉の機関・施設）があります。ここでは、少年法に関連する機関を中心
に取り上げます（警察及び児童福祉機関・施設は第2節で取り上げます）。

①家庭裁判所

　家庭裁判所は、少年事件について、検察庁（警察）から送致を受け、
非行事実の存否を審理した上で、非行事実の認定に関する法的調査と少
年の要保護性（再非行の危険性、矯正の可能性、保護の相当性）に関する調
査の結果に基づいて、少年の更生・再非行防止のための適正な処分を決
定する機関です。つまり、非行を端緒に、少年本人に関する心理的社会
的アセスメントを行い、必要かつ適切な支援（指導、教育）の方針を立
てることが主な業務となります。ただし、非行の中には、事件の内容（事
案）や一過性であるなど要保護性などから保護処分（少年院送致や保護観
察等）が適正ではないものも少なくありません。不処分と審判不開始の
割合が非常に多いことは先述しましたが、このような場合であっても適
切な機会に適切な支援をすることが再非行防止、健全育成に重要な意味
をもつことから、家庭裁判所では、「教育的措置」と呼んで様々な支援
活動（カウンセリングや教育キャンプ、ボランティア活動など）を実施してい
ます。これらの活動（教育的措置）については、心理学、社会学等をは
じめとする行動科学に関する専門職である家庭裁判所調査官がマネジメ
ントと実施を担当することが多くなっています。

②少年鑑別所

　少年鑑別所は、家庭裁判所が心身の鑑別が必要と判断し、観護措置が
決定した少年を収容し、必要な「観護処遇」を行うとともに、家庭裁判
所が行う審判に資するため、「鑑別」を行う施設となっています。これ
らの観護処遇及び鑑別は、専門的な知識や技術に基づいて行われ、少年

◆鑑別：医学、心理学、教育学、社会学などの専門的知識・技術に基づいて少年が事件を起こした動機や、非行に影響を及ぼした性格や環境の調査をし、更生のために適切な方向性を示すこと。

◆観護措置：家庭裁判所に送致された少年事件の少年を、少年鑑別所に一定期間収容し、その期間に資質の鑑別を行うこと。期間は原則2週間ですが、最大8週間まで延長できます。

の心情の安定や自分が起こした非行や自分自身の課題への内省と気づき
を促進する心理的な支援の機会となっています。なお、少年鑑別所の業
務には、地域社会における非行及び犯罪の防止に寄与する「地域援助」
活動も規定されており、その場合には、「法務少年支援センター」とし
て実施しています。なお、観護処遇は法務教官、鑑別は法務技官（心理）
が担当し、地域援助は双方が担当しています。

③少年院

　少年院は、家庭裁判所の決定により、少年院送致に付された者（在院
者）などに対して、矯正教育やその他の必要な処遇を行う施設となって
います。これらの処遇は、専門的知識や技術に基づいて行われ、個々の
在院者の性格や特性等に応じたものとなっています。具体的な指導とし
て「生活指導」「職業指導」「教科指導」「体育指導」「特別活動指導」の
5つがありますが、特に、「特定生活指導」においては、在院者個々人
の事情に対応した矯正教育プログラムが実施されています。具体的なプ
ログラムとして、「薬物乱用防止指導」「性非行防止指導」「被害者の視
点を取り入れた教育」「暴力防止教室」などがあります。なお、これら
の指導や教育は少年鑑別所と同様に、法務教官や法務技官（心理）が担
当しています。

④保護観察所

　保護観察所とは、犯罪をした人や非行のあった少年を社会内において
通常の生活をさせながら処遇する保護観察を担当する機関です。実際に
は定期的に、保護観察所等で面接し、生活指導や改善指導を受けます。
非行少年の場合は、家庭裁判所の決定による場合（1号観察）と少年院
を仮退院した場合（2号観察）にこの処遇がなされます。実際の処遇は
専門家である保護観察官と民間の篤志家である保護司との協同によって
行われます。

◆地域援助：2015（平成27）年6月1日から施行された少年鑑別所法によって、少年鑑別所が地域社会における「非行及び犯罪の防止に関する援助」を行うことが新たに規定されました。このことを「地域援助（業務）」といいます。なお、地域援助業務を行う際は、「少年鑑別所」ではなく「法務少年支援センター」という名称が用いられます。

第4章　子どもを取り巻く反社会的危機

| 第2節 | 家出・夜間徘徊 |

1　家出・夜間徘徊とは

　第1節では、少年法に規定されている、「非行少年」（犯罪少年、触法少年、ぐ犯少年）を中心に述べました。しかしながら、本節でとりあげる家出や夜間徘徊という行為は、将来的に非行につながる可能性があり、早期に発見して対応することが必要となるため、主に、警察や児童相談所等で扱うこととなります。法的には、家庭裁判所での審判対象とはなりませんが、健全育成という視点から見れば非常に重要な事象です。警察（少年警察活動規則）では飲酒や喫煙、深夜徘徊などの行為をしている少年のことを不良行為少年と呼んで補導の対象としています。また、児童相談所では非行相談として、主に、家出、虚言癖、性的逸脱行動等のぐ犯等相談に対応しています。

2　「不良行為」とは

　非行へと陥りかける少年の数は少なくなく、そうした少年の健全育成を図るためには、なるべく早い段階で働き掛ける必要があります。しかも、そうした少年の多くは非行の程度が浅いため、あえて家庭裁判所による処分を求めなくとも、補導措置などをきっかけに立ち直る少年も多くいます。そこで、一定の不適切な行為をした少年に対しては、警察段階で対応する「補導」という行政的な仕組みが作られています。その対象が「不良行為少年」と呼ばれるものです。不良行為少年は、少年法や刑事訴訟法の対象にはなりません。したがって、他機関への送致や通告といった仕組みはありません。不良行為少年とは、非行少年には該当しないが、飲酒、喫煙、深夜徘徊その他自己または他人の徳性を害する行為（不良行為）をしている少年のことを指します。[*1][*2]2022（令和4）年における補導人員を態様別にみると深夜徘徊が最も多く15万948人（50.8％）、喫煙が8万7165人（29.3％）の順に多く、この2態様で8割を占めています（『令和5年版 犯罪白書』2024）。なお、これについては表4-2-1に示します。

＊1：なお、児童福祉法に規定される児童自立支援施設では、入所の対象者を「不良行為をなし、又はなすおそれのある者」などとしており、児童相談所による措置を経ての入所がほとんどを占めますが、家庭裁判所の審判により入所する場合もあるため「犯罪少年」も含まれることがあります。そのため、この場合の不良行為とは、（少年法に規定される）非行少年を含んでおり、少年警察活動における不良行為よりは広い概念となります。

＊2：なお、少年警察活動規則では、対象とする少年を、「非行少年」のほかに、不良行為少年、被害少年、要保護少年を規定しています。「被害少年」とは、犯罪その他の行為により被害を受けた少年のことであり、例えば、強制や誘惑により有害業務に就業させられた少女（福祉犯の被害少年）などがその典型となります。「要保護少年」とは、福祉または保護のための措置を必要とする少年のことであり、例えば、児童虐待を受けた児童、保護者のない少年などがその典型となります。要保護性が生じる原因は必ずしも犯罪でなくてもよく、例えば、家出をした少年、自殺のおそれがある少年などもこれに当たります。被害少年と要保護少年はいずれも保護活動の対象となりますが、少年法や刑事訴訟法の対象ではありません。

第2節　家出・夜間徘徊

表 4-2-1　不良行為の種別と態様

種別	態様
1　飲酒	酒類を飲用し、又はその目的で所持する行為
2　喫煙	喫煙し、又はその目的でたばこ若しくは喫煙具を所持する行為
3　薬物乱用	心身に有害な影響を及ぼすおそれのある薬物等を乱用し、又はその目的でこれらのものを所持する行為
4　粗暴行為	放置すれば暴行、脅迫、器物損壊等に発展するおそれのある粗暴な行為
5　刃物等所持	正当な理由がなく、刃物、木刀、鉄棒、その他、人の身体に危害を及ぼすおそれのあるものを所持する行為
6　金品不正要求	正当な理由がなく、他人に対し不本意な金品の交付、貸与等を要求する行為
7　金品持ち出し	保護者等の金品を無断で持ち出す行為
8　性的いたずら	性的いたずらをし、その他性的な不安を生じさせる行為
9　暴走行為	自動車等の運転に関し、交通の危険を生じさせ、若しくは他人に迷惑を及ぼすおそれのある行為又はこのような行為をする者と行動をともにする行為
10　家出	正当な理由がなく、生活の本拠を離れ、帰宅しない行為
11　無断外泊	正当な理由がなく、保護者に無断で外泊する行為
12　深夜はいかい	正当な理由がなく、深夜にはいかいし又はたむろする行為
13　怠学	正当な理由がなく、学校を休み、又は早退等をする行為
14　不健全性的行為	少年の健全育成上支障のある性的行為
15　不良交友	犯罪性のある人その他少年の健全育成上支障のある人と交際する行為
16　不健全娯楽	少年の健全育成上支障のある娯楽に興じる行為
17　その他	上記の行為以外の非行その他健全育成上の支障が生じるおそれのある行為で、警視総監又は道府県警察本部長が指定するもの

注：不良行為とは、この表に掲げる行為であり、犯罪の構成要件またはぐ犯要件に該当しないものの、そのまま放置すれば非行その他健全育成上の支障が生じるおそれのあるもの。
出所：警察庁通達（2024）「『不良行為少年の補導について』の制定について」の別表「不良行為の種別及び態様」を一部改変して作成。

3　家出・夜間徘徊の要因

　家出や夜間徘徊は、第1節で述べたように、①生物・心理・社会モデル、②青年期限定反社会性、③児童虐待（マルトリートメント）等を含む逆境的体験、④発達障害およびそれへの不適切な対応、などの視点から理解することが必要です。その上で、以下の点を指摘しておきます。家出や夜間徘徊の原因の一つとして、家庭内での虐待が挙げられます。橋本（2004）は、虐待からの「回避的行動」としての家出について次のように説明しています。つまり、虐待を受けてきた子どもは年齢が少し大きくなると、ただ単にやられるだけではなく虐待から身を守ろうとする動きが出てきます。年齢が低い場合には、逃げようにも逃げられないものの、年齢が高くなるにつれて虐待から逃げるために工夫し、それが家出だと考えられます。大迫（2003）は児童自立支援施設に入所した児童にみられる行動として家出があり、小学校高学年くらいから始ま

っていることを示してています。具体的には親によるネグレクトから家出や夜間徘徊が始まるケース、あるいは、実親や継父・母からの身体的虐待を逃れるためのもの、親による面前DV（心理的虐待）から逃れるためのものなどがあります。また、発達障害について述べましたが、やはりADHDなどの発達障害にマルトリートメントなどの不適切な対応が加わることでの家出・夜間徘徊に至ることも少なくないと考えられます。

4　家出・徘徊の態様

　家出や夜間徘徊の内容は様々です。近所の公園などに行き比較的容易に見つかるケースから列車に無賃乗車等で乗って移動し県内でもかなり離れた場所で見つかるケース、さらには、時には新幹線等に乗車して遠方で保護されるケースもあります。特に、小学生くらいの年齢であれば夜間の野宿等は比較的少ないですが、高学年くらいからは夜を明かすことも見られるようになります。つまり、年齢や発達の程度、社会性などが大きく影響していると考えられます。さらには、盗みなどが加わることが多くみられます。「虐待回避型非行」と呼ぶこともあります。さらに、暴力への親和性などから暴力型非行へとつながることも少なくありません。その場合には、「非行少年」（犯罪少年、触法少年）につながってしまうことがあります。

5　子どもからのサイン

　非行少年になる前段階ともいえることから、前節で述べたように発達段階に留意しつつ、児童虐待を受けた子どもの心理行動的な特徴や発達障害の特性が加わった上での不適切な対応による問題行動の発生に注意することが必要です。

6　支援方法

　犯罪（触法）行為の手前で対応しますので、強制力はありませんが、まずは、不適切な行為には枠組みを示したところでの毅然とした対応が必要になります。その上で、支援の目的は、少年の健全育成ですので、その背景を理解した対応が最も重要です。つまり、「反社会的な行為」という表面的な事象にとらわれるのではなく、その背景にある発達段階

における特徴、あるいは被虐待や発達障害プラス不適切な対応などによる心の傷付きに目を向けて、それらを理解した対応を専門機関やそれとの連携のもとで対応していくことが必要となります。なお、これらには、事前の予防的な活動、例えば、「薬物乱用防止教室」を実施するなども含まれます。

7　支援制度と利用方法・手続き

（1）支援制度の概要と流れ

　この節では少年法の手続きによらないものについて述べます。警察が少年の健全育成を図るために行う様々な活動を総称して「少年警察活動」と呼びます。また、児童相談所等の児童福祉機関や施設も、児童の健全育成のために様々な活動を行っています。警察や児童福祉機関等においては、強制力を持つ家庭裁判所による処遇とは異なり、原則として、任意の上での相談や指導等を行っています。

（2）支援機関

　ここでは、警察（少年サポートセンター）及び、児童相談所、児童養護施設、児童自立支援施設等（児童福祉の機関・施設）について述べます（「非行少年」への対応については前節参照）。

①警察

　警察は社会正義を実現するために、被疑者の検挙活動を行うのが主な役割であり、非行少年に対しても、この役割は成人に対するのと同様です。しかし、対象が少年の場合、「少年警察活動規則」に「少年の非行の防止及び保護を通じて少年の健全な育成を図るため」と定められており、健全育成の実現を中心にすえて行うものとされています。また、捜査及び調査とともに、非行防止が対象になっています。その具体的な活動として、①街頭補導、②少年の規範意識向上等に資する活動、③少年相談が挙げられています。このうち、「街頭補導」とは公園など非行が行われやすい場所で少年から事情を聴取し、注意・助言・指導等を行ったり、保護者と連絡を取ったりする活動のことです。また、継続的に相談を受けたり（継続補導）、病院等の他機関へのリファーなどを行ったりもしています。これら非行少年等に対する心理支援は、各都道府県に設置されている少年サポートセンターで、少年補導職員や少年相談専門職

◆リファー：ある専門家を訪れたクライアントを、より適切な他の専門家に紹介すること。

第4章　子どもを取り巻く反社会的危機

＊3：児童相談所については、第9章第2節でも紹介しています。

員（心理など）が中心となり、学校、児童相談所その他の関係機関・団体と緊密に連携しながら取り組んでいます。

②児童相談所

　児童相談所[*3]は児童福祉法に基づいて設定される行政機関（児童福祉機関）で都道府県及び政令指定都市に設置が義務付けられています。現在、児童（18歳未満）に関する一義的な相談は住民に身近な市町村で受け付けますが、高度な専門性を必要とする相談については、児童相談所が対応します。相談種別としては、養護相談、障害相談、非行相談、育成相談などとなりますが、公的機関であることから、相談を受け付けるだけではなく、強い権限を持っています。「一時保護」機能では、必要最小限の期間家庭から子どもを引き離し、一時保護所等にて預かることができます。また、児童福祉施設等への入所に関する「措置」機能もあります。さらには、触法少年および14歳未満のぐ犯少年については、家庭裁判所の審判に付すことが適切だと判断される場合には、家庭裁判所に事件を送致しています。職員としては、児童福祉司（社会福祉）、児童心理司（心理）などが配置されています。

③児童家庭支援センター

　児童家庭支援センターは、現在全国に184か所（2024年5月現在）設置されています。もともと、1997年の児童福祉法改正により児童福祉施設に付置する形で設置されました。地域に根差したより細やかな相談援助活動を行ったり、児童相談所からの指導委託等を受けて、非行相談の児童に対する専門的な通所指導をおこなったりしています。市町村や児童相談所の役割を補完する相談機関として非常に重要になってきています。職員としては、相談支援員のほか、心理職も配置されています。

◆指導委託：児童相談所が行う指導には、措置によらない指導、及び措置による指導がありますが、必要に応じて、児童家庭支援センターなどに、措置による指導を任せることがあります。このことを「指導委託」といいます。

④児童養護施設

　児童養護施設は、児童福祉法第41条によって、保護者のない児童や保護者に監護させることが適当でない児童に対して、安定した生活環境を整えるとともに、生活指導・学習指導・家庭環境の調整等を行いつつ養育を行い、自立を支援する施設です。児童相談所による措置として入所する場合のほか、家庭裁判所の審判によって入所する場合もあります。保育士、児童指導員や心理士が配置されています。

84

⑤児童自立支援施設

　児童自立支援施設は、児童福祉法第44条によって、子どもの行動上の問題、特に非行問題を中心に対応する施設です。1997年の児童福祉法改正により、「教護院」から名称を変更し、「家庭環境その他の環境上の理由により生活指導等を要する児童」も対象に加わっています。児童自立支援施設は、もともと、職員である夫婦とその家族が小舎に住み込み家庭的な雰囲気の中で入所児童に一貫性・継続性のある支援を行うという伝統的な小舎夫婦制で行われてきましたが、最近は、交替勤務の職員による小舎交代制という形態での支援が多くなっています。あくまでも児童福祉施設ですので、開放的な処遇を原則としているところが、少年院などとは異なります。学校は敷地内に分校が設置されています。家庭的、福祉的なアプローチによって、個々の子どもの育ち直しや立ち直り、自立に向けた支援を実施しています。具体的には、生活指導、学習指導、職業指導、家庭環境の調整を行いつつ、児童への養育や総合的な心理的ケアを行っています。児童自立支援施設は、少年法に基づく家庭裁判所の保護処分等により入所する場合もあります。職員としては、児童自立支援専門員、児童生活支援員、心理職等が配置されています。

キーワード　Let's review!（復習してみましょう！）

非行少年	反社会的な行為を行った少年のうち、少年法の手続きによって、家庭裁判所の審判に付すべき少年、つまり、犯罪少年（罪を犯した少年）、触法少年（14歳に満たないで刑罰法令に触れる行為をした少年）及びぐ犯少年（将来、罪を犯し、又は刑罰法令に触れる行為をする虞のある少年）のことを指します。
児童虐待	児童虐待の防止等に関する法律（児童虐待防止法）によれば、保護者（親権を行う者、未成年後見人その他の者で、児童を現に監護するもの）がその監護する児童（18歳に満たない者）について行う、身体的虐待、ネグレクト、心理的虐待、性的虐待に当たる行為のことを指します。
家庭裁判所	家庭に関する事件の審判（家事審判）及び調停（家事調停）、少年の保護事件の審判（少年審判）などに関する権限を有している裁判所のことです。各家庭裁判所には、家庭裁判所調査官が置かれ、人間科学に関する専門的知見を活用して、審判等の際に必要な調査や環境調整などが行われています。
少年警察活動	少年の非行防止及び保護を通じて少年の健全な育成を図るための活動のことを指します。少年犯罪の捜査だけではなく、非行防止のための活動、虐待を受けた児童の保護や保護者に対する相談対応などの活動も含みます。
不良行為少年	非行少年には該当しないが、飲酒、喫煙、深夜はいかいその他自己又は他人の徳性を害する行為（「不良行為」）をしている少年のことを指します。
児童相談所	児童福祉法第12条［1］に基づき、各都道府県及び政令指定都市（中核市も設置可能）に設けられた児童福祉の専門機関。児童（18歳未満）に関するあらゆる相談に対応します。相談種別は、養護相談（児童虐待対応含む）、保健相談、心身障害相談、非行相談、育成相談の5つに大別されます。また、措置や一時保護の権限を有します。児童福祉司、児童心理司などが配置されています。

第3節　性暴力とデジタルタトゥー

1　子どもにおける性暴力

（1）性暴力とは

　性暴力とは、同意のない性的な行為のことで、人権を著しく踏みにじる行為です（内閣府男女共同参画局HP）。同意は対等の関係でなされた肯定の意思表示であることが必要で、断れない状況下での肯定の意思表示は同意ではありません。また、判断能力が十分でない子どもに対する性暴力は、本人の同意の有無にかかわらず、性暴力になり得ます。この性暴力は女性・男性の性別や年齢、当事者の関係性に関わりなく起こります。

　性暴力は性犯罪に至らない場合も含まれますが、犯罪となることもあります。刑法における性犯罪には、不同意わいせつ[*1]（176条）や不同意性交等（177条）、監護者わいせつ及び監護者性交等（179条）、面会要求等[*2]（182条）等があります。刑法のほか、売春防止法やストーカー規制法[*3]、私事性的画像被害防止法[*4]、性的姿態撮影等処罰法[*5]等に規定されている行為も犯罪となります。

（2）子どもに対する性暴力

　刑法や売春防止法、性的姿態撮影等処罰法等で規定されている行為は、全年代が保護の対象となります。それらのほかに、特に子どもを対象とした性暴力として、教育職員等による児童生徒性暴力等の防止等に関する法律で「児童生徒性暴力等」が定義されています。この法律は児童生徒への性暴力を行った教師の免許状失効等、教育職員等による児童生徒への性暴力等の防止施策を定めたもので、こども性暴力防止法や日本版DBS法[*6]と呼ばれたりすることもあります。

　この法律における「児童生徒性暴力等」とは以下の行為です（第2条第3項）。

1. 児童生徒等に性交等をすること又は児童生徒等をして性交等をさせること。
2. 児童生徒等にわいせつな行為をすること又は児童生徒等をしてわいせつな行為をさせること。
3. 刑法第182条の罪、児童ポルノ法第5条から第8条までの罪又は性的姿態撮影等処罰法第2条から第6条までの罪に当たる行為。
4. 児童生徒等に次に掲げる行為（児童生徒等の心身に有害な影響を与えるものに限る。）であって児童生徒等を著しく羞恥させ、若しくは児童生徒等に不安を覚えさせるようなものをすること又は児童生徒等をしてそのような行為をさせること。

---

*1：本条における「わいせつ」とは、判例において「徒に性欲を興奮または刺激せしめ、且つ普通人の正常な性的羞恥心を害し、善良な性的道義観念に反すること」とされています（名古屋高裁金沢支判昭和36年5月2日下刑集3巻5=6号、p.399）。

*2：刑法上は、「十六歳未満の者に対する面会要求等」の罪です。

*3　法律名は「ストーカー行為等の規制等に関する法律」で、つきまといや位置情報の無承諾取得等が規制の対象となります。

*4：法律名は、「私事性的画像記録の提供等による被害の防止に関する法律」で、プライベートな性的な画像等を、撮影対象者の同意なくSNSに公表する行為等が禁止されています。「リベンジポルノ防止法」と呼ばれることもあります。

*5：法律名は、「性的な姿態を撮影する行為等の処罰及び押収物に記録された性的な姿態の影像に係る電磁的記録の消去等に関する法律」で、性的姿態等を撮影したり性的映像記録を提供したりすることなどが規制の対象となっています。

*6：イギリスの「DBS制度（Disclosure and Barring Service＝前歴開示・前歴者就業制限機構）」を参考にし

衣服等の上又は直接に身体の一部に触れること。
　下着又は身体を撮影し、又は撮影する目的で写真機その他の機器を差し向け、若しくは設置すること。
5. 児童生徒等に対し、性的羞恥心を害する言動であって、児童生徒等の心身に有害な影響を与えるものをすること。

　教育職員等による児童生徒性暴力等の防止等に関する法律で規定されている児童生徒性暴力等や児童ポルノ法[*7]、出会い系サイト禁止法[*8]における児童買春等は、児童生徒に限らず全子どもを対象とした性暴力と言えます。そのほか、児童福祉法や青少年健全育成条例にも児童への禁止規定があり、それら禁止規定に反した場合は、それぞれの法律に基づいた刑罰が科されます。

（3）子どもにおける性犯罪の状況

①子どもの性被害の状況

　子どもの性被害のうち犯罪として検挙されたものは、警察庁が公表しています。表4-3-1は、警察庁が公表している子どもの性被害の状況で、刑法犯及び特別法犯の被害少年数[*9]です。性被害に遭うのは女子というイメージがありますが、男子も被害に遭っています。ジャニーズ事件◆を契機として、男子に対する性暴力も注目されるようになってきています。

②子どもの性加害の状況

　表4-3-2は、子どもが刑法犯少年、特別法犯少年、すなわち性加害者として検挙された人数です。子どもの性暴力問題を取り上げる際、多くの場合は性被害が注目されますが、加害者になることもあります。

て制定されました。子どもと接する仕事に就く人の性犯罪歴について、事業者がこども家庭庁を通じて法務省に照会できる仕組みです。現職者も照会の対象となり、犯罪が確認された場合、事業者は配置転換などを講じなければならず、解雇も許容されます。

＊7：法律名は「児童買春、児童ポルノに係る行為等の規制及び処罰並びに児童の保護等に関する法律」で、児童を対象として買春や児童ポルノに関する禁止規定が明記されています。

＊8：法律名は「インターネット異性紹介事業を利用して児童を誘引する行為の規制等に関する法律」です。

＊9：少年とは、20歳未満の者で14歳未満の触法少年やぐ犯少年は含みません。

◆ジャニーズ事件：ジャニーズ事務所創業者による所属男性タレント（児童を含む数百人の被害者）への性的虐待が長年あったことが外国報道を契機に社会問題化した事件です。（朝日、読売、毎日、産経各紙報道による）

表4-3-1　子どもの性被害の状況（人数）

罪名又は違反法律名	H26年	H29年	R1年	R3年	R5年
性犯罪（件数）注1	4,226	3,233	2,795	2,581	3,703
面会要求等注2	－	－	－	－	12
性的姿態撮影等処罰法注3	－	－	－	－	524
売春防止法	44	14	5	8	3
児童福祉法	331	281	170	129	86
青少年保護育成条例（淫らな性行為等）	1,014	960	1,056	994	922
児童買春・児童ポルノ禁止法	1,212	1,861	2,121	1,866	1,834

注1：性犯罪とは、不同意性交等（刑法第177条、同法第179条第2項、第181条第2項）及び不同意わいせつ（刑法第176条、第179条第1項、第181条第1項）等である。
注2：2023年より新設された罪である。
注3：2023年に制定・施行された法律である。
出所：警察庁「令和5年中における少年の補導及び保護の概況」https://www.npa.go.jp/bureau/safetylife/syonen/pdf-r5-syonengaikyo.pdf より筆者らが作成。

第4章　子どもを取り巻く反社会的危機

表4-3-2　　子どもの性加害の状況（人数）

罪名又は違反法律名[注1]	H26年	H29年	R1年	R3年	R5年
性犯罪	431	463	462	400	540
面会要求等	−	−	−	−	2
性的姿態撮影等処罰法	−	−	−	−	111
売春防止法	23	28	16	41	37
児童福祉法	56	39	21	13	5
青少年保護育成条例[注2]	571	504	534	406	401
児童買春・児童ポルノ禁止法	333	709	896	835	904
出会い系サイト禁止法	171	33	22	40	26

注1：罪名又は違反法律名において、性犯罪の意味及び面会要求等、性的姿態撮影等処罰法の施行年等は表4-3-1と同じである。
注2：青少年保護育成条例の規定においては、淫らな性行為等のほか、深夜外出等がある。
出所：警察庁「令和5年中における少年の補導及び保護の概況」https://www.npa.go.jp/bureau/safetylife/syonen/pdf-r5-syonengaikyo.pdf より筆者らが作成。

（4）性暴力発生の要因や背景

　性被害の発生要因等は、子どもに分別能力のない低年齢期の場合と分別能力のある場合とに大別されます。

　分別能力のない年齢層が被害に遭う要因としては、親や保護者等による裸等の画像の撮影やそれのネット上への公開があります。子どもは、直接触られたりしていないため、被害意識がないことが多いです。しかし、成長後に自分がされていたことの事実を知ること等で、心に傷を負ったりします。また、拡散された画像で個人が特定されてしまう事もあり、深刻な被害を受けたりします。

　分別能力がある思春期以降の場合では、自ら利用したSNSで被害に遭ったりします。出会い系サイトで、巧みに子どもの個人情報が取られてしまい、相手の言いなりになってしまうケースなどがあります。またSNS上での子どもの発言から個人が特定されてしまい、これを契機に性被害を受けることもあります。実生活上では、悪質なアルバイトをとおして売春に誘導されたり学生証や保険証のコピーを提出させるなどして個人情報を取られてしまったりします。

　これらは被害者となった子ども自身の好奇心や情報管理能力の低さが悪用されることで、被害を生んでいます。

　加害者が性暴力に及ぶ要因については、要因の一つとして性暴力加害に結び付く認知の偏りや自己統制力の不足、性嗜好障害（パラフィリア症）が注目されています。

（5）子どものサインと対応方法

　性被害を受けた子どもは、言葉で相談ができずにいることがありま

◆性嗜好障害（パラフィリア症）：DSM-5において、性嗜好障害は「パラフィリア症」に位置付けられていて、窃視症や小児性愛などがあります。

第3節　性暴力とデジタルタトゥー

す。その場合は、心身の不調や問題行動として子どもがサインを発し[*10]
ていることがあります。以下は、内閣共同参画局（2023）が挙げている
子どものサインです。

・頻尿、夜尿　　　　　　　　　・体調不良（頭痛、腹痛、吐き気、倦怠感など）
・不眠（夜更かし、怖い夢を見る、ひとりで眠れないなど）
・ふさぎこむ、元気がない、無気力　　・集中力の欠如、学力不振
・食欲不振、過食などの摂食障害　　　・不登校
・性器の痛み、かゆみ　　　　　・自傷行為、リストカット
・多動や乱暴　　　　　　　　　・非行（飲酒、喫煙、家出など）
・人との距離が近い、不特定多数の人と安全でない性行動を繰り返す

　周囲の大人が行う対応は、子どもが性被害を受けた直後の場合はすぐ
に医療機関に受診させることです。傷の手当や感染症の検査などが行わ
れます。周囲の大人が子どもの身体の傷などを確認する場合は、子ども
の同意を得ることが必要です。また、なるべく早い時期に警察や児童相談
所、ワンストップ支援センターなどの専門機関に相談することも重要です。
　子どもが性的被害にあったことを話してくれる時は、子どものペース
で聴くことが大切です。無理に聞き出したり詳しく聴いたりすることは、
子どもの記憶に影響を与えることがあります（記憶の汚染）。子どもは自
分を責めることもあるので、「あなたは悪くない」「話してくれてありが
とう」と伝えることも大切です。

2　デジタルタトゥー

（1）デジタルタトゥーとは

　デジタルタトゥーとは、インターネット上に公開された発言や画像、
動画、行動などの情報が本人の意思に反して削除されないまま残る状態
を指します。インターネット上で拡散した情報は、半永久的に消し去る
ことができません。あたかも一度入れた入れ墨を完全には除去できない
ことに似ていることから、このように呼ばれています。デジタルタトゥー
は、投稿した人も投稿された人も傷つけてしまいます。
　インターネット上に公開された情報は、投稿送信した瞬間からデジタ
ルタトゥーになり得ます。投稿したときには大丈夫と思われた情報でも、
将来その情報が就職や社会生活に悪影響を与えることになったりするこ
とがあります。また、不適切な投稿を拡散して楽しむ人がいます。投稿
していなくてもスマートフォンやパーソナルコンピュータ等に保存され
ているデータがマルウェア◆の感染をとおして、インターネット上に公開

＊10：内閣府男女共同参画局（2023）「こども・若者の性被害に関する状況等について」によると、被害にあっても半数以上が誰にも相談していません。

◆マルウェア：攻撃者が目的とする機器を攻撃するために利用する不正なプログラムのことで、ランサムウェアやスパイウェア、トロイの木馬、ボットなどの種類があります。

89

第4章　子どもを取り巻く反社会的危機

され、デジタルタトゥーになることもあります。

（2）デジタルタトゥーの主な種類と投稿者

デジタルタトゥーの主な種類は、社会のルールやモラルに違反した悪ふざけの投稿や人・店等に対する誹謗中傷の投稿、自画取り写真の交換、リベンジポルノ等があります。

◆リベンジポルノ：嫌がらせや復讐（リベンジ）を目的として、性的な写真や動画をインターネット上で公表する行為を指します。

悪ふざけの投稿には、線路内に立ち入った写真や飲食店等の営業を妨害するような行為等、一般に禁止されている行為の写真や動画等をインターネット上に投稿することです。投稿によって投稿された者は多大な損害を被ることもあります。投稿者個人が特定され損害賠償請求をされたり罪に問われたりすることもあります。

誹謗中傷の投稿には個人や飲食店等への悪口などがあり、人権を侵害する行為です。また、SNSグループ内でのネットいじめも人権を侵害する投稿です。匿名の投稿であっても、投稿者個人が特定され誹謗中傷が名誉棄損罪や侮辱罪などの罪に問われることがあります。また、民事事件として損害賠償請求をされることもあります。

自画取り写真の交換とは、SNSで知り合った人から写真を求められ自画取り写真を送ったりすることです。それがインターネット上に公開されるとデジタルタトゥーになったりします。悪意のある大人が相手の子どもなどから個人情報などを言葉巧みに聞き出し、その情報をもとに脅すなどして下着姿の写真などを送らせたりします。自画取り写真の交換による性被害者は、そのほとんどが中学・高校生です。

リベンジポルノは、元交際相手等が所持している性的画像を被害者の同意なく元交際相手等がインターネット上に公開することで起こります。被害者は非常に大きな精神的苦痛を受けたり将来にわたって半永久的な悪影響を受けます。

近年の携帯電話やパーソナルコンピュータ等の普及に伴い、子どものインターネット利用が進んでいます。それはすなわち、子どもがデジタルタトゥーの加害者になったり被害者になったりする、ということです。インターネットは便利なツールですが、便利さと同時に、そのリスクも十分に子どもたちに教えていくことが必要です。

3　支援制度と利用方法・手続き

子どもの性的搾取の撲滅に向けた対策として、2017年に「児童の性

第 3 節　性暴力とデジタルタトゥー

的搾取等に係る対策の基本計画」が犯罪対策閣僚会議で決定されました。それに基づき、関係省庁が子どもの性的搾取の撲滅対策に取り組んできました。2022 年には、同会議で「子供の性被害防止プラン（児童の性的搾取等に係る対策の基本計画）2022」が策定されました。このプランで推進する施策の一つに、性被害にあった子どもたちへの支援制度[11]があります。

　性犯罪・性暴力被害者の相談機関として、ワンストップ支援センター◆が全国に設置されています。ここでは医療、心理、児童の専門家だけでなく警察も加わり被害児童の身体、心理、社会的面からの支援が受けられます。現在起きた被害だけでなく、過去の被害や家族が受けた被害相談も可能です。携帯電話等の連絡先電話番号は、「♯8891（ハヤクワンストップ）」で一本化されており、日曜年末年始祭日も休みなしにかけることができます（図 4-3-1）。メールでの相談も受け付けていますが、各地域によりアドレスが異なります。

　性犯罪等の被害の相談については、警察が開設している性犯罪被害相談電話があります。電話番号は、#8103（ハートさん）で、発信場所を管轄する警察署につながります。24 時間体制の相談窓口です。

　性暴力に関して SNS 相談ができる機関として「Cure time（キュアタイム）」(https://curetime.jp/) があります。電話での相談がしにくい時にチャットで相談ができる内閣府管轄の相談機関です。

　子どもの人権侵害についての相談機関には児童相談所や法務局管轄の「こどもの人権 110 番」があります。児童相談所への相談は電話番号「189」で最寄りの児童相談所へつながります。「こどもの人権 110 番」は電話番号「0120-007-110」で最寄りの法務局等へつながります。

　インターネット上の誹謗中傷やプライバシー侵害となる書込みや写真等の削除に関する相談先として、総務省から業務委託を受けている違法・有害情報相談センターがあります。相談者自身による削除方法等についてのアドバイスを受けることができます。相談は、当センターのホームページから相談登録を行った上で相談フォームで行います。そのほか、警察庁管轄のインターネットホットラインセンターなどもあります(図 4-3-2)。

　そのほか、性加害者への支援対策として、法務省による性犯罪再犯防止指導や各種プログラムの実施等があります。また、刑事司法手続終了後の者の継続的な支援として地方自治体による支援対策の充実が図られています。

＊11：間接的な対策として、前述の教育職員等による児童生徒性暴力等の防止等に関する法律等があり、教師や保育士等による子どもへの性暴力を防止しています。

◆ワンストップ支援センター：内閣府が所管している機関で、男女共同参画基本計画等に基づいて都道府県が設置しています。

第4章　子どもを取り巻く反社会的危機

図 4-3-1　ワンストップ支援センター
出所：内閣府「性犯罪・性暴力とは」https://www.gender.go.jp/policy/no_violence/seibouryoku/index.html

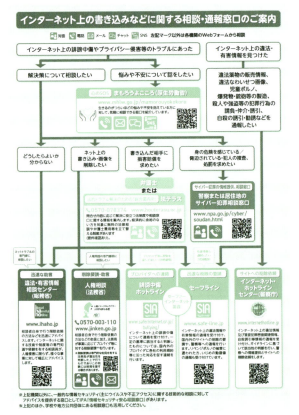

図 4-3-2　インターネット上の誹謗中傷に関する相談窓口について
出所：法務省 HP「ひとりで悩まずにご相談ください」
https://www.moj.go.jp/JINKEN/index_soudan.html

キーワード　Let's review!（復習してみましょう！）

性暴力	同意のない性的な行為のことです。性暴力は人権を著しく踏みにじる行為で、同意は対等の関係でなされることが必要です。また、性暴力は女性・男性の性別や年齢、当事者の関係性に関わりなく起こり、子どもに対する性暴力は、本人の同意の有無にかかわらず、性暴力になり得ます。
デジタルタトゥー	インターネット上に公開された発言や画像、動画、行動などの情報が本人の意思に反して削除されないまま半永久的に残る状態を指します。あたかも一度入れた入れ墨を完全には除去できないことに似ていることから、このように呼ばれています。デジタルタトゥーは、投稿した人も投稿された人も傷つけてしまいます。
児童の性的搾取等に係る対策の基本計画	2017年に犯罪対策閣僚会議で決定された計画です。これに基づき、関係省庁が子どもの性的搾取の撲滅対策に取り組んできました。2022年には「子供の性被害防止プラン（児童の性的搾取等に係る対策の基本計画）2022」が策定され、前計画を引き継ぎながら、多角的かつ包括的な対策を総合的に進めることが盛り込まれた計画となりました。

第5章

子どもを取り巻く
命の危機

　子どもたちを取り巻く生育環境が、穏やかで安心できるものであることは非常に重要なことです。しかしながら、場合によっては、非常に不適切なものとなる場合があります。その際には、心身の発達に悪影響を及ぼし、最悪の場合、命の危機にさらされるということもあります。ここでは、そのような事象の代表的なものとして、いじめと児童虐待の問題を取り上げ、こういった問題が子どもの心身に与える悪影響の大きさを理解するとともに、その予防についてもみていくこととします。

第5章 子どもを取り巻く命の危機

第1節 いじめ

1 いじめとは

いじめとは、同一集団内で、個人や集団が他者に対して行う嫌がらせや攻撃的な行動を指します。

いじめは、2013年に公布された**いじめ防止対策推進法**（平成25年法律第71号）によると、「児童等に対して、当該児童等が在籍する学校に在籍している等当該児童等と一定の人的関係にある他の児童等が行う心理的又は物理的な影響を与える行為（インターネットを通じて行われるものを含む。）であって、当該行為の対象となった児童等が心身の苦痛を感じているもの」と定義されています。

いじめ防止対策推進法は、大津市いじめ自殺事件（2011年）がきっかけとなって法的枠組みが整備され、いじめ問題に対する対応が強化されることとなりました。大津市いじめ自殺事件は、いじめ問題の深刻さを改めて浮き彫りにし、いじめ防止対策の必要性を強く訴える契機となりました。

文部科学省の問題行動・不登校調査（2023）によると、2022年度に認知されたいじめの件数は、68万1948件に上り、過去最多となっています（「令和4年度 児童生徒の問題行動・不登校等生徒指導上の諸課題に関する調査結果について」）。学校別でみると、小学校55万1944件、中学校11万1404件、高校1万5568件、特別支援学校3032件となっており、前年に比べて増えています。

2022年度のいじめの**重大事態**についても最多の923件でした。重大事態とは、いじめ防止対策推進法において、いじめで児童生徒の生命や心身、財産に大きな被害が生じ、長期間の不登校になったりした疑いのある事案とされています。懸念すべきは、いじめ重大事態の923件のうち357件は、把握される前にはいじめとして認知されていない状態だったということです。このような状況において、いじめの早期発見と迅速な対応が極めて重要です。学校や家庭、関係する機関が連携して、いじめの兆候を見逃さず、子どもたちの安全と心身の健全な発達を守るための具体的な対策を講じることが求められます。

◆大津市いじめ自殺事件：2011年に滋賀県大津市で中学2年生の男子生徒がいじめを苦に自殺した事件です。学校側や教育委員会の対応の不十分さが大きな問題となりました。この事件をきっかけに、いじめ防止の取組が全国で進み、2013年には「いじめ防止対策推進法」が制定されました。

2　いじめの種類

2022年度のいじめの様態の認知件数の構成比としては、「冷やかしやからかい、悪口や脅し文句、嫌なことを言われる」(57.4%)、「軽くぶつかられたり、遊ぶふりをして叩かれたり、蹴られたりする」(23.4%)、「仲間はずれ、集団による無視をされる」(11.7%)、「嫌なことや恥ずかしいこと、危険なことをされたり、させられたりする」(10.0%)、「ひどくぶつかられたり、叩かれたり、蹴られたりする」(6.5%)、「金品を隠されたり、盗まれたり、壊されたり、捨てられたりする」(5.4%)、「パソコンや携帯電話等で、ひぼう・中傷や嫌なことをされる」(3.5%)、「金品をたかられる」(0.9%)、「その他」(4.5%) となっています（文部科学省の問題行動・不登校調査、2023、図5-1-1）。

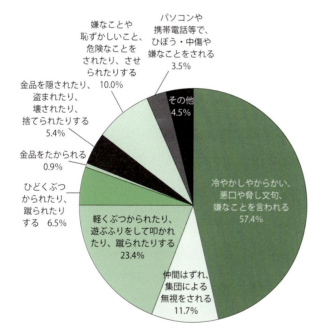

図5-1-1　2022年度のいじめの様態の構成比
出所：文部科学省（2023）「問題行動・不登校調査」をもとに筆者作成

いじめは多様な形態を取りますが、主なものとして、言葉によるいじめ、身体的ないじめ、社会的ないじめ、金品に関するいじめ、ネットいじめというように分類することができます。

言葉によるいじめは、言葉を用いて他者を傷つける行為を指します。これには暴言、侮辱、中傷、からかい、脅しなどが含まれます。被害者に対して心理的な苦痛をもたらし、自己評価や精神的健康に深刻な影響

を与えることが特徴です。例えば、クラスメイトが毎日「バカ」などの暴言を投げかける、学校内で特定の生徒に対して侮辱的なあだ名を使って呼び続けるなどの状況が考えられます。

　身体的ないじめは、被害者の身体を傷つけるような行為を指します。これには殴る、蹴るなどが含まれ、視覚的に明確であるため、比較的教師や保護者などの大人が認識しやすいといえます。例えば、意図的に肩を強くぶつける、遊ぶふりをして叩いたり、蹴ったりする、複数人で一人の生徒を取り囲んで暴行を加えるなどの状況が想定されます。

　社会的ないじめは、被害者を集団から孤立させ、排除する行為を指します。無視や仲間外れ、陰口など、被害者が社会的なつながりを失うことを目的とした行動です。例えば、クラス全員が特定の生徒を無視し、その生徒に話しかけない、休み時間に特定の生徒だけを誘わずに遊ぶ、グループワークで意図的に一人の生徒をメンバーから外すなどの状況があてはまります。

　金品に関するいじめは、被害者の所有物に対して行われる嫌がらせや攻撃を指します。これには金品の強奪、隠蔽、破壊、捨てる行為が含まれ、物質的な損害と心理的な苦痛を与えます。例えば、被害者の持ち物を壊す、捨てる、被害者に対してお金を要求し、強制的に取るなどの状況が考えられます。

　ネットいじめとは、インターネットを利用して行われる嫌がらせや中傷の行為を指します。学校におけるネットいじめは、SNS（social networking service）、メール、チャット、掲示板、ブログ、動画サイトなどのオンラインプラットフォームを通じて行われ、被害者に対して深刻な心理的ダメージを与えることが特徴です。ネットいじめは、匿名性や広範な拡散性があるため、非常に見えにくく、発見や対処が難しい場合もあります。例えば、学校内の特定の生徒に対する悪口や侮辱的なコメントをSNSに投稿し、他の生徒もそれに同調することで被害者を攻撃する、メッセージアプリやメールを通じて繰り返し嫌がらせのメッセージを送る、特定の生徒に関するプライベートな情報や嘘の情報、誹謗中傷をオンラインの掲示板やSNSで広め、被害者の評判を傷つけるなどの様々な形態が考えられます。今後、ITの進化に伴い、ネットいじめの形態も変わっていくことが予想されます。

◆プラットフォーム：SNSなどのオンライン環境における「プラットフォーム」は、ユーザーが情報の交換、共有、発信、またはコミュニケーションを行うために利用するサービスやツールのことを意味します。

3 いじめ発生の要因

いじめの発生には様々な要因が絡み合っており、一つの原因というよりは複雑に相互作用しているといえるでしょう。表 5-1-1 は、3 つの要因の概要です。

表 5-1-1　いじめ発生の 3 要因の概要

要因	概　要
個人的要因	加害者の性格特性や心理状態など
環境的要因	家庭や学校などの状況
社会的要因	社会全体の価値観や暴力的なコンテンツや攻撃的な場面を伝えるメディアの内容など

個人的要因としては、加害者の性格特性や心理状態などが挙げられます。特に、自身のストレスや不安、怒りを他者に向けることで解消しようとすることがあります。自己評価の低い生徒が、他者をいじめることで自己の優位性を確認しようとすることもあります。

環境的要因としては、家庭や学校などの状況が挙げられます。まず家庭内での虐待、親子関係の希薄さが、いじめ行動の背景にあることがあります。家庭での愛情不足や過剰なストレスは、子どもが外部で攻撃的になる原因となります。また、学校全体の雰囲気が、いじめを見過ごす風潮である場合は、いじめを助長することがあります。特に、教師がいじめに対して毅然と対応しない場合は問題が深刻になります。

社会的要因としては、暴力的なコンテンツや攻撃的な場面を伝えるメディアの内容が、子どもたちの行動に影響を与えることがあります。特にインターネットや SNS の普及により、いじめの手段や形態が多様化しています。また、社会全体の価値観として他者への思いやりを軽視するような雰囲気が蔓延した場合は、子どもたちの間にもそのような価値観が浸透し、いじめ行動を助長することがあるでしょう。

このように、いじめの発生要因は多岐にわたり、個人の性格特性や心理的な要因、家庭環境、学校の雰囲気、社会的な影響が複雑に絡み合っています。このように原因は一つではなく、複雑であることから、学校や家庭、関係する機関が連携して、いじめの発生を防ぐために取り組む必要があります。

第5章　子どもを取り巻く命の危機

◆心身症：ストレスなどの心の問題が主な原因となって、身体に実際の症状が現れる病気のことです。代表的な症状には、胃潰瘍や高血圧、頭痛、ぜんそくなどがあり、単に身体の病気としてではなく、心理的な影響が大きく関わっているとされます。

◆PTSD：命に関わる出来事や恐怖を感じた体験など、心に深い傷を負う出来事であるトラウマに直面した後に発症する精神的な障害です。症状には、つらかった記憶やそのときの感覚が突如思い出されるフラッシュバックなどがあり、日常生活に支障をきたすことがあります。

◆摂食障害：食事や体型への極端なこだわりが健康に悪影響を及ぼす精神障害です。摂食障害には神経性やせ症、神経性過食症、過食性障害が含まれます。神経性やせ症では体重増加を恐れ食事制限を行い、神経性過食症では過食後に嘔吐や下剤使用などがみられます。過食性障害では過度な運動や嘔吐などの行為が伴わない過食が特徴です。摂食障害は、身体的・精神的健康に深刻な影響を及ぼす可能性があり、専門的な治療が必要とされます。

◆キャリア教育：一人一人の社会的・職業的自立に向け、必要な基盤となる能力や態度を育てることを通して、キャリア発達を促す教育とされています。従来の進路指導と異なり、進路決定のための指導にのみ重点をおくのではなく、コミュニケーション能力や情報収集能力などの適応に関する様々な能力の向上の支援が重視されています。

4　いじめを受けた子どもの症状や行動の変化

いじめを受けた子どもは、様々な心理的、身体的、行動的な症状を示すことがあります。これらの症状は、被害の程度や持続期間、個人の特性によって異なりますが、いずれも深刻な影響を及ぼす可能性があります。

心理的症状としては、不安感、抑うつ、自己評価の低下などが生じることがあります。特に自己評価については、いじめを受け続けることで、子どもは自己評価が低下し、「自分は価値がない」「自分はダメな人間だ」という考えにとらわれやすくなり、自尊心が著しく傷つけられることがあります。

身体的症状としては、原因不明の頭痛や腹痛を訴えることがあります。心理社会的ストレスが重要な要因となって体の病気が生じるような心身症を発症すると、心と体の両面から治療する必要があります。心身症に分類される病気として代表的なものは、過敏性腸症候群、本態性高血圧症、アトピー性皮膚炎、疼痛性障害、頭痛（筋緊張型頭痛、片頭痛など）などがあります。

そして、行動が変化することもあります。不登校や対人関係の回避、成績の低下などが挙げられます。他者との関わりを避けるようになり、孤立することで、さらに心理的な負担が増す悪循環に陥ることがあります。いじめの影響で集中力が低下し、学業成績が急激に低下したり、授業に対する関心を失い、課題の提出が遅れることが増えたりすることがあります。

いじめの影響は、短期的なものだけでなく、長期的にも深刻な影響を及ぼします。PTSD（心的外傷後ストレス障害：post-traumatic stress disorder）の症状が長期化し、その後の回復への支援が不十分だと、二次障害として、自傷行為や摂食障害などが生じることもあります。そして、成人後も、いじめのトラウマが引きずられた場合、対人関係や職業生活において問題を抱えることがあります。また、自己肯定感の低さや精神的な不安定さが続き、社会生活に深刻な影響を及ぼすことがあります。いじめは、生涯にわたって悪影響を及ぼす可能性があり、特にキャリア教育においても留意する必要があります。

5 子どもからのサイン

　前述のように、2022年度の重大事態の40％近く（357件）は、学校が深刻な被害を把握するまで、いじめとして把握していないことが示されました（文部科学省 2023）。このような状況において、いじめの早期発見と迅速な対応が極めて重要です。いじめを受けた子どもからのサインをなるべく早く把握して、安心して生活できる環境を整え、迅速に対応することが重要です。いじめのサインを見逃さないように、スクールカウンセラーや養護教諭などを含む学内、家庭、関係する機関と連携し、情報を共有することが大事です。

　いじめを受けている子どもは、直接的に「いじめられている」と訴えることはあまりありません。しかし、いじめを受けた子どもは、心理的、身体的、行動的な様々なサインを発していることが多いです。

　心理的なサインとしては、子どもが普段以上に不安や恐怖を感じている様子を見せることがあります。特に特定の場所や時間、例えば学校に行く前や休み時間前などに強い不安を示すことが多くなります。また、突然気分が落ち込み、以前は楽しんでいた活動に興味を示さなくなることがあります。笑顔が減り、悲しげな表情が増えることもあります。そして、「自分はダメだ」といった否定的な自己評価を口にすることがあります。

　情緒のサインとしては、急に怒り出したり、泣き出したりするなど、感情の起伏が激しくなり、些細なことで過剰に反応することがあります。また、全体的に元気がない様子だったり、何事にも関心を示さない様子を示すことがあります。

　身体的なサインとしては、原因不明の頭痛や腹痛、吐き気などを訴えることが多くなります。これらの症状は特に学校に行く前や学校にいる間に現れることがあります。そして、夜中に何度も目が覚めたりするなど、睡眠の質が低下し、朝起きるのが難しくなって遅刻が増えるというような状態になることもあります。また、食欲が急に減少したり、逆に過食に走ることがあり、体重の急激な変化がある場合も注意が必要です。

　行動のサインとしては、学校に行くことを嫌がるようになったり、遅刻や欠席が増えるのも一つのサインです。そして、突然成績が低下することがあります。授業に集中できず、宿題や課題の提出が遅れることが増えます。また、友達との交流を避けるようになり、一人で過ごす時間が増えます。クラブ活動やスポーツなどにも参加しなくなることがあります。ほかには、スマホの着信音に不安を感じている様子だったり、逆

第5章　子どもを取り巻く命の危機

にスマホに依存状態になっているなど、スマホなどに対して極端な反応をみせることがあります。

　特に小学校低学年以下の児童の場合は、言語による表出というよりは、情緒的サインや身体的サインとしてあらわれる傾向にあります。情緒的サインとしては、何の前触れもなく突然泣き出したり夜中に何度も目が覚めて泣いたり、保護者にくっついて離れなかったりすることがあります。身体的サインとしては、頻繁に頭痛や腹痛を訴えることがあります。特に、特定の曜日や時間帯に生じる場合は注意が必要です。

6　支援制度と方法

　いじめを防止・対策する法律に、いじめ防止対策推進法があります。そこでは次のように規定されています。

表 5-1-2　いじめ防止対策推進法対策推進法の規定

○基本的施策
・学校の設置者及び学校が講ずべき基本的施策
（1）道徳教育等の充実
（2）早期発見のための措置
（3）相談体制の整備
（4）インターネットを通じて行われるいじめに対する対策の推進
・国及び地方公共団体が講ずべき基本的施策
（5）いじめの防止等の対策に従事する人材の確保等
（6）調査研究の推進
（7）啓発活動について定めること

○個別のいじめに対して学校が講ずべき措置
（1）いじめの事実確認
（2）いじめを受けた児童生徒又はその保護者に対する支援
（3）いじめを行った児童生徒に対する指導又はその保護者に対する助言について定めるとともに、いじめが犯罪行為として取り扱われるべきものであると認めるときの所轄警察署との連携について定めること

　いじめを受けた子どもへの支援は多方面からのアプローチが必要です。子どもの心と身体の回復を目指し、学校、家庭、関係する機関が連携して対応することが重要です。

　学校での支援としては、教師はいじめの兆候を見逃さず、早期に対応することが求められます。日常の行動を観察し、子どもたちの変化を記録することで、いじめの兆候を早期に発見することができます。定期的に生徒と個別面談を行い、悩みや困っていることをきく機会を設けます。また、スクールカウンセラーと情報を共有して、専門的な知識を活かして子どもの心理的なケアを行うこともできます。

第1節　いじめ

　いじめ問題への対応は、学校全体で取り組むことが重要です。全教職員が協力していじめ問題に対応する体制を整えることが求められます。被害者には安心できる環境の確保をする必要があり、例えば加害者との物理的な距離を確保するためのクラス替えや座席変更、特別な配慮を行います。支援の際には、被害者の確認を取りながら、方針を決めていくことが大事です。いじめは許される行為ではないという共通認識のもと、加害者側には毅然とした態度で指導を行うと同時に、**カウンセリングマインド**をもった対応をする必要があります。

　家庭への支援としては、被害者の保護者には情報の共有をして、不安な気持ちに寄り添うなどの対応が求められます。加害者の保護者へは、事実を冷静に伝えた上で、責めるのではなく心配しているというような立場で対応することが考えられます。被害者の保護者、加害者の保護者ともに、家庭が安定していることが、子どもの心理的状態を落ち着かせることにつながるので、保護者を心理的に支えることが大事です。このような支援で、保護者が子どもの変化に敏感になり、安心して話せる環境を整えることができるようになります。

　支援制度としては、相談窓口を活用することも考えられます。相談窓口としては、教育委員会や、法務省の人権擁護機関などが挙げられます。電話による相談としては、法務省「みんなの人権110番」(0570-003-110)、法務省「こどもの人権110番」(全国共通フリーダイヤル 0120-007-110)、文部科学省「24時間子供SOSダイヤル」(0120-0-78310) などがあります。メールや電話で相談を行うことができる、法務省「こどもの人権SOS e-メール」、LINEで相談できる法務省「LINE じんけん相談」などもあります。さらには、警察庁の「都道府県警察少年相談窓口」があり、各都道府県警察の少年相談窓口があります。

　いじめは、子どもの心身に深刻な影響を及ぼすだけでなく、生涯にわたる深刻な影響を及ぼす可能性があります。したがって、すべての関係者が協力し、いじめを未然に防ぎ、発生した場合には迅速かつ適切に対応することが求められます。教育現場では、いじめを見過ごさず、問題を早期に発見し、対応するための体制を整えることが不可欠です。家庭では、子どもたちとの信頼関係を築き、安心して悩みを打ち明けられる環境を提供することが重要です。関連機関や地域社会も、子どもたちを見守り、支援する役割を果たすことが求められます。すべての子どもたちが安心して未来に向かって歩み出せるよう、学校、家庭、関係する機関、社会が一丸となっていじめ問題に取り組み続ける必要があります。

◆カウンセリングマインド：カウンセリングを行う際のカウンセラーの心情や態度。個々の子どもの心理を十分理解し、子どもの気持ちになって支援することです。悩みや問題に対して解決案を出したり、その問題自体を取り除いたりするのではなく、カウンセラーとクライエントとの間に望ましい人間関係を構築することによって、クライエントが自らの力を十分発揮し、自らの力で問題を解決していけるように支援することです。

第 5 章　子どもを取り巻く命の危機

キーワード　Let's review!（復習してみましょう！）

いじめ	いじめ防止対策推進法（平成 25 年法律第 71 号）によると、「児童等に対して、当該児童等が在籍する学校に在籍している等当該児童等と一定の人的関係にある他の児童等が行う心理的又は物理的な影響を与える行為（インターネットを通じて行われるものを含む。）であって、当該行為の対象となった児童等が心身の苦痛を感じているもの」と定義されています。
いじめ防止対策推進法	大津市いじめ自殺事件（2011 年）がきっかけとなって、いじめへの対応と防止について学校や行政等の責務を規定した法的枠組みが整備され、2013 年に公布されました。いじめ防止対策推進法によって、いじめ問題に対する対応が強化されることとなりました。

第2節 虐待

1 児童虐待に対する概念と種類

児童虐待の防止等に関する法律（以下、児童虐待防止法）の第2条では、児童虐待の定義を定めており、子どもに対して体罰や身体的暴力を行う「1. **身体的虐待**」、子どもに対するわいせつ行為またはわいせつの対象として扱う「2. **性的虐待**」、養育拒否や怠慢、放置などの「3. **ネグレクト**」、差別的扱いや子どもの心を著しく傷つける言動などの「4. **心理的虐待**」があります。以下にその条文を転載します。

第二条　この法律において、「児童虐待」とは、保護者（親権を行う者、未成年後見人その他の者で、児童を現に監護するものをいう。以下同じ。）がその監護する児童（十八歳に満たない者をいう。以下同じ。）について行う次に掲げる行為をいう。
一　児童の身体に外傷が生じ、又は生じるおそれのある暴行を加えること。
二　児童にわいせつな行為をすること又は児童をしてわいせつな行為をさせること。
三　児童の心身の正常な発達を妨げるような著しい減食又は長時間の放置、保護者以外の同居人による前二号又は次号に掲げる行為と同様の行為の放置その他の保護者としての監護を著しく怠ること。
四　児童に対する著しい暴言又は著しく拒絶的な対応、児童が同居する家庭における配偶者に対する暴力（配偶者（婚姻の届出をしていないが、事実上婚姻関係と同様の事情にある者を含む。）の身体に対する不法な攻撃であって生命又は身体に危害を及ぼすもの及びこれに準ずる心身に有害な影響を及ぼす言動をいう。）その他の児童に著しい心理的外傷を与える言動を行うこと。

この法律では、実際に生活を共にして、成人まで子どもの教育や健康管理、財産管理を含めた生活全体のお世話をする等の「**親権を行う者**」、あるいは親との死別等による親権者不在の場合の、裁判所に認められた親権代行者である「**未成年後見人**」などによって行われたものを児童虐待としており、学校などでの体罰等とは区別しています。

2004年の児童福祉法の改正において、子どもの面前における配偶者および家族間暴力を行う**ドメスティック・バイオレンス**（以下、DV）も、子どもの心身の成長発達に有害であることから、児童虐待として認められました。2013年には、警察のDV事案に対する積極的な介入方針の確立と体制整備がなされ、それ以降、警察からの児童相談所への通告は増加、現在では、児童相談所への最も多い通告経路となっています。

2020年4月には、保護者によるしつけ目的の体罰も児童虐待防止法の改正で、法的に禁止されました。

このように、2000年に制定された児童虐待防止法から、幾度かの法

的改正を重ねながら、その適用範囲や社会的理解を拡大してきています。

　一般家庭で起きる児童虐待のほかに、施設内虐待と呼ばれるものがあります。これは、児童相談所によって保護され児童福祉施設や里親などのもとに暮らす子どもが、措置された施設の職員や里親などによって虐待的対応や不適切な援助を受けるといった「被措置児童等虐待」のことです。家庭で生存の危機に晒されてきた子どもたちがようやく獲得した、安全と安心の場で起きる極めて悪質で重篤な虐待で、保育士や社会福祉士、児童指導員といった専門職によって引き起こされています。各業界はこの防止のために、職員のコンプライアンス教育や理念教育、支援体制の構造化、援助技術の習得など、非常に熱心に取り組んでいます。

2　児童虐待の発生の背景

　児童虐待の発生要因は単一ではありません。かつて、児童養護施設などに保護された子どもの家庭背景は、経済的困窮や、疾病による入院、服役、あるいは失踪等による一時的な養育者の不在や、養育意識の未熟さなどによる放置や養育不全などでした。そしてこの当時の保護に至る問題は、単一あるいはいくつかの限定された要因を背景にするものが大半でした。

　しかし、現在の児童虐待の発生背景は複数の困難な課題が一つの家族の中に散在し、さらにその課題同士が悪影響を与え合って状況を悪化させる悪循環を呈しています。以下に取り上げるのは、その複雑に絡み合う要因の一部です。それぞれが影響し合う関係にあることを前提に、以下に掲げた要因を読んでみてください。

①経済的な問題

　貧困や借金などの経済的困難は、肉体的、心理的負担を増大させます。その結果、日常的な子どもの世話は困難になり、さらに精神的なストレスの増大につながり、体罰や不十分な養育、育児放棄のリスクを高めます。

②孤立

　家庭内孤立と社会的孤立の2つに分けられます。例えば子育ての中心となる養育者が家族からの理解を得られず孤立し孤軍奮闘していれば、母の育児負担は増大します。また、社会とのつながりの希薄化によってその家族自体が孤立すれば、子育ての社会支援も受けづらくなります。

これによって育児負担は増加し精神的な負担にもなり、児童虐待のリスクが高まります。

③保護者の精神的・心理的問題

　保護者が**精神疾患**や発達障害などを抱える問題です。例えば**産後うつ**は、生活全般で不安や気分の落ち込みから肉体的な不調へもつながります。その結果、不十分な養育や育児放棄、または突発的な感情の暴発等、児童虐待のリスクが高まります。また、保護者の発達障害等によって親子の言語交流や共感等を欠き、加えて保護者自身のこだわりの強さ等から、家族関係や親子関係に不調をきたして児童虐待のリスクが高まることがあります。

④家族関係不和

　家族関係の不和は、既述の養育者の孤立を招き負担を大きくします。家族内の関係不和による不安や不満は時に怒りへと変わるばかりか、こうした状況からの回避行動として、保護者の失踪や、養育放棄、あるいは養育拒否につながることも珍しくありません。また、DVもここに含まれる問題です。家族関係不和は、子どもの安定した日常生活の維持を危うくし、また子どもの心理発達面にも大きな影響を与えるリスクです。

⑤歪んだ家族文化

　主に保護者の成育歴に起因することが多い問題です。例えば体罰容認やしつけに関する認識の特異な偏り等です。体罰容認の思考は、しつけにおける体罰を誘発します。また保護者自身が持つ社会不信や子どもの人権を無視した特異な認識が子育てに反映され、子どもの友人関係や学校教育、家族の社会的孤立へと影響することも珍しくありません。これらは、保護者自身の被虐待経験によることも多く、保護者自身が子ども時代に正しく安全が確保されなかったことによる、世代間連鎖です。

　その他にも、子どもの抱える障害や特性に保護者が適切に対応できないなど、子ども自身が抱える特性の問題、あるいは保護者の知的能力なども要因の一つとしてあげられます。いずれにしても、これらの要因が存在するとき、他の要因にも悪い影響を与え合って深刻化することは、イメージできるのではないでしょうか。
　このように児童虐待の発生は、単一の問題ではなく複数の要素が複雑

第5章　子どもを取り巻く命の危機

に絡み合って悪影響し合う中で起きるという認識が必要です。そのため、それぞれの要素が深刻化する前の早期支援が重要です。

3　虐待を受けた子どもの症状・態様とSOSのサイン

これまで述べてきたような児童虐待の被害、あるいは虐待的環境で暮らした子どもたちが、どのような影響を受け、どのような態様を呈すのか、①身体的影響、②社会発達への影響、③心理的影響の3つに分けて述べていきます。そしてそれらも単独ではなく、ほとんどの場合が複数の影響を受けていることが多いということを理解してください。

（1）身体的影響

肉体的な暴力等によって負う傷害や深刻なネグレクトによる発育不良などがこれに該当します。しつけによる体罰に起因する打撲やけが、やけどなどは肉体的暴力による傷害です。保護者や子どもに確認しても明確な回答を得られず、どのような経緯で負傷したのかがわからない受傷起点不明の打撲や負傷は、虐待の事実の隠ぺいである可能性もあるので注意が必要です。あざなどの打撲痕は身体的悪影響として見逃してはならないサインです。転倒などでおきる打撲と暴力による打撲とでは、その場所などに違いがあることも多いので、注意したいところです。通常の生活での転倒では、太腿や上腕部、腹部、頬（頬骨の下部）などに打撲痕を示すことは多くありません。活発で身体接触の多いスポーツなどを行っている子どもであればその限りではありませんが、特に乳幼児の場合虐待のリスクは大変高いものです。頭部外傷においては脳へのダメージ等のリスクも高いことから、十分な注意が必要です。性器などのプライベートパーツの外傷や疾患も注意しなければなりません。ネグレクト状態による、乳幼児のおむつかぶれなども当然注意しなければなりませんが、性的虐待による外傷などの可能性もあります。学校や幼稚園、学童保育などで排泄時に痛みを訴える等は、見逃してはいけない重要なSOSのサインである可能性があります。

この身体に及ぼす悪影響の最も深刻な例は命を落とすこと、すなわち虐待死です。国はこれまで、児童虐待の死亡事例について検証結果を報告しています。2021年9月の「こども虐待による死亡事例等の検証結果等について」（第19次報告。第1次報告は2005年）では、心中死を除く死亡事例の虐待死50例50人について、直接の死因の4割以上が「頭

106

部外傷」と「頚部絞扼以外による窒息」であるとしています。そしてこの悲しい事例の約半数が0歳児であるとも報告しています。命が助かった場合でも暴力による脳損傷などの重篤な被害を受けるケースもあります。また食事が十分に与えられないネグレクトの環境においては、栄養不良による低身長低体重といった発育不全もしばしば見られます。養育の不十分さだけでなく、過酷な環境下における愛情不足や精神的な負担は、成長ホルモンの分泌に影響するという研究もあります。栄養不良同様の発育不全に至ることもあり、外傷だけでなく発育不全も重要なSOSのサインである場合があります。

（2）社会発達への影響

　言語コミュニケーション能力の遅れや学習など知的発達への悪影響がこれに含まれます。虐待環境にある子どもは、情動に対する家族の応答やそれらを通した言語コミュニケーションの体験が極めて少ないことが多く、特に、乳幼児期の脳の発達にも大きな影響を与えます。その結果、言語理解力とコミュニケーション力の発達に遅れが生じるのです。これらの遅れは、学習などにも影響し基礎学力の低下を引き起こすことも珍しくありません。児童相談所によって施設や里親などに保護され、適切な応答が確保される安定した生活が確保された結果、言語理解力や意思表示などの力が飛躍的に伸びることがしばしばありますが、これはこうしたケースの典型例です。また、家庭内において不適切な感情表現や特異な社会規範、社会不信等を誤学習することにより、対人関係や社会適応に課題を抱えるといったケースも散見されます。

　その他、清潔管理や身辺処理の面に問題を抱えていることも散見されます。例えば、季節に合った服装がされていなかったり、あるいはひどく汚れた服装のまま生活していたり、下着の汚れ、身体の汚れや虫歯、頭髪の著しい汚れや湿疹、足の白癬などの皮膚疾患の放置などが見られることも、しばしばあります。入浴の習慣や排泄等の身辺自立面の遅れなどと合わせて、こうしたケースではよく見られる態様です。

　性的虐待を受けた子どもによく見られる性的関係性の曖昧さや自身のプライベートパーツに対する低い意識、安易な性的接触等を含めた性的問題行動も、コミュニケーション上の深刻な課題です。また誤った性知識を得ていることも多く、性的搾取や性被害に巻き込まれることも少なくありません。

第5章　子どもを取り巻く命の危機

（3）心理的影響

　子どもの心理、特に自尊感情に与える影響は大きく、対人不信や不安障害、過度な愛情欲求と依存性、自傷、ストレス耐性の欠如などもここに含まれます。**トラウマ**（心的外傷）による**フラッシュバック**や**解離**などの重篤な症状を示し、鬱病なども含め医療的な治療を必要とするケースも少なくありません。これらの影響は、社会生活における人間関係や一般生活でのストレス耐性などを脆弱にします。根源の対人不信は社会不信へとつながり、そのことから重篤な不安障害や極端な依存的関係を求めるようになったりすることも珍しくありません。また、極めて低い自尊感情や重度の不安障害は、**リストカット**や薬物の濫用、重篤な場合は**希死念慮**などを抱くこともしばしば見られるなど、甚大な影響を与えるものです。

　ここまで述べた SOS のサインは、年齢によってもそのリスクの高さ、緊急度は変わってくるので注意が必要です。乳幼児の不自然な打撲痕は即対応レベルのリスクですし、性的虐待を懸念させる場合も同様の緊急度です。それほど重篤な悪影響を与えるからです。生活の中での突発的なかんしゃくやパニックといったトラウマのフラッシュバックを感じさせる行動が見られた場合、またそこに自傷や希死念慮なども伴う重篤なケースの場合は、その背景の児童虐待の有無にかかわらず、医療なども含めた関係機関との連携による対応が必要になります。

4　要保護児童対策地域協議会と児童虐待への支援

　先に述べてきたように、児童虐待の発生要因は単一ではなく複数の問題であることがほとんどであり、単独の機関の支援では解決困難です。そのため、それぞれの機関がそれぞれの機能を活かして連携し協働して支援を行う連携支援（ネットワークケア）が主流です。そして、実際にこれらを行う市町村単位の仕組みを、「**要保護児童対策地域協議会**」（以下、**要対協**）といいます。[*1]

　要対協の最大の目的は早期の発見と対応です。関係する機関がそれぞれの現場で早期にその SOS のサインをキャッチし、迅速に対応することです。この要対協の構成は、市町村の子ども福祉担当課を中心に保健センターや学校・教育委員会、幼稚園や保育所、保健所や医療、警察、弁護士や人権擁護委員といった司法関係者、地域によっては**児童家庭支援センター**や児童養護施設等も参加して組織し、そこに児童相談所が支

◆トラウマ：過去の恐怖や苦しみ等によって深く傷つけられた感情のことです。

◆フラッシュバック：耐え難い恐怖や苦しみが解離によって心の深層に凍結され、生活の中で不意に蘇ることです。フラッシュバックとして表出される過去の感情は本人の意図した表出ではありませんが、日常生活において、あたかもその恐怖体験が再現されたように苦しむもので、そのほとんどが心理的悪影響を抱える重篤なケースといえます。

◆解離：自己の意識をずらしたり感情を切り離すことで恐怖や苦しみから自分自身を守る反応です。

＊1：第7章第3節4（3）においても紹介されています。

第 2 節　虐待

援助言や連携支援への参画などのバックアップを行っています。この構成機関については、その地域の特色を活かしたメンバーとなっており、特別支援学校や子ども食堂などを運営する NPO 機関などが参加している例もあります。

要対協は、次の 3 層構造で組織されています。

①個別支援会議：個別のケースの支援検討を図るため関係機関が参加
②実務者会議：支援の進捗等の共有を図るため構成員の実務者が参加
③代表者会議：実務に職員が円滑にその支援活動に実践・協力できるよう、その機関の代表者が参加

いずれの場合も個別のケース状況を情報共有するものですが、法的には支援行為のための情報共有として個人情報保護法においてもこれを認めています。当然ですが、この支援にかかる機関との情報共有であって構成員のすべてが守秘義務を課せられています。

要対協での協議は、複数の機関が協議して支援方法や支援の役割分担を決定し、また実践後の支援進捗の確認や再検討などが行われます。支援計画と実践、そして支援効果の確認と再実践を繰り返す「PDCA サイクル（Plan → Do → Check → Action）」で、子どもとその家庭への支援が展開されます。

連携支援において最も重要なことは、参加機関が可能な支援をそれぞれが自ら主体的に提案し合い、それぞれのできることを組み合わせることです。そうした協働体制の支援によって、子ども家庭が必要とする支援から漏れないようにしていくことが基本です。さらに、平成の時代に推進されてきた市町村の合併は、要対協の支援対象地域も拡大させました。そのことにより、既述の 3 層構造では不十分という実態もあり、支援対象地域をいくつかに区切るブロック制を求める声も、現場からは挙がっています。今後は、2024 年 4 月の改正児童福祉法の施行で設置が進められている「こども家庭センター[*2]」との協働も合わせて、新たな展開とその充実が期待されています。児童虐待の初期対応と早期支援の中心は市町村であることから、その地域独自の自立した支援体制の確立が望まれるところです。

児童虐待の支援を展開するにあたって重要になるのは、その正確な実態把握とアセスメントです。このアセスメントの実施は、子どもあるいは家族への援助には欠かせないものですが、児童虐待における支援は複数の機関が参加して行う連携支援が主なので、その情報を集約する要対協が中心となって行うことがほとんどです。そして、そのプロセスにお

＊2：第7章第3節5
（4）において、詳述
されています。

第5章　子どもを取り巻く命の危機

いての情報提供はもちろんのこと、各機関の専門職員が協力してアセスメントを行うのが一般的です。

アセスメントには、その家族の現状の危険度を測る**リスクアセスメント**と、家族やその子どもの全体像を捉える**包括的アセスメント**とがあります。リスクアセスメントは、起きている虐待の事象と発生頻度および反復性、受傷箇所、対象となる子どもの年齢、保護者の性格的傾向など、保護の緊急性を測るものです。虐待を受ける子ども自身の状況と、保護者の状況、家庭環境などから、それらのリスクを確認し、緊急性の判断を行います。もし緊急に親子分離による保護の必要が無いと判断される場合、そのケースは在宅での支援が続けられます。

子ども、家族、環境のアセスメントを細やかに実施し、問題と**ストレングス**（強み）を整理して、その子どもと家族の全体像を捉えて支援を検討します。この家族の全体像を捉えるのが包括的アセスメントです。そして、家族の抱える一時的な課題への支援と、解決に時間を要する長期的課題への支援をどのように展開するか、協議して実践へとつなぎます。

また近年では、食料や日用品など物資を家族に届ける**アウトリーチ**支援を展開する団体も増えています。例えば、経済困窮によるネグレクト状態の家族への援助が必要なケースがあるとします。子どもに対する心理援助や保護者への相談援助のほか、このようなサービスとつなぎ合わせて短期的な支援を展開します。並行して、就労に向けた支援や金銭管理のための支援を行い、経済的な問題の解決を目指します。

しかし、ここに精神疾患などの問題がさらに重複してある場合、短期的な就労支援のみでの問題解決は困難です。地域の保健師や医師などとも連携し精神面の安定と回復を待たなければなりません。こうした場合、育児負担の軽減や休息などを目的として、社会福祉協議会の家事支援サービスや児童養護施設等の**ショートステイサービス**を使うなど、**レスパイト**サービスも併用して、家族の安定を図る支援を行っていくことも考えられます。

5　児童家庭支援センターにおける被虐待児童への支援

前述の支援のほか、子ども自身の特性への対応や子どもとの関わり方の問題を抱えるケースについては、親子の関係調整等を目的として**ペアレント・トレーニング**などのプログラム支援も実施します。こうした場面で役割を発揮するのが児童家庭支援センターです。児童家庭支援センターでは通常の面談や電話による相談援助、子どもへのプレイセラピー

◆ストレングス：直訳すると「強み」であり、個人やその家族が持つ「強み」のことを指しますが、福祉支援においてはその人や家族への協力者や活用できる資源も「強み」として理解します。

◆アウトリーチ：支援を必要とする家族のもとに、支援者が出向くサービスの全般をアウトリーチといいます。

◆レスパイト：「休息」という意味で、それを目的とした「一時預かり」や数日にわたる「ショートステイサービス」もこれにあたります。

◆ペアレント・トレーニング：行動療法の理論に基づき親に対して行うトレーニングです。第6章第3節4(4)でも紹介しています。

110

第2節　虐待

などのほか、こうした保護者へのプログラム支援も行っています。

　児童家庭支援センターでは社会福祉士等のソーシャルワーカーが相談にあたるほか、公認心理師等の心理療法士が配置されています。心理療法士は子どもの特性などを専門的視点で観察し、その結果が支援にも反映されます。児童へのセラピーが必要な場合は心理療法士による支援が開始されますが、並行して保護者への相談援助とその子どもの特性に合った関わり方の支援が展開されます。ペアレント・トレーニングの提供はその一例です。国も、児童相談所による児童家庭支援センター等への在宅指導委託を推奨しており、児童養護施設等の入所施設などにおいても同様の在宅支援への参入が期待されています。

◆指導委託：本来児童相談所の児童福祉司等が行う家庭や子どもに対する指導を別機関に委託して行うものです。

6　児童養護施設等による地域の被虐待児童への支援

　児童養護施設等の社会的養護の施設においては、児童相談所によって保護された子どもたちに安定した生活を提供し、傷ついた心の回復を図っています。今後はさらに、在宅支援児のショートステイによる預かりで、実際の生活を間近に見ながら、その子の日常の生活をアセスメントすることなどが期待されています。ショートステイ期間中は、起床から睡眠、食事、入浴、日常生活の身辺自立など、生活習慣の全般が観察されます。それだけでなく、児童養護施設に配置された心理療法士によって感情表現や言語理解、対人コミュニケーションの様子、トラウマの有無、こだわりや行動パターンの特性など、様々な要素がアセスメントされます。元来、児童養護施設の職員は様々な保護ケースの子どもの養育にあたってきたので、生活支援における専門性も高く、職員全体で子どもの全体像を捉えることに長けています。職員が衣食住を共にし、豊かなコミュニケーションを交わす中で見えてくるその子どもの日常は、たくさんあります。相談室などで行われる面接や一時的な家庭訪問では把握しづらい、入浴の様子や睡眠の様子などが、リアルなエピソードと共に再現されるのが児童養護施設等であり、この施設での預かりによって実践されるアセスメントこそ、社会的養護の施設が期待される地域支援の機能です。これら施設のアセスメント力を要対協の支援に連動させることによって、地域支援におけるアセスメントの精度をより確実なものにすることでしょう。

第5章　子どもを取り巻く命の危機

7　児童虐待への支援と家族理解

　児童虐待が発生している家庭は、虐待者を含むそこに暮らす家族全員が辛い心情を抱えています。児童虐待ケースの支援にあたる中で数多く出会うのは、虐待を受けた生い立ちを持つ虐待者です。自分自身も暴力や困窮にあふれる毎日を暮らした過去を持ち、適切な社会的スキルを身につけられなかった者や、自身の生い立ちを強く否定するあまり、自らの子育てを窮屈にして親子関係が不調となる者などです。望んで辛い状況を抱える者はいないはずです。児童虐待が発生している家庭では、子どもは最大の被害者であると理解すると同時に、家族全体も苦しみの中にいることも忘れてはなりません。

　家族支援の入り口は、その苦しみへの共感であり、悪者を探すことではありません。一時保護などの分離や施設入所などの保護も、その苦しみの解決に向けた手段の一つであり目的ではないのです。家族アセスメントを通して、その家族固有の強みであるストレングスを見出し支持しながら、家族が苦しみから少しでも解放されるよう、親子のより良い基本的な暮らしを取り戻していくこと、それが支援の目標であるということを、本章の結びとして記しておきます。

キーワード　Let's review!（復習してみましょう！）

ストレングス	直訳すると「強み」であり、個人やその家族が持つ「強み」のことを指しますが、福祉支援においてはその人や家族への協力者や活用できる資源も「強み」として理解します。「強み」を積極的に支持しその自覚を促すことで心を元気にする効果（エンパワメント）もあります。
アウトリーチ	支援を必要とする家族のもとに、支援者が出向くサービスの全般をアウトリーチといいます。物資の支援のほか、家族が支援につながりやすい場所や機会に支援機関が出向くことなども含まれます。
レスパイト	「休息」という意味で、それを目的とした「一時預かり」や数日にわたる「ショートステイサービス」もこれにあたります。
指導委託	本来児童相談所の児童福祉司等が行う家庭や子どもに対する指導を別機関に委託して行うものです。この場合、指導を受託した機関がその指導の中心となり、児童相談所はその進捗を管理するほか、必要に応じてその指導のアドバイス等を行います。

第6章

子どもの障害と病気

　子どもの障害や病気は、身体的・精神的な健康だけでなく、ウェルビーイングにも深く関わっています。適切な支援や環境が整っていない場合、子どもの心身の発達が妨げられたり、心理的ストレスが増大したりするおそれがあります。こうした課題に対応するためには、医療・福祉・教育の連携を強化し、子どもが安心して成長できる環境を整えることが不可欠です。

　本章では、身体障害・病弱と療育、知的障害、発達障害について詳しく解説します。また、コラムでは、療育の実践や子どもの孤独感について取り上げます。

第1節 身体障害・病弱と療育

1 概念説明

(1) 身体障害

身体障害とは身体上の障害を指し、身体障害者福祉法の別表には「視覚障害」「聴覚又は平衡機能の障害」「音声機能、言語機能又はそしゃく機能の障害」「肢体不自由」「内部障害」の5つの障害種類が定められています。いずれも、一定以上で永続することが要件とされています（身体障害者福祉法第4条 別表）。

(2) 病弱

「**病弱**」とは、病気にかかっているため体力が弱っている状態を示します。一般に、「病弱」とは疾病が長期にわたっているもの、又は長期にわたる見込みのもので、その間、医療又は**生活規制**が必要なものをいいます（独立行政法人国立特別支援教育総合研究所 2020）。「病弱」という言葉は医学的な用語ではなく、症状が重篤な場合や風邪のように一時的・一過性（急性）な場合は、該当しません。

◆生活規制：健康状態の維持・回復を図るため、運動、日常の諸活動（歩行、入浴、読書、学習など）及び食事の質や量について、病状や健康状態に応じて配慮すること。

(3) 障害の程度

障害の程度は、「身体障害者障害程度等級表」において障害の種類別に重度の側から1級から6級の等級が定められています（身体障害者福祉法施行規則別表第5号）（表6-1-1）。

7級の障害は、単独では身体障害者手帳の交付対象とはなりませんが、7級の障害が2つ以上重複する場合又は7級の障害が6級以上の障害と重複する場合は、対象となります。

表6-1-1　身体障害者障害程度等級

乳幼児に係る障害認定は、「障害の種類に応じて、障害の程度を判定することが可能となる年齢（概ね満3歳）以降に行うこと」となっています。その際の児童の障害程度の判定については、その年齢を考慮して妥当と思われ

る等級を認定することとなっています。この場合、治療や訓練を行うことによって将来障害が軽減すると予想されるときは、残存すると予想される障害の限度でその障害を認定して身体障害者手帳を交付し、必要とあれば適当な時期に診査等によって再認定を行うことと示されています（身体障害者障害程度等級表の解説（身体障害認定基準）について第1の3）。

2　障害の種類

(1) 視覚障害

　ものを見る仕組みは、「眼球」、「視神経」、「大脳視覚中枢」などの働きによって成立しています。外界からの光（視覚情報）は、角膜で屈折し、さらに水晶体で屈折し硝子体の中を進んで網膜に伝えられます。網膜に達した光刺激は、視神経から後頭葉の視中枢に達して初めて視覚を生じます（図6-1-1）。

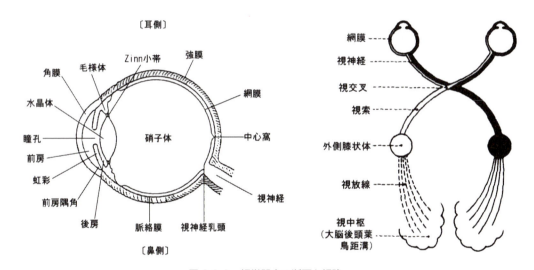

図6-1-1　視覚器官の断面と視路
出所：文部科学省（2021）「障害のある子供の教育支援の手引——子供たち一人一人の教育的ニーズを踏まえた学びの充実に向けて」p.83

　視覚障害は、それらいずれかの部位の疾病や機能低下により、見えないあるいは不十分にしか見えない状態です。視覚の機能（視機能）は、「視力」「視野」「色覚」「光覚（暗順応、明順応）」「コントラスト感度」「調節」「屈折」「眼球運動」「両眼視」などの諸機能からなっています。「見えない」あるいは、「不十分にしか見えない」状態とは、視覚の機能（視機能）の諸機能のうち一つあるいは複数のものが働かない、あるいは不十分にしか働かない状態を指します。

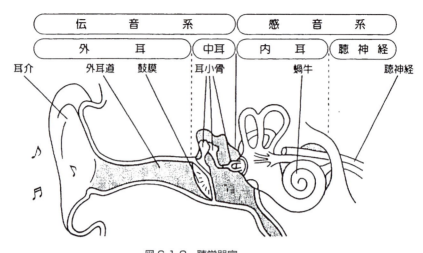

図6-1-2　聴覚器官
出所：中村公枝（1997）「WHO技術マニュアル：難聴乳幼児のハビリテーション」p.21

◆伝音性難聴：外耳から中耳までの振動で音を伝えるまでの難聴で、音のエネルギーが内耳からの感覚細胞を刺激するまでの「音を神経に伝えるまで」の音響物理的な障害のこと（松元2015）。

◆感音性難聴：内耳から聴神経を伝わって、大脳の聴覚中枢までの経路上に起こる内耳の障害が原因で起こる難聴で、「音を感じ取って脳に伝える」感覚細胞から第一次聴覚野に至る神経系の障害のこと（松元2015）。

◆構音障害：構音障害又は音声障害とは、歯、顎、口腔（舌、口唇、口蓋等）、咽頭、喉頭、気管等の発声器官の形態異常や運動機能障害により、発音に関わる機能に障害が生じた状態のものをいいます。

◆失語症：大脳の言語野の後天性脳損傷（脳血管障害、脳腫瘍、頭部外傷や脳炎など）により、一旦獲得された言語機能に障害が生じた状態のものをいいます。

（2）聴覚又は平衡機能の障害

聴覚障害は、一般に音が「耳介から大脳の第一次聴覚野に至るまでの経路」のどこかの部位に障害が生じている状態を指します（図6-1-2）。障害の部位により「伝音性難聴」と「感音性難聴」があり、障害が両方にわたる場合は「混合難聴」といいます。

聴覚に障害があると、周囲の音や音声を十分に聞き取ることができないため、「音声言語の獲得」や「音声によるコミュニケーション」が困難になります。また、周囲の音や音声が聞こえていたとしても、微妙な音の聞き分けができずに、言葉の意味理解が困難になります。

平衡機能の障害は、四肢体幹に器質的異常がなく、他覚的に平衡機能障害を認め、閉眼にて起立不能、又は開眼で直線を歩行中10m以内に転倒若しくは著しくよろめいて歩行を中断せざるを得ないもの、「平衡機能の極めて著しい障害」を指します。次に、「平衡機能の著しい障害」とは、閉眼で直線を歩行中10m以内に転倒又は著しくよろめいて歩行を中断せざるを得ないものを指します。

（3）音声機能、言語機能又はそしゃく機能の障害

音声機能又は言語機能の障害とは、構音障害または音声障害（失語症等）及び聴覚障害による障害を指します。

「音声機能又は言語機能の喪失」とは、音声を全く発することができないか、発声しても言語機能を喪失したものをいいます。この「喪失」には、先天性のものも含まれます。次に、「音声機能又は言語機能の著しい障害」（身体障害者手帳4級）とは、音声又は言語機能の障害のため、音声、言

第 1 節　身体障害・病弱と療育

表 6-1-2　音声機能又は言語機能の障害の具体的な例

音声機能又は言語機能の喪失
ア　音声機能喪失：無喉頭、喉頭部外傷による喪失、発声筋麻痺による音声機能の喪失
イ　言語機能喪失：乳幼児期に発生した高度難聴にともない言語機能を獲得できなかった

音声機能又は言語機能の著しい障害
ア　喉頭の障害又は形態異常によるもの
イ　構音器官の障害又は形態異常によるもの（唇顎口蓋裂の後遺症によるものを含む）
ウ　中枢性疾患によるもの

表 6-1-3　そしゃく機能の障害の具体的な例

そしゃく機能の喪失
ア　重症筋無力症等の神経・筋疾患によるもの
イ　延髄機能障害（仮性球麻痺、血管障害を含む）及び末梢神経障害によるもの
ウ　外傷、腫瘍切除等による顎（顎関節を含む）、口腔（舌、口唇、口蓋、頬、そしゃく筋等）、咽頭、喉頭の欠損等によるもの

そしゃく機能の著しい障害
ア　重症筋無力症等の神経・筋疾患によるもの
イ　延髄機能障害（仮性球麻痺、血管障害を含む）及び末梢神経障害によるもの
ウ　外傷・腫瘍切除等による顎（顎関節を含む）口腔（舌、口唇、口蓋、頬、そしゃく筋等）、咽頭、喉頭の欠損等によるもの
エ　口唇・口蓋裂等の先天異常の後遺症による咬合異常によるもの

語のみを用いて意思を疎通することが困難なものをいいます（表 6-1-2）。

「そしゃく機能の喪失[*1]」とは、経管栄養以外に方法のないそしゃく、嚥下障害をいいます。次に「そしゃく機能の著しい障害[*2]」とは、著しいそしゃく・嚥下機能又は咬合異常によるそしゃく機能の著しい障害をいいます（表 6-1-3）。

（4）肢体不自由

肢体不自由とは、身体の動きに関する器官が、病気やけがで損なわれ、歩行や筆記などの日常生活動作が困難な状態をいいます。

医学的には、発生原因の如何を問わず、四肢体幹に永続的な障害があるものを肢体不自由といいます。先天的に四肢体幹の形成が障害されたり、生後の事故等によって四肢等を失ったりすることなどによる形態的な障害によって運動障害が起こる場合と、形態的には基本的に大きな障害はないものの、中枢神経系や筋肉の機能が障害されて起こる場合があります。

運動障害の発症原因別に見ると、「脳性疾患」「脊椎・脊髄疾患」「筋原性疾患」等が挙げられます（表 6-1-4）。

（5）内部障害

内部障害とは、「身体内部の臓器に何らかの障害があること」を指します。内部障害の具体的な種類については、身体障害者福祉法で定める

＊1：そしゃく機能の喪失（3級）と判断する状態について：そしゃく・嚥下機能の低下に起因して、経口的に食物等を摂取することができないため、経管栄養（口腔、鼻腔、胃瘻より胃内に管（チューブ）を挿入して流動食を注入して栄養を補給する方法）以外に方法がない状態をいいます。

＊2：そしゃく・嚥下機能の低下に起因して、経口摂取のみでは十分な栄養摂取ができないために、経管栄養（口腔、鼻腔、胃瘻より胃内に管（チューブ）を挿入して流動食を注入して栄養を補給する方法）の併用が必要あるいは摂取できる食物の内容、摂取方法に著しい制限がある状態」又は「口唇・口蓋裂等の先天異常の後遺症」による著しい咬合異常があるため、歯科矯正治療等を必要とする状態」をいいます。「摂取できる食物の内容、摂取方法に著しい制限がある」とは、開口不能のため流動食以外は摂取できない状態又は誤嚥の危険が大きいため、摂取が半固形物（ゼラチン・寒天・増粘剤添加物等）等、極度に限られる状態をいいます。

117

第6章　子どもの障害と病気

表 6-1-4　運動障害の発症原因別疾患例

脳性まひ[注1]（脳性疾患）
①運動及び姿勢、②非進行性の脳障害、③成長に伴って障害の状態は変化するが永続的で一過性のものではない④発生時期は生後 4 週[注2]まで

種類	痙直型　アテトーゼ型（不随意運動型）　強剛（固縮）型　失調型　低緊張型　混合型

二分脊椎（脊髄疾患）
主として両下肢と体幹の運動と知覚の障害、直腸・膀胱（ぼうこう）の障害が見られ、しばしば水頭症を伴う。

筋ジストロフィー（筋原性疾患）
進行性であり、筋力が徐々に低下して運動に困難をきたすだけでなく長期的には呼吸筋の筋力低下によって呼吸も困難になっていく予後不良な疾患

種類	デュシャンヌ型　ベッカー型　福山型　筋強直性型

注1：脳性まひは、原因が決まった一つの疾患ではなく、一つの症候群あるいは包括的な概念に基づく名称である。定義は、「受胎から新生児期までに非進行性の病変が脳に発生し、その結果、永続的なしかし変化しうる運動及び姿勢の異常である。ただ、その症状は 2 歳までに発現する。進行性疾患や一過性運動障害又は将来正常化するであろう運動発達遅延は除外する（昭和 43 年厚生省脳性まひ班会議）。」が一般的である。
注2：各国で幅広い違い（3 か月から 6 歳）がある。

ところの「心臓機能障害」「腎臓機能障害」「呼吸器機能障害」「膀胱・直腸機能障害」「小腸機能障害」「ヒト免疫不全ウイルス（HIV）による免疫機能障害」「肝臓機能障害」の計 7 障害であるとされます。外見からは分かりにくく、継続的な医療ケアが必要なこともあり身体的負荷を軽減した対応などの周囲の理解が必要となる障害・疾患です。

3　病弱の種類

　小児がんや児童福祉法で位置付けられている難病や小児慢性特定疾病等の慢性的な疾病にかかっていることにより、長期にわたり療養や入院を必要とする児童がいます。2023（令和 5）年 10 月 1 日現在は、小児慢性特定疾病対策として、16 群 845 疾病（包括的病名を除く）を対象に小児慢性特定疾患治療研究事業を行っています（表 6-1-5）。

◆小児慢性特定疾患治療研究事業：小児慢性疾患のうち長期にわたって治療が必要な特定疾患の治療方法の研究や、患者の医療費負担の軽減などを目的とした事業です。

表 6-1-5　小児慢性特定疾患

1. 悪性新生物　2. 慢性腎疾患　3. 慢性呼吸器疾患　4. 慢性心疾患　5. 内分泌疾患
6. 膠原病　7. 糖尿病　8. 先天性代謝異常　9. 血液疾患　10. 免疫疾患
11. 神経・筋疾患　12. 慢性消化器疾患　13. 染色体又は遺伝子に変化を伴う症候群
14. 皮膚疾患　15. 骨系統疾患　16. 脈管系疾患

4　子どもの症状・態様

　乳幼児期は、心身の発達に極めて重要な時期です。特に、幼児期は、自分を取り巻く人々への関わり方を学び、周囲の物事についての理解を深め、社会生活を送る際のルールについても学習し、学齢期に向けての

第 1 節　身体障害・病弱と療育

基礎づくりをする大切な時期と言えます（文部科学省 2021）。この時期の一般的な発達上の目標としては、おおよそ次のものが挙げられます（表 6-1-6）。

表 6-1-6　乳幼児期の発達上の目標

・運動・姿勢能力の向上
・コミュニケーション能力の促進
・食事や排せつ等の身辺自立の習慣形成
・周囲の人との情緒的なつながりに基づく、安定した人間関係の形成
・自分と自分を取り巻く社会についての簡単な概念の形成
・社会的ルールについてのある程度の理解の学習
・小集団における最低限の言動のコントロールの学習
・認知機能の向上

出所：文部科学省（2021）「障害のある子供の教育支援の手引──子供たち一人一人の教育的ニーズを踏まえた学びの充実に向けて」p.143

（1）視覚障害

　視覚障害の子どもの学習では、「動作の模倣」「文字の読み書き」「事物の確認」の困難等があります。また、生活では、慣れない場所においては、「物の位置や人の動きを即時的に把握すること」「他者の存在に気付く」「顔の表情を察したりする」ことが困難です。同様に、「単独で移動すること」や「相手の意図や感情の変化を読み取る」ことも難しいです。

（2）聴覚障害

　先天的、あるいはごく幼いときから聴覚障害がある場合、聴覚の発達のために必要な音・音声の刺激が少ししか（あるいは、ほとんど）入らないためその発達が制約されることになります。幼児の言葉は、一般的に、聞こえることによってコミュニケーションが成立し獲得されるものです。しかし、聴覚障害のある子どもの場合には特別な手立てを講じて、聞こえの不足を補いながら言葉の発達を促す必要があります。そのため、乳幼児期の早い時期に、適切な対応がなされないと聴覚を活用する能力に加え、言葉の発達にも大きな影響があります。

（3）言語障害

　言語の発達の遅れは、「知的障害」「難聴」「肢体不自由（特に脳性まひ）」「発語器官のまひや変形」「てんかんその他の小児神経学的問題」「自閉症・情緒障害」などのほか、その他各種の環境的な問題に起因することがあり、原因の特定は難しい場合があります。「口蓋裂」のように生後すぐに医療を必要とする場合や、「構音障害」や「吃音」のように、3〜5歳くらいになると障害の状態が顕著になる場合があります。また言語障

害以外の障害による発達の遅れのある子どもの多くも言葉の遅れを伴うことが多いです。保護者等からの早期の相談は、「言葉が出ない」「言葉が遅い」「発音が不明瞭」「言葉がつながらない」「一語文である」「語彙が少ない」「表現が幼稚である」などの言葉に関することが多いです。

（4）肢体不自由

　肢体不自由のある子どもの中には、「知的障害」「視覚障害」「聴覚障害」「言語障害」などの障害を併せ有することがあります。その結果、肢体不自由がもたらす困難さ（一次的な障害）のほかに、例えば、「見えにくさ」や「言語の表出」に配慮されずに学習してしまうことで、ものを正しく捉えられずに「ものと名称が結び付きにくい」、「伝えたいことがうまく伝わらない」、「表出することに対して消極的になる」等の言葉の獲得や理解に遅れが生じるなどの様々な問題（二次的な障害）が存在することになります。

（5）内部障害、病弱・身体虚弱

　小学校又は特別支援学校小学部に「入学後に入院が必要となる」場合や、乳幼児期に手術を受け、その後も「継続して又は繰り返して医療を必要とする」、あるいは「乳幼児期から服薬等を継続して必要としている」子どもなどがいます。一方で、就学前に手術や治療を受けたとしても、身体に負担がかからないように留意すれば、学校での特別な支援は必要とはしないケースもあります。大きな手術を必要とする心臓疾患の場合には、小学校等に入学するまでに手術が行われていることが多いため、学校や保育所等では心臓に過度の負担がかからないように留意すれば、通常の生活を送ることができることが多いです。しかし、病気の状態によっては、「酸素吸入が必要」、「車椅子での移動が必要」といった身体の状況への配慮と対応が必要です。特に、体育の実技の授業や運動面での配慮を必要とすることもあります。

5　子どもからのサイン

　子どもの姿の全体的な理解と気になる子どもの①発達の遅れ、②標準的な姿からのずれ、③あって欲しくないサインとして、乳児期に9項目、幼児期27項目が挙げられています（表6-1-7・表6-1-8）。なお、表6-1-8内の番号は、表6-1-7からの続きで表記してあります。

第1節　身体障害・病弱と療育

表6-1-7　乳児期に見る「子どもの気になる行動のチェックポイント」

1. 音に対する反応の異常	2. 不自然な泣きぐせ
3. 抱きにくい	4. 発育不良
5. 生活リズムの混乱がある	6. 光（視力）に対する反応の異常がある
7. ひきつけを起こす	8. アレルギーがある
9. 不自然な人見知り・分離不安	

表6-1-8　幼児期に見る「子どもの気になる行動のチェックポイント」

10. 極端な内気	11. 不自然な関係性	12. 無関心
13. こだわり	14. 吐きやすい	15. 不自然な食
16. 不自然なハイハイ、歩行、動きがある、歩行の遅れ		
17. 手指の動きが鈍い、不自然な動きがある		18. 激しいかんしゃく
19. 不自然な甘え	20. かん黙	21. 多動
22. 喧嘩が多い	23. 反抗がひどい	24. 運動嫌い
25. 言葉に関する問題	26. 神経質	27. 疲れやすい
28. 夜尿	29. 頻尿	30. 気になる癖
31. ルールの逸脱行動	32. とても騒がしい	33. 年齢相応の生活の習慣の遅れ
34. 運動発達に遅れがある	35. 社会性の発達に遅れがある	36. 言語発達に遅れがある

出所：表6-1-7・表6-1-8ともに安梅勅江（2010）『保育パワーアップ講座 活用編』日本小児医事出版社、pp.14-17

　ここでは、身体障害と病弱に注目した子どものサインを取り上げて、説明します。

　聴覚障害のサインとして「1. 音に対する反応の異常がある」に注目して、音に対して反応が鈍い、または反応しない、非常に敏感に反応するなど音刺激に対しての反応を確認します。

　視覚障害のサインとして、「6. 光（視力）に対する反応の異常がある」に注目し、光刺激に対する反応の「強さ」「弱さ」とみる行為についての不自然さを確認します。

　言語障害のサインとして「36. 言語発達に遅れがある」に注目して、年月齢にふさわしいコミュニケーション面、理解面での発達像から、明らかな発達の遅れを確認します。

　肢体不自由のサインとして、「16. 不自然なハイハイ、歩行、動きがある、歩行の遅れ」や「17. 手指の動きが鈍い、不自然な動きがある」に注目して、脳神経系や運動器系の疾病や異常、粗大運動発達に遅れ、また手指の整形外科系の疾病異常がある、微細運動発達に遅れがあるなど明らかな発達の遅れからその原因を探る必要があります。

　内部障害・病弱・虚弱のサインとして、「4. 発育不良」に注目し、乳幼児身体発育値を基準にして、現在の育ちの状態を確認します。発育不良である、または発育不良へ移行する可能性を確認します。また、「14. 吐きやすい」場合は、消化器系、または身体の疾病異常によって起こる場合と神経性嘔吐の場合が考えられるため、そのサインの有無を確認します。ここでは、子どもからのサインを整理して取り上げましたが、実

121

第6章　子どもの障害と病気

際には複合的な状態として表れるため、複数の「人」や「場所」「機関」で確認することにより適切な対応につなげる必要があります。

6　支援制度と方法

　身体障害と病弱の子どもへの支援は、早期発見・早期介入・早期治療が必要です。

　主となる障害の状態等をBPS（生物・心理・社会）モデルを用いて多角的に子どもの状況を把握して、支援を行います。

（1）視覚障害

　「見えない」又は「見えにくさ」のある乳幼児の場合は、視力が発達する出生後から10歳頃までの安定する時期に、視機能や視覚認知の機能の発達の状態について把握する必要があります。そのためには、子どもが自分で判断・確かめることができる「遊具」や「用具」「素材」を工夫した多感覚の手がかりによって、興味や関心をもって主体的に働き掛けていくことができる環境を用意することが大切です。また、早期から学校等と家庭とで連携・協働しながら、身の回りの具体的な事物・事象や動作と言葉とを結び付けて、基礎的な概念の形成を図ることが大切です。専門性のある指導体制としては、特別支援学校（視覚障害）のセンター的機能及び弱視特別支援学級、通級による指導（弱視）等の専門性を積極的に活用します。また、眼科医からのアドバイスを日常生活で必要な配慮に生かすとともに、理解啓発に活用します。さらに、各圏域の点字図書館等の地域資源の活用及び弱視特別支援学級との情報共有を図り、地域の社会資源を活用した体制を整備します。

（2）聴覚障害

　聴覚障害のある子どもは、聴覚及び言葉の発達の特性から、早期発見と早期対応が極めて重要となります。聴覚障害のある多くの子どもの場合、出生後の「新生児聴覚スクリーニング検査」を経て病院での精密検査、確定診断が行われます。その後、医師から療育機関や教育機関などが紹介され、早期からの療育や教育相談などが開始されます。早期から発達に応じた必要な支援を行うことは、その後の子どもの自立や社会参加に大きな影響となります。

　障害の気付きの機会としては、出生後の「新生児聴覚スクリーニング

◆BPS（生物・心理・社会）モデル：Bio：バイオ「生物的・身体的側面」、Psycho：サイコ「心理的・精神的側面」、Social：ソーシャル「社会的、環境的側面」の3つの側面は相互に影響し、関連しあっているため当事者や利用者への理解も欠かせないアセスメントの視点。

◆新生児聴覚スクリーニング検査：聴覚検査によって異常の早期発見を目的としています。実施は、新生児期に「産科」や「助産院」「新生児科」「NICU（新生児集中治療室）」等で行います（日本耳鼻咽喉科学会 2016）。

第 1 節　身体障害・病弱と療育

検査」や「乳幼児健康診査」、「1 歳 6 か月健康診査」など経て、早期の時点で子どもの聞こえにくさなど顕在化してくる場合があることから、聞こえの不足を補うとともに、聴覚及び言葉の発達を促す関わりが必要となるため、早期介入による養育や教育が極めて重要です。専門性のある指導体制としては、特別支援学校（聴覚障害）のセンター的機能及び難聴特別支援学級、通級による指導（難聴）等の専門性を積極的に活用します。また、耳鼻科、補聴器店、難聴児親の会、聴覚障害者協会等との連携による、理解啓発のための学習会や、子どものための交流会の活用を図り、地域の社会資源を活用した体制を整備します。[*3]

＊3：第7章第3節4（2）で詳述しています。

（3）言語障害

　言語障害への支援を効果的に進めていくためには、子どもの発語の実態（問題や課題）を適切に評価し、適確な指導や支援をエビデンスに基づく方法で支援することが必要です。また、言語は身近な人などとの関わりを通して発達していくものであり、子どもを取り巻く環境との相互作用が言語の発達に大きな影響を及ぼすため、心理的・情緒的な側面に対する支援も考慮する必要があります。専門性のある指導体制としては、指導の充実を図ることができるよう言語障害の専門家（言語聴覚士等）との連携を図れる体制を整備します。

（4）肢体不自由

　肢体不自由の子どもに対して、「歩くこと」や「話せるようになること」などのほかに、「目」「耳」等の感覚器官を通して捉える感覚や、ものの「機能」「属性」「形」「色」「大きさ」等の概念の形成を図ることなどが重要となります。そこで、肢体不自由のある幼児には一次的な障害への対応として運動発達への支援が不可欠です。その上で、幼児期の心身の発達は、著しく伸長する時期であり、発達領域間の関係性が密接であるため、肢体不自由のある子どもの全体的な発達の促進を図り、能力を最大限に伸ばすような指導目標の設定や複合的な発達支援の観点が重要と言えます。

　専門性のある指導体制として、体育担当教員、養護教諭、栄養職員、学校医を含むサポートチームが教育的ニーズを把握し支援の内容や方法を検討します。また、必要に応じて特別支援学校からの支援を受けるとともに理学療法士（PT）、作業療法士（OT）、言語聴覚士（ST）等の指導助言を活用します。さらには、医療的ケアが必要な場合には主治医、看護師等の医療関係者との連携が図れる体制を整備します。

123

第6章　子どもの障害と病気

（5）内部障害、病弱・虚弱

　乳幼児期に手術等を受けている場合には、その治療過程で運動や日常生活上での様々な制限を受けていることが多いため、学習の基礎となる体験が不足することがあります。そのため、幼児期には、「個別での遊び」「集団での遊び」「家族の中での生活」などの経験が重要になります。

　病弱・身体虚弱の子どもへの早期支援は、病気の種類が多様であり、特定の病院に特定の病気の子どもが多いなど、地域や病院により偏りがあるため、その必要性については、一律に述べることはできません。しかし、就学前に支援を受けていた病弱・身体虚弱の子どもが、小学校や特別支援学校小学部に就学する際には、就学前の子どもの病気の状態や課題などについて、「認定子ども園」「幼稚園」「保育所」「児童発達支援施設」等や「医療関係者」だけでなく、病院内で保育等を行っている「保育士」等からも情報を得ることが重要です。病弱・身体虚弱の子どもの場合、病気が発症し、病気が長期にわたる場合もあります。病気が見つかる時期は、個々のケースで異なるため、本人や保護者の許可を得た上で病院と連携しながら情報を収集する必要があります。子どもの状態によっては、治療過程の場合でも、医師等から療育機関や教育機関などが紹介され、療育や教育相談などが開始されることもあります。専門性のある指導体制として、生活を送る中で病気等のために必要な生活規制や必要な支援を明確にするとともに、急な病状の変化に対応できるように対応の体制を整備します。[4] また、医療的ケアが必要な場合には看護師等、医療関係者との連携を図る体制を再整備します。

＊4：主治医や保護者からの情報に基づく適切な支援、日々の体調把握のための保護者との連携、緊急の対応が予想される場合の関係者による支援体制を構築します。

7　支援制度と利用方法・手続き

（1）小児慢性特定疾病に対する支援制度

　「小児慢性特定疾病児童等への医療費助成」は、小児慢性特定疾病にかかっている児童等について、健全育成の観点から、患児家庭の医療費の負担軽減を図るため、その医療費の自己負担分の一部を助成する制度です。対象年齢は18歳未満の児童であることで、[5] 実施主体は、都道府県、指定都市、中核市及び児童相談所設置市となっています。

　「日常生活用具給付事業」は、市町村が行う地域生活支援事業の必須事業の一つとして規定されており、対象者は日常生活用具を必要とする「障害者」「障害児」です。重度障害者等の日常生活がより円滑に行われるための用具を給付又は貸与すること等により、福祉の増進に資する

＊5　ただし、18歳到達時点において本制度の対象となっており、かつ、18歳到達後も引き続き治療が必要であると認められる場合には、20歳未満の者を含みます。

124

表6-1-9　日常生活用具給付等事業の種目

①介護・訓練支援用具	②自立生活支援用具
③在宅療養等支援用具	④情報・意思疎通支援用具
⑤排泄管理支援用具	⑥居宅生活動作補助用具（住宅改修費）

ことを目的とした事業です（表6-1-9）。申請方法は、市町村長に申請し、市町村による給付等の決定後、給付等を受けることがきます。

「小児慢性特定疾病児童等自立支援事業」は、慢性的な疾病にかかっていることにより、長期にわたり療養を必要とする児童等の健全育成及び自立促進を図るため、小児慢性特定疾病児童等及びその家族からの相談に応じ、必要な情報の提供及び助言を行うとともに、関係機関との連絡調整その他の事業を行う事業です。

（2）障害者手帳を取得した人が受けられるサービス

身体障害者手帳は、身体の機能に一定以上の障害があると認められた方に交付される手帳です。原則、更新はありませんが、障害の状態が軽減されるなどの変化が予想される場合には、手帳の交付から一定期間を置いた後、再認定を実施することがあります。身体障害者手帳制度は、身体障害者福祉法に基づき、都道府県、指定都市又は中核市において障害の認定や交付の事務が行われています。手帳の交付申請は、都道府県知事、指定都市市長又は中核市市長が指定する医師の診断書・意見書、身体に障害のある方の写真を用意し、お近くの福祉事務所又は市役所にて行います。障害者総合支援法の対象となり、様々な支援策が講じられています。また、自治体や事業者が独自に提供するサービスを受けられることもあります。

（3）児童福祉法・障害者総合支援法で受けられるサービス

障害児の保護者は、障害児通所支援の場合は市町村に、障害児入所支援の場合は都道府県に支給申請を行い、支給決定を受けた後、利用する施設と契約を結びます（表6-1-10）。

第 6 章　子どもの障害と病気

表 6-1-10　児童福祉法・障害者総合支援法で利用できるサービス

児童福祉法		障害者総合支援法
障害児通所支援	障害児入所支援	自立支援給付
児童発達支援 放課後等デイサービス 保育所等訪問支援 居宅訪問型児童発達支援 障害児相談支援	福祉型障害児入所施設 医療型障害児入所施設	居宅介護 短期入所 同行援護 行動援護 重度障害者等包括支援 重度訪問介護注

注：児童福祉法第 63 条の 2 の規定「児童相談所長は、当分の間、身体障害者手帳の交付を受けた 15 歳以上の者について、障害者支援施設に入所することまたは障害福祉サービスを利用することが適当であると認めるときは、その旨を市町村長に通知することができる」に基づき児童相談所長から市町村長が通知を受けた場合、利用できます。

キーワード　Let's review!（復習してみましょう！）

身体障害	身体上の障害を指し、身体障害者福祉法の別表には「視覚障害」「聴覚又は平衡機能の障害」「音声機能、言語機能又はそしゃく機能の障害」「肢体不自由」「内部障害」の 5 つの障害種類が定められています。いずれも、一定以上で永続することが要件とされています。
病弱	病気にかかっているため体力が弱っている状態を示します。一般に、「病弱」とは疾病が長期にわたっているもの、又は長期にわたる見込みのもので、その間、医療又は生活規制が必要なものをいいます。

第2節 知的障害

1 知的障害とは

知的障害とは、発達期において知的能力や適応行動の発達が同年齢の子どもに比べて明らかに遅れた状態を指します。そして、知的障害という用語は、「精神薄弱の用語の整理のための関係法律の一部を改正する法律」（1998年）の制定により、「精神薄弱」に代わって「知的障害」が用いられるようになりました。精神薄弱という用語は、精神全般が弱い、また、差別的な意味もあるという批判から、知的障害という用語に変更されました。学校教育法、児童福祉法等で使用され、知的障害という用語は、学校現場や福祉現場においても、一般的に使用されるようになりました。

（1）知的障害の診断

知的障害の診断は、①知能指数（IQ）が70未満（明らかに平均以下の知的機能であること）、②適応行動の水準が年齢の基準より明らかに低いこと、そして、③概ね18歳未満に生じることの3つの項目を満たす場合になされます。即ち、「認知や言語等の全般的な知的能力の遅れ」、「家庭生活（身辺処理）や社会生活における適応行動の遅れ」、「発達期に生じること」の3つの要件が診断基準になります。知的能力の遅れは、知能検査（田中ビネー、WISC等）で測定されます。しかし、検査の実施が困難な場合には、発達検査や臨床的観察から推定します。そして、適応行動の遅れは、社会生活能力検査や臨床的判断等により判定されます。また、知的障害の程度が重度の場合、早期に障害に気づきますが、軽度の場合、障害の気づき（診断）が遅くなります。因みに、歩き始め（始歩）やマンマ等の一語発話（始語期）等が、発達の遅れの気づき（指標）になります。

（2）知的障害の原因

知的障害の診断にあたっては、症状の評価と原因疾患の有無を調べる必要があります。知的障害の原因は、遺伝的要因、母体の健康や妊娠中の問題、出産時の合併症、早産、感染症等多岐にわたります。そして、知的障害の原因は、伝統的に病理型、生理型、心理・社会型に分類されています（表6-2-1）。

◆社会生活能力検査：社会生活における適応能力を診断する検査のことです。新版S・M社会生活能力検査においては、身辺自立、移動、作業、意志交換、集団参加、自己統制の領域で構成され、知的障害の診断や指導に利用されています。

◆始語期：乳児が有意語として、言葉をしゃべり始める時期のことで、ワンワン、ブーブー等の発語をする時期のことです。個人差がありますが、一般的には一歳前後が始語期です。

第6章　子どもの障害と病気

◆ダウン症：21番染色体の1本過剰（トリソミー）が原因です。標準型トリソミーが大半ですが、転座型やモザイク型もあります。症状として、発育・発達の遅れがあり、心疾患等の合併症を有する場合があります。

◆フェニールケトン尿症：先天性代謝異常の一つです。先天的に分解酵素の欠損により、フェニールアラニンが過剰に体内に蓄積され、知的障害を生じさせます。そこで、早期の治療開始が重要になります。

◆脳性まひ：受胎から生後4週間までの間に、何らかの原因で生じた脳の損傷によって起こる運動障害等の症候群です。症状は、痙直型、アテトーゼ型、運動失調型、混合型等に分類されます。

◆てんかん：脳神経細胞の過剰発射による反復性発作（てんかん発作）を主徴とする慢性脳疾患のことです。意識消失やけいれん等のてんかん発作を繰り返し引き起こす病気のことです。

◆療育手帳：知的障害のあることを証明する障害者手帳のことです。手続きは、市町村窓口に申請し、児童相談所や更生相談所で判定を受けます。重度判定は1種、中・軽度の判定は2種になります。手帳の等級によって、利用できるサービスが異なります。

◆自閉スペクトラム症：会話のやり取り等の社会的コミュニケー

表6-2-1　知的障害の原因の種別と態様

種別	態様
①病理型	器質的脳障害の証拠があるものです。染色体異常（ダウン症◆等）や代謝異常（フェニールケトン尿症◆等）の先天疾患、出産時の酸素不足や感染症（風疹等）等の周産期の事故、出生後の高熱の後遺症や頭部外傷等の疾患・事故等です。病理型は、脳性まひ◆やてんかん◆等の脳の器質的な障害や心臓病等を合併している者もいます。そして、障害の程度は中度・重度である者が多い傾向です。
②生理型	特に知能が低い以外の明確な異常はなく、合併症をもたず、健康状態は良好です。障害の程度は軽度・中度の者が多く、成長・発達のテンポは緩慢な症状を示します。
③心理・社会型	育児放棄や虐待等の劣悪な環境（心理・社会的要因）が原因で発生する知的障害です。適切な環境や教育により、遅れを取り戻すことができる可能性があります。

（3）知的障害の出現率とその頻度

　知能指数（IQ）が70未満の人は、IQ分布から予測すると、2.27％になります。日本の人口を約1億2千4百万人とすると、IQ70以下の人は約281万人になります。しかし、障害者白書（2023（令和5）年度）によると、知的障害者（知的障害児を含む）は、約109万4千人で、人口千人当たり9人（0.91％）です。障害者白書の数値は、療育手帳取得者に基づいて集計されており、療育手帳を取得しない者もいることから、理論的数値と大きな差異になると考えられます。

（4）知的障害と発達障害との関係

　特別支援学校には、知的障害を伴っている自閉スペクトラム症（ASD）の児童が多く在籍しており、注意欠如・多動症（ADHD）の症状をもつ児童も在籍しています。このように、知的障害は、自閉スペクトラム症や注意欠如・多動症等の発達障害を伴う場合があります。ちなみに、発達障害とは、発達障害者支援法では、自閉スペクトラム症、学習障害、注意欠如・多動症を指します。

2　知的障害の分類

　知的障害は、「知能指数（IQ）の水準」と「適応行動の水準」によって、以下のように軽度知的障害（IQ50〜69）、中度知的障害（IQ35〜49）、重度知的障害（IQ20〜34）、最重度知的障害（IQ20未満）に分類されます。

128

①軽度知的障害（IQ50 〜 69 を目安）
衣服の着脱、食事、排泄、清潔等の基本的生活習慣は自立するケースが多いです。言語発達はゆっくりで、意思表示や理解が可能ですが、小学生レベルの学力にとどまります。集団参加や友達との交流は可能です。
②中度知的障害（IQ35 〜 49 を目安）
指示があれば衣服の着脱等はできますが、時や場合等に合わせた調節が困難です。ひらがなでの読み書きはある程度できますが、お釣りの計算等は困難です。単純な仕事や社会的活動はすることができます。
③重度知的障害（IQ20 〜 34 を目安）
器質的病因の存在や運動障害等の合併症を伴っていることが多く、身の回りのことを一人で行うことは困難です。基本的生活習慣や行動等について、持続的な支援が必要です。
④最重度知的障害（IQ20 未満を目安）
要求や指示の理解等、コミュニケーションをとることが極めて困難で、常同行動がみられることがあります。身辺処理等、常に介助を必要とします。

ションの障害、身ぶり・手ぶり等の非言語的コミュニケーションの障害、そして、興味や行動において強いこだわり等があります。また、自閉スペクトラム症の子どもは、知的障害を伴うケースが多くあります。次節で詳述しています。

◆注意欠如・多動症：年齢に比べて、集中できない（不注意）、じっとしていられない（多動性）、考えるより先に動く（衝動性）等の症状がある障害です。原因としては、中枢神経系に何らかの要因による機能不全があると推定されています。次節で詳述しています。

　上記の知的障害の程度による特徴は、平均的な捉え方になっています。ケースによっては、かなり異なった症状を示すことがあります。そのため一人ひとりの子どもの行動（実態）を十分に観察・把握し、子どものニーズを理解することが大切になります。

3　知的障害のある子どもの態様・行動

　人間は、①身体的（生物的）側面（食事を摂り、運動し、睡眠をとり、生活をするという側面）、②心理的側面（知覚し、認識し、行動し、思考するという側面）、③社会的側面（人とコミュニケーションを行い、集団の中でそれぞれの役割を担うという側面）をもっています。さらに、外界からの働きかけに応じ、外界の情報を利用しての成長・発達するという側面（教育的側面）があります。これらの側面が総合・統合されて、生きた人間の実態（姿）になります。知的障害のある子どもの態様・行動も、これらの3つの側面について、成長・発達の側面からを態様・行動を把握・理解することが大切です。

（1）身体的（生物的）側面からの理解
　知的障害のある子どもは、首の据わり、寝返り、座位、ハイハイ、一人歩き等の運動機能の発達に遅れがみられ、障害の重い子どもは著しい発達の遅れがあります。また、物をつまむ等の微細運動（巧緻性）は、注意力や目と手の協応等が関係することから、遅れや困難がみられます。食事、排泄、衣服の着脱、清潔等は、運動機能や認知機能等が関係しており、子どもの成長・発達に沿って、支援することが重要になります。

第6章　子どもの障害と病気

（2）心理的側面からの理解

　知的障害のある子どもは、外界を知覚し、認識し、推理し、判断するという知的機能の遅れが主な特徴です。また、始語期の遅れ等、言語発達の遅れもみられ、記号を操作することが不得意です。そのため、読字、書字、算数、時間等の学習技能を身につけることに困難があります。知的障害のある子どもは、周囲の人や物に対する興味・関心が乏しく、能動的な活動も少ないことから、認知的機能や言語能力を高めるためには、興味・関心の高い活動や教材・教具を準備し、個別支援や小集団による支援等が重要になります。

（3）社会的側面からの理解

　乳児は、成長と共に、あやすと笑う、人見知りをする、そして、大人に要求をする等の行動を示します。幼児期になると、他の子どもの遊びを見る、友達と同じ遊びをする、人とやり取りをしながら遊ぶ、そして、ルールのある遊びをする等、成長・発達していきます。一方、知的障害のある子どもの場合、人とのコミュニケーションや集団生活（親子関係や仲間遊び）等を通して、社会的行動はゆっくりと成長・発達します。そのため、社会的行動の形成は、生活のリズムの形成、並びに、信頼関係のある人間関係の形成を基礎に、遊び、集団活動、余暇活動等の体験・学習の場面（環境）を設定する必要があります。

4　知的障害のある子どもの支援方法

　知的障害のある子どもの支援は、子どもの能力を最大限にひきだし、社会的自立を目指しています。日常生活においては、できることは自分で行い、できないことは支援を受けながらの生活（自立的生活）を行うということになります。つまり、一人ひとりの子どものニーズや能力（実態）に基づいての支援であり、日常生活の流れに沿って、体験・経験を通しての支援ということになります。

（1）乳・幼児期の支援

　支援の内容は、生活（食事・排泄・睡眠・衣服の着脱）と遊びです。支援においては、生活と遊びが上手く循環するように配慮し、体を使った遊び、玩具での遊び、友達との遊び等ができるようになることが主な目標になります。そして、親（保護者）との連携した支援が大変重要です。

（2）児童期の支援

支援の内容は、身体諸機能の向上、身辺処理の確立、小集団活動への参加、そして、認識能力（聞く、話す等）の育成等です。支援においては、身体諸機能の向上と生活のリズムの形成を基礎に、興味・関心の高い活動（遊びの指導等）を通して、自己効力感（学習の態度）の形成が主な目標になります。

（3）思春期・青年期の支援

支援の内容は、生活習慣の確立、コミュニケーション能力の育成、そして、社会参加（働く生活）等です。支援においては、体力の向上と身辺生活の自立を基礎に、集団活動（作業学習、現場実習等）を通して、自己有用感（働く態度）の形成が主な目標になります。

5　知的障害のある子どもに対する支援制度

知的障害をもって生まれるということは、生活していく（生きていく）上で、種々の困難（危機的場面）に遭遇します。それは、誕生した時（障害が予想された時）、障害が分かった時（障害受容の問題）、子育ての問題、保育園・幼稚園の選択、就学先（小学校、特別支援学級、特別支援学校）の選択、中学校・高等学校の進路、高校卒業後の進路、就労における問題、親亡き後の問題等です。知的障害のある子どもが、自立して社会で活躍するためには、本人及び保護者に対して、ライフステージを通した支援が重要です。そのために、保健・医療、教育、福祉等の施設や機関が、連携して支援を行うことが大切になります。

（1）乳幼児の健康診断（保健・医療）

乳児期は、身体とこころの健康の基礎をつくる時期です。母親にとって子どもが、健康に育っているかどうか不安の多い時期です。母親の気がかりに応えて、新生児家庭訪問や健康診断（1か月、3か月、6か月、1歳児）があります。幼児期になると、自我も出てきて、育てにくく、母親の悩み・迷いの多い時期になります。1歳半健診・3歳児健診において、発達の遅れが認められると、病院や保健所等での相談・支援が行われます。保護者（親）は、入園・就学の場の選択について、大変頭を痛めることになります。

◆自己効力感：目標を達成するための能力を自らが持っていると認識することを指します。自分ならできると思える認知状態のことです。自己効力感を高めるためには、成功体験・経験が重要になります。

◆自己有用感：自分と他者との関係を自他共に肯定的に受け入れられることで生まれる、自己に対する肯定的な評価のことです。つまり、自分は他者の役に立っていることから、自分に自信をもつことです。

第6章　子どもの障害と病気

◆ピアカウンセリング：
同じような立場や境遇
にある人同士が、対等
な立場で悩みや不安を
話し、共感的に聞き合
いながら、解決策を見
出していくことです。

◆知的障害者更生相談
所：知的障害者福祉法
第12条に基づき、都
道府県に設置が義務付
けられています。そして、
知的障害者やその家族
の相談、18歳以上の
医学的・心理学的判定、
職能判定、療育手帳の
判定等を行っています。

◆特別児童扶養手当：
20歳未満の精神や身
体に障害がある子ども
を家庭で育てている養
育者に、養育のための
手当てを支給する制度
です。療育手帳を所持
していて、しかも中等
度以上の判定を受けて
いる場合、高い確率で
受給できます。

（2）発達相談・就学相談（教育）

知的障害があると診断されると、親の障害受容の問題もありますが、子育て不安、養育意欲の減退等の子育てに関係する問題が生じます。知的障害のある子どもにとっては、より良い養育環境の確保が必要になります。そこで、養育・保育の問題や就学・教育の問題等は、乳幼児期からの一貫した相談・支援が必要になります。病院、保健所、児童発達支援センター、保育園、幼稚園、教育委員会等の連携した支援が大変重要になります。支援の方法として、ピアカウンセリング等が有効です。

（3）判定と療育手帳（福祉）

知的障害の判定は、18歳未満の者は児童相談所で行われ、18歳以上の者は知的障害者更生相談所で行われます。療育手帳が交付されると、各種料金の割引（運賃、税金等）や特別児童扶養手当等の福祉サービスを受けることができます。特別児童扶養手当は、障害程度（等級）によって、支援額が異なります。障害の程度が軽度の場合、福祉サービスの対象にならないことが多くあります。福祉サービスというのは、子どもと保護者のニーズに沿って、支援を行う必要があります。

キーワード　Let's review!（復習してみましょう！）

親の障害受容	子どもに障害があることを親が受け入れ、認めることです。障害の受容は個人差もあり、スムーズに進まず、長い期間を要する問題です。ショック期、否認（医者巡り）期、悲哀（どうして自分だけが）期を乗り越え、かけがえのないわが子であるという受容期に至ることが重要になります。障害受容は、子どもの育ちに大きな影響を与えることから、子育て相談等による親の支援が大切です。
子どもの行動の理解	知的障害のある子どもの行動を理解する視点として、例えば、「子どもが発語する」という行為は、伝えたい人（人間関係）、伝えたい内容、構音（口の運動機能）、言語の操作能力（認知機能、知能）、生活環境等、種々の機能や能力が連関していることを理解することが大切です。また、家庭、学校（保育）、地域社会等の場面において、子どもの行動の観察・実態把握をすることが重要です。子どもの実態把握に基づいて、子どもの支援目標や支援内容が設定・計画されることになります。
社会的自立	社会的自立とは、社会の一員として責任ある行動をとり、他者とのつながりの中で、共に生活していく能力を身につけることです。社会的自立は、基本的生活習慣の形成から職業的・経済的自立にいたるまでの段階があります。知的障害教育においては、社会的自立を目指して教育・支援が行われていますが、学校卒業時に、知的障害のある子どもが社会的自立を確立することには困難があります。そこで、卒業後も継続して、自立と社会参加に向けて、自分でできることは自分で行い、できないところは支援を受けての自立的生活が重要になります。
自立支援	自立は、他人の援助を受けないで、自分の力で身を立てること（独立すること）ですが、子どもの自立の過程をみると、親や他人の支援を受けながら自立へと成長していきます。そこで、自立支援とは、本人の持っている力で生活を行い、それだけでは生活が維持できない場合、必要な支援を受けるということです。知的障害のある子どもの場合も同様、手持ちの力を使用して、支援を受けながら社会活動に参加していくことになります。

連携と協働	連携とは、単独では達成できない目標を達成するため、複数の支援者が協力して活動を展開する過程です。知的障害のある子どもの発達相談や就学相談の内容は、保健、医療、福祉、心理、教育等が関係しています。例えば、乳幼児健康診断において、障害の告知、障害の受容、養育・保育の場等の問題については、医療を中心とした連携による支援が行われ、当事者のニーズに応じて、こども発達センター、保育園、幼稚園等が対応しています。知的障害のある子どもの相談・支援は、協働した連携が大切になります。

第6章　子どもの障害と病気

▶コラム❶

療育を実践して
発達障害のある子どもたちへの療育チームアプローチ

1　療育現場から

「あした、また、来る」「来月、また来れるよ」「いやだ、あした来る」。これは療育ルームから家に帰ろうとする子どもとお母さんのある日の会話です。療育者として「やっていて、よかった」と思う瞬間です。しかし、反面「もうしわけない」と感じる時でもあります。

なぜかというと、それは個別療育が月に1回程度しか実施できないからです。それは、療育事業を展開している他の事業所と同様に、相談件数が非常に多いからです。また、スタッフの仕事量や場所の関係もあり、月1回にならざるをえない状況なのです。

☆さて、療育とは何でしょうか？

2　療育とは

発達障害の子どもに対し、個々の発達の状態や障害特性に応じて、今の困りごとの解決と、将来の自立と社会参加をめざし、支援をすることです。つまり、それは発達障害の子どもたちへの「チームアプローチによる発達支援」です。まさに「やさしく、ていねいな発達ハビリテーション（発達支援）」だと言えます。

専門的には、言語療法、理学療法、作業療法、心理療法などの科学的知見に基づいて、教育的手段を用いながら、子どもたちの「発達の促進」と「障害の軽減」を図ることです。

3　療育のあり方

療育を必要としている子どもは身支度や基本的な運動能力、学習能力など日常生活に必要な力が不足していることがあります。そこで、療育により、日常生活に必要な能力を身につけ、社会の中で自立して生活を送ることができるよう支援します。

また、発達障害のある子どもは「待つ」「話を聞く」「じっと座っている」などのコミュニケーション能力や社会性が遅れる傾向があります。社会の

コラム❶ 療育を実践して

中でコミュニケーションをスムーズにとれるように練習することも療育の
一つです。

（1）療育の役割
　療育には、以下のような役割があります。
　①子どもと家族のニーズを早期に発見し、早期療育を行うこと。
　②次のライフステージである児童期・青年期・成人期に、それぞれの時
　　期で子どもを支援し続けていけること。
　③子どもの特性を治すものではなく、特性との上手な付き合い方や、コ
　　ミュニケーションスキルを伸ばしたり、社会のルールやマナーを教え
　　たりすること。
　④家族やまわりの人にも、子どもへの適切な関わり方を教え、「子育て
　　を助ける」こと。

　（2）療育の頻度
　上述した「もうしわけない」気持ちにも通じますが、理想的な方向としては、
療育の効果をあげるためには、できれば週1回ぐらいの頻度で実施した方が
よいのです。それは、発達障害の子どもたちには周りの環境に順応していく
ことが苦手な子どもたちが多くいます。特に、療育をし始めた段階の子ども
たちには頻度を多くして場所やスタッフに早く慣れてもらうことが必要です。
　そのため、その前提として次のようなことがあります。
　①子どもが楽しめたり、自分から取り組みたくなることが大事です。楽
　　しめないと、なかなか続かず成果も出づらいです。
　②子どもの特性や困りによって、療育の頻度・期間は変わりますが、特
　　に支援が必要な子どもは、特性によって物事に取り組むことに強い拒
　　否感が出たり、興味の幅が限られていて、楽しみながら学ぶ方法が限
　　られることもあります。
　③子どもの中には場面緘黙的な子どもが多くいます。
　④子どもたちは療育の期間を空けてしまうと、初期の段階にリバウンド
　　してしまうことがあります。
　これらのことが、「週1回程度の頻度で実施する」ことにより、子ども
の得意なところを少しでも早く伸ばしたり、苦手なところには、早く手を
添えてあげることができるからです。

135

第6章　子どもの障害と病気

☆これらのことを達成するためには「人・もの・形」が必要です。

4　「人・もの・形」とは

　療育事業において、一職種（人材）、一療法（プログラム、用具、場所）、一機関だけでは、よい療育は提供できません。それは支援サービスの内容や量からしても、この事業を継続していくには限界があります。これらをうまく展開するには外部機関との連携や共同療育者である保護者、同組織内の他職種とのチームアプローチが必要となってきます。すなわち、その役割を果たすためには、それぞれが共通の使命や目的をもって、互いに情報を共有し、質の高い、持続性のある療育を提供し続けることが大切なのです。

　関係機関や職種は、次のとおりです。

表1　関係機関や職種

外部の関係機関
都道府県、市町村の関係機関（障害福祉課、健康推進課、子育て支援課等）、教育委員会、幼児言語教室、医療、学校、保育園、幼稚園、公民館、家庭教育学級、地域子育て支援センター、地域の療育施設等
同じ組織内の他職種
言語聴覚士、理学療法士、作業療法士、社会福祉士、介護福祉士、精神保健福祉士、心理療法士（公認心理師、臨床心理士、福祉心理士等）、保育士、看護師、保健師等

☆どのような子どもたちが療育を受けているのですか？

5　療育を受けている子どもたち

　表2は、療育を受けている子どもたちの特性です。それは、その時、その場やその状況に合わせて、「考え方を整理したりする能力」や「動作や行動、態度などにつなげていける能力」に偏りがある子どもです。

表2　療育を受けている子どもたち

○肢体不自由の子ども　　　　　　　○視覚障害の子ども
○場面緘黙の子ども　　　　　　　　○認知能力に偏りのある子ども
○言葉につまずきのある子ども　　　○感覚過敏や感覚鈍磨のある子ども
○発達性運動協調障害の子ども
・細かい操作が苦手・片手で押さえ、もう一方の手を動かすことが難しい
・物をよく壊す　　・両手を非対称で動かすことが苦手　　・両手の使い方が苦手
・倒すのは得意だが、積むのは苦手　・ゆっくりした動作が苦手等

☆療育スタッフとしてはどのような力量が必要ですか？

6　療育スタッフとしての力量

　療育スタッフは子どもの行動の意味を踏まえ、子もが関心を向けて自分

コラム❶ 療育を実践して

のよさを出せるように療育活動を工夫し、子どもたちに療育の時間が「楽しかった、また来たい」と感じられるようにすることが求められます。

具体的には、以下のとおりです。

（1）子どもに合わせたかかわりができること

子どもが楽しく療育ができるように療法や遊びなどをうまくプロデュースできることが求められます。

（2）子どもの「行動の背景」が分析できること

発達障害の子どもたちだけではなく、いろいろな障害のある子どもたちに対して、あらゆる科学的知見と教育的手段を用いることができることが求められます。

「行動の背景」の分析とは、例えば、以下のようなことです。

①発達性運動協調障害の子の場合

上述したようにこの子どもたちは多くの苦手な部分をもっています。その苦手さの背景を分析し、理解することです。それに基づいて、感覚統合や動作法等を用いて、身体を緩むようにします。すると、子どもたちは徐々に苦手さが軽減され、言葉などが伸びてきたりして、自信を持っていろいろな課題に取り組めるようになります。

②触覚過敏な子ども場合

子どもの苦手さの背景を分析し、理解して、同様の支援と触覚への耐性づくり等をすることによって、子もたちは敏感な部分を触られても、「触られても我慢できた」と感じるようになり、自信を持っていろいろな課題に取り組めるようになります。

③視覚障害の子どもの場合

子どもの障害を分析し、理解して、視覚に代わる感覚（聴覚・触覚・味覚・嗅覚・固有感覚・前庭感覚）を働かせます。特に「音・音楽・声出し等」を使って聴覚を刺激します。また、子どもの身体に対して外から触覚に刺激を与えたりして、組織的な身体運動を促します。

例えば、療育者が、その子どもの身体の部位の名前を呼び、そこを触ります。「これは右手の親指です。これは左足の膝小僧です」などです。また、子どもの手を添えながら、母親は自分自身の身体の部位を触らせます。「これはお母さんの鼻です、これはお母さんの耳です」などです。そのことに

◆感覚統合：複数の感覚を整理したり、まとめたりする脳の機能のこと。

◆動作法：からだの動きを媒介にした心理療法。

◆固有感覚：筋肉・関節の感覚。

◆前庭感覚：姿勢の維持・調節などに関わる感覚。

137

第6章　子どもの障害と病気

より自分自身のボディイメージや他の人のボディイメージの確認等ができるようになります。すると、徐々に周りの環境にも慣れてきて、療育者との信頼関係もでき、安心していろいろな課題に取り組むようになります。

（3）常に、すぐに、子どもを「褒めること」ができること

　「すごい」「うまい」「できたね」「すばらしい」などの言葉を常に、すぐに、褒めることです。子どもは、褒められることにより「自分はできるんだ」「自分は認められたんだ」という「自己有能感」が生まれ、意欲的に課題に取り組めるようなります。

◆自己有能感：子どもが自分自身の能力や特性を理解し、自分で問題を解決できる自信を持つこと。

（4）保護者に寄り添えること

　保護者に寄り添えるとは理解と共感に基づくサポートを提供することを意味します。子どもたちがあたり前に過ごす生活の中で、療育の考え方が生かされるように、保護者に寄り添い、助言したり、相談にのったりすることができることです。

（5）チームとして動けること

　チームとして動けることとは、前述の外部機関との連携や共同療育者である保護者、同組織内の他職種とのチームアプローチができることです。

（6）子どもの将来のことを考えられること

　子どもの将来のことを考えられることとは、療育者として、子どもの特性をよく理解し、子どもが持っている能力をうまく引き出し、次のライフステージに応じた社会適応が可能になるように、ていねいに支援していけることです。

☆ほかに療育していく上で知っておきたいことは？

7　「自覚しにくい感覚」「目と手の協応動作」「ボディイメージ」について

　発達障害の子どもたちの中には、以下の特徴がある子どもがいます。

①自覚しにくい感覚にトラブルを持つ子ども

　日常生活では自覚しにくい感覚である「触覚・固有感覚・前庭感覚」にトラブルが生じ、混乱をきたしている子どもがいます。

　このことから、様々な感覚や動きを拒否したり、苦手意識を持つように

なってしまいます。それが重なってくると、普段の生活上においても、いろいろな場面で困難を生じてきて、それが、トラブルにつながっていきます。

②目と手の協応動作が苦手な子ども

　一般的には、目や手を別々に使ってもうまく操作することができません。一緒に使うことでひとつの動作が成り立つのです。

　例えば、積み木をつみ上げるには「手を動かすこと」と「目で見ること」が必要です。しかし、発達障害の子どもにはこのような動作が苦手な子どもがいます。すると、回転運動のような粗大運動や積み木、型はめ、円柱差しのような微細運動を拒否したり、苦手意識を持つようになります。

③ボディイメージの確認が難しい子ども

　ボディイメージとは、自分の身体の位置や動きの基礎を把握する能力のことです。

・「着替えが遅い」「運動能力が低い」など、発達に影響がある子ども

・力加減がわからないため、本人の思っている以上の力で人を押したり、叩いたりして、トラブルになる子ども

・カラートンネルを立ってくぐろうとする子ども

などです。

　上記の①②③などで、子ども自身、自信をなくして、「自己肯定感」が持てなくなる原因にもなっています。

　この苦手さや困難さを軽減するために、次のような運動を行います。

①触覚・固有感覚・前庭感覚へ刺激する運動

②目と手の協応動作を促す運動

③自分自身のボディイメージを確認できる運動

　表3は、苦手や困難さを軽減する運動です。

表3　苦手さや困難さを軽減する運動

①触覚・固有感覚・前庭感覚を刺激する運動の主なもの	
・階段の昇降	・幅の違う平均台を渡る
・滑り台	・はしごを昇る、渡る
・でんぐり返し	・目の粗い人工芝の上を歩く
・トランポリンを跳ぶ	・運搬車での回転
・トロッコでの回転等	
②目と手の協応動作を促す運動の主なもの	
・等尺性運動◆	・モンテッソーリ教具◆の使用
・バッティング	・風船バドミントン等
③ボディイメージを確認できる運動の主なもの	
・カラートンネルをくぐる	・でんぐり返し
・ハンモックを揺らしながら身体の部位を触る	

◆等尺性運動：親指をしっかり曲げて、棒などを強く、長く握る、離すなどの運動です。

◆モンテッソーリ教具：子どもを観察することによって見出された事実に基づく科学的な教育法である「モンテッソーリ教育」に基づいた、子どもが自発的に学んでいくための教材です。

第 6 章　子どもの障害と病気

☆次に、F 施設の療育の実践の様子を紹介しましょう。

8　療育の実践（2024 年 1 月の状況）

（1）療育内容
施設では個別療育、小グループ療育、子ども相談、親子教室、個別相談、巡回相談等を行っています。

（2）スタッフ
言語聴覚士、理学療法士、公認心理師、福祉心理士、保育士が療育を担当しています。

（3）主な療育方法
言語療法、理学療法、心理療法、感覚統合訓練、動作法、ムーブメント療法◆、ソーシャル・スキル・トレーニング◆、TEACCH プログラム◆、モンテッソーリ療法等を活用しています。

（4）評価・査定
初回面談や行動観察を行い、その中での行動の特徴やコミュニケーション態度、運動・認知・言語発達、興味、関心などの評価を行っています。検査は S-S 法言語発達遅滞検査、LC スケール、構音検査、新版 K 式発達検査、WPPSI III、WISC IV等です。

（5）主な運動
主な運動は以下のとおりです。
・粗大運動（身体全体を使う大きな動作）としてはサーキット運動、感覚統合訓練、動作法、バッティング、サッカー、風船バドミントン等。
・微細運動（手や指などの小さな筋肉を使う運動）としてはモンテッソーリ教具型はめ、ピタゴラスイッチ、ミニカー、動くおもちゃ等。

☆なぜサーキット運動をするのですか？

9　サーキット運動

（1）サーキット運動とは

　サーキット運動はコース上にいろいろな運動課題を設け、繰り返し行うことができる回路状の運動遊びのことです。コースの流れの中で、いろいろな運動を行いますので、遊びながら自然と体力や運動能力が高まっていきます。順番どおりに進むというのではなく、子どもたちの運動能力や苦手さや得意さに応じて、柔軟にコースを進めていきます。

　コースには、難しい課題や、やさしい課題を用意しています。そして、これらの運動を通して、自分の体力レベルに合ったコースで「楽しく運動ができた」という経験ができますと、子どもたちは自信をもって繰り返し挑戦するようになります。

　サーキット運動をする中で注意していることは以下のとおりです。

　①子どもたちの中には、揺れたり、動いたり、回転したり、移動する位置が高くなったりすると、怖がったりすることが多いので、できる種

◆ムーブメント療法：「動くことを学ぶ」こと。主に運動発達を助ける療法です。

◆ソーシャル・スキル・トレーニング（SST）：人間関係やコミュニケーションに関わる「技術や「技能」を身につけるための訓練です。

◆TEACCH プログラム：自閉症及び、それに準ずるコミュニケーション課題を抱える子ども向けのケアと教育法です。

140

目から進めています。

②遊具は転んだり、ぶつかったりしてもけがをしない素材のものを使用しています。

③決して無理強いはしないこと。時間はかかりますけれども、あせるとかえって遠まわりとなることが多いのです。もし遊具に乗ったりしなくてもちゃんと見ていますし、やりたいと思っていることが多いのです。友達や他のきょうだいがやっているのを見ないふりをしていますが、後で挑戦しています。

（2）サーキット運動の効果

①サーキット運動で身体を動かすことで子どもは身体の動きを自然と学習します。

②サーキット運動で身体を動かすことで自分の身体に起こる変化を察知し、気づき、自分でより良い方向に修正していく過程を経験し、積み重ねていくことできます。

サーキットゾーン

幅の広い、狭い平均台を渡る

滑り台を滑る

はしごを登る

バランスボールでの回転

ローリングシーソーでの回転

背中トントン

○○しながら○○します

円柱差し

図1　サーキットの様子

141

第3節 発達障害

1 発達障害の全体像について

近年、発達障害という言葉が頻繁に聞かれるようになりました。それは医療、教育、保育、心理の関係者の間だけではなく、一般の人にも広がりを見せています。しかしながら、発達障害といっても、それぞれの診断によってその症状や特性は様々であり、ひとくくりに語ることは困難です。また、**知的発達症**[*1]の併存の有無や他の発達障害の併存の有無、さらにその人自身の特性なども含めると、その診断名だけでその人のことを語ることはできません。そのため、"発達障害のある子ども"という見方よりは、「その子には様々な行動特徴があるが、不注意の部分もみられる」というように、むしろ発達障害の特性はあくまでその子自身の特徴の一部であり、すべてではないと捉えることが重要です。すなわち、安易に発達障害というレッテルを貼らないこと、その子どもを色眼鏡で見ないことが必要です。

代表的な発達障害として、**自閉スペクトラム症**（ASD）[*2]や、不注意や多動性、衝動性で特徴づけられる**注意欠如・多動症**（ADHD）[*2]、読字不全や書字表出不全などの**限局性学習症**（SLD）[*2]、さらには**発達性協調運動症**（DCD）[*2]などを挙げることができます。それ以外にも、言語症や児童期発症流暢症（吃音）などのコミュニケーション症を挙げることができます（図6-3-1参照）。ただし、いったいどこまでを発達障害に含むのかは議論が分かれるところです。

*1：以前は、精神遅滞という名称でしたが、DSM-5（2013）より名称変更されました。診断基準は、知的機能と適応機能両面の欠陥が発達期までに存在していることです。「DSM-5」については、次項2（4）を参照のこと。

*2：次項以下で詳述しています。

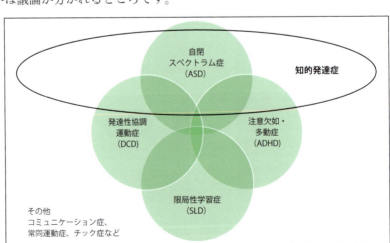

図6-3-1　主な発達障害と他の発達障害との併存範囲

第3節　発達障害

　わが国の法律で発達障害について規定している**発達障害者支援法**第2条第1項において「この法律において『発達障害』とは、自閉症、アスペルガー症候群その他の広汎性発達障害、学習障害、注意欠陥多動性障害その他これに類する脳機能の障害であってその症状が通常低年齢において発現するものとして政令で定めるもの」とされています。すなわち、「発達障害に類する脳機能の障害であり、低年齢で発症するもの」であれば、わが国では発達障害として規定されていることになります。

◆発達障害者支援法：2004年に成立した発達障害者支援法では、発達障害の定義、早期の発達支援、発達障害者支援センター等について規定されました。

2　自閉スペクトラム症（ASD）

（1）自閉スペクトラム症とは

　自閉スペクトラム症（以下、ASD）は発達障害の一種で、「**社会的コミュニケーション**の欠陥や対人関係の困難であること」と、「**行動や興味が限定**されていて他者から見て偏っているように見えること」が主症状としてみられる障害です。社会的コミュニケーションとは、音声言語だけではなく、身ぶり手ぶりやアイコンタクト、体の向きや表情などを使って、他者と円滑に意思のやり取りを行うことをいいます。我々は、これらのコミュニケーション手段を複数同時に使って、他者とやり取りを行っています。しかしASD児者の場合、例えばこれらのコミュニケーション手段の使用が音声言語のみであったり、持続的なアイコンタクトが困難であったりします。また、人との適度な距離感を保つことが難しく、その結果、相手との距離が物理的にも心理的にも近すぎたり、あるいは遠すぎたりします。また、非ASD児者の気持ちや感情を想像することが苦手であり、非ASD児者と感情を共有したり興味を示したりすることが苦手です。その結果、他者との円滑な人間関係を形成し、維持させることが苦手であることが少なくありません。

　また、行動パターンが偏っていて、同じような行動を繰り返しているように見えることもあります。例えば、「目的地への道順が毎日同じでなければならない」「本などの巻数の配置が決まった順番でなければならない」などです。これらのことは非ASD児でも多少は理解できるところはありますが、そのことが極端すぎたり、そのことに執着しすぎるあまり他のことが手につかない状態になったりする等、理解しがたいこともあります。

（2）ASDの疫学

　ASDの出現率は、1990年代と比較して一貫して増加し続けています。

143

第 6 章　子どもの障害と病気

近年の研究では日本も含めた諸外国共通で約 1 ％前後ではないかと言われています（例えば、Baird ら 2006; Baron-Cohen ら 2009; Saito ら 2020）。出現率の男女比は、他の発達障害と同様に男性の方が高く、女性よりも 4 倍多く診断されます（APA 2013）。

（3）知的発達症の併存の有無による違い

　ASD 児には、知的発達症が伴う場合と伴わない場合があります。知的発達症を伴う場合には、乳幼児期の比較的早期に明らかになる場合が多いようです。一方、知的発達症を伴わない ASD 児の場合には、乳幼児期において周囲から気づかれにくく、すぐには明らかにならない場合があります。その場合、小学校就学以降になってから教員の話を理解することができなかったり、教員やクラスメイトとの円滑なコミュニケーションをとることができなかったり、友達関係を築くことが難しかったりするなどの事例が出てくるかもしれません。その結果、ようやく教員などの周囲の人から ASD の可能性を疑われる可能性があります。

　さらに、他の発達障害を併存する場合もあります。例えば、注意欠如・多動症（ADHD）や限局性学習症（SLD）、さらには発達性協調運動症（DCD）などとの併存です。それらの発達障害を併存する場合には、その子の生きづらさが高まるため、さらなる支援が求められます。

（4）ASD の症状・態様

◆ DSM-5：2013 年に米国精神医学会より発表された精神疾患の診断マニュアルです。2022 年に改訂版の DSM-5-TR が出版されています。

　ASD は、DSM-5（精神疾患の診断・統計マニュアル第 5 版）の診断基準に照らし合わせて考えると、大きく 2 つの症状にわけることができます。「複数の状況で社会的コミュニケーションおよび対人的相互作用における持続的な欠陥」と「行動、興味、または活動の限定された反復的な様式」があるとされています。それぞれについて簡潔に説明していきます。

①複数の状況で社会的コミュニケーションおよび対人的相互作用における
　持続的欠陥

　まずはこの「複数の状況で…」とはどのような意味でしょうか？　複数の状況でコミュニケーションの欠陥が生じるのですから、例えばそれは家庭内だけではなく、幼稚園・保育園、学校、地域、会社や施設などあらゆる場面において様々な状況で生じることが考えられます。つまり、限定された場面だけではなく、複数のあらゆる状況でコミュニケーションの欠陥や対人的相互作用の欠陥が生じるということです。例えば、家

庭内で「母親の呼びかけに応じることができない」、保育園で「友達と
ごっこ遊びに参加できずに一人遊びが多い」、学校で「友達との会話が
成り立たない」「友達関係を作ることができない」などによって説明す
ることができます。

　また、社会的コミュニケーションの欠陥とは、わかりやすく言えば、
他者とのコミュニケーションが"円滑"ではないということです。実際
にどのようなことがうまくいかないのかは、ASD児によって様々であ
り、その困難性も広範囲にわたっています。さらに、ASD児が幼児期
に受ける療育や教育、福祉サポートによっても様々に変化します。例え
ば、幼少期にコミュニケーションがうまくいかない理由として、他者の
模倣をすることが困難であること、他者と感情を共有することが困難で
あること、他者からの質問に答えることができなかったり、反対に他者
に対して一方的に繰り返し質問してしまったりすることなどが挙げられ
ます。

　本来、他者と関係を形成する上で必要なこととして、複雑な社会的手
がかりを理解する必要があります。例えば、「会話にいつどのように参
加するのか」や、「相手との目線を合わせること」「話のタイミングをつ
かんだり、相手が話してほしいことを推測しそれに合った回答をするこ
と」「会話の中で言ってはいけないことの把握」など様々なことが求め
られます。もちろん非ASD児においても、最初から他者と適切なコミ
ュニケーションができる子どもは少ないでしょう。適切なコミュニケー
ションの習得は、幼少期からの仲間関係や集団の中で、他者との会話に
おける複雑な社会的手掛かりから学んでいくことになります。しかし
ASD児の場合は、そのような複雑な社会的手がかりを理解することが
苦手です。さらに、非言語的コミュニケーション（視線を合わせる、身ぶ
り手ぶり、顔の表情、体の向き、または会話の抑揚など）の困難さがあるため、
適切にコミュニケーションを行って人間関係を形成することが非常に困
難となります。

②行動、興味、または活動の限定された反復的な様式

　これは常に同じ動きをする行動（常同行動）や反復的な行動などで説
明されます。常同的・反復的な行動の例としては、「耳ふさぎを繰り返す」
「何度も飛び跳ねる」「TVのCMなどのセリフを繰り返す」などがあり
ます。さらに、幼児期には玩具等を一列に並べる配列行動を示すことも
あります。これらの行動が一時的なもので、年齢とともに消失するので

第6章　子どもの障害と病気

◆感覚過敏や感覚鈍麻：感覚過敏は感覚を受け取りやすい特性であり、いわゆる触覚などの五感だけでなく、空腹や平衡感覚など様々な感覚も含みます。一方、感覚鈍麻は感覚を受け取りにくいという特性のことです。

あればそれほど気にする必要はないかもしれません。しかし、常同的・反復的行動に従事する時間が異常に長時間にわたったり、一日に何度もそれらの行動を繰り返したり、親や保育士にやめるように言われても泣いて拒否をし、激しく抵抗したりすることがあります。

さらにこれらに関連して、特定の音や触感、あるいは臭いなどに対して、過度な執着を見せたり、強い興味を見せたりすることがあります。これらの行動は、**感覚過敏や感覚鈍麻**と言われています。近年、ASD児の感覚過敏や感覚鈍麻に関する研究は拡大してきており、そのメカニズムが徐々に明らかになりつつあります。現在はっきり言えることは、これらの感覚に問題を抱えているASD児の感覚入力プロセスは、非ASD児の感覚入力プロセスとは異なるということです。そのため、感覚入力に問題がない子どもに比べて、ASD児の場合は、少々の刺激に対しても過敏に感じすぎてしまったり、反対に刺激に対して感覚が鈍かったりすることがあります。

③その他の特徴（強度行動障害を示すASD児）

知的障害を伴うASD児の中には、様々な重篤な問題行動を示すことがあります。例えば、激しく頭部を叩く、自分の皮膚が出血するまで激しくかきむしるなどの自傷行動、周囲の人を激しく叩いたり蹴ったりする他害行動、同じ順番や物の位置などに対する異常なまでのこだわり、夜中眠らずに頻繁に起きてしまうなどの睡眠障害等です。これらの行動が通常の療育や支援を受けているにもかかわらず改善せずに長い間継続している場合に**強度行動障害**と呼ばれることがあります。

◆強度行動障害：障害福祉における重要な課題の一つであり、本人だけではなく家族のQOLも低下させるため、包括的な支援が求められています。

＊3：後述（5）で詳述します。

◆機能的アセスメント：問題行動がどのような場面やきっかけ、条件で起こりやすいのか、またそのような機能を果たしているのか関係者から情報収集したり、実際の場面を観察することで明らかにするアセスメント手法です。

強度行動障害のある児童に対する支援のポイントについては、根拠に基づく支援法（例えば、ABAに基づく支援やTEACCH[*3]など）を集中的かつ包括的に行う必要があります。さらに常にこの子どもたちは被虐待のリスクにさらされているため、養護者や支援者は支援の倫理を順守する必要があります（井上ら 2024）。

支援の手順としては、問題行動を維持している機能の特定（**機能的アセスメント**）に基づき、予防的支援や問題行動に代わる代替コミュニケーション、望ましい行動への強化、さらに問題行動が生じた場合の危機対応を包括的に実施します。さらに、家族を含めた支援者がチームを結成し、他機関や医療関係者を含めて連携して支援を行うことで、その効果を高めることができます。

146

(5) 支援方法

ASDであることが明らかになりやすい事例としては、ASDの重症度水準が高く、知的発達症を併存しており、その重症度が「非常に十分な支援を要する」程度（例えば、話しことばの遅れが顕著であったり、アイコンタクトができなかったり、事物の配列行動などがみられるなど）の場合です。このような場合、乳幼児期の健診などのスクリーニングにおいて明らかになりやすく、スムーズな療育につながりやすいでしょう。一方、重症度水準が低いか、知的発達症を併存していない場合には、小学校以降などに先生からの指示に従えなかったり、友達と適切に関わることができなかったりすることで明らかになる場合もあります。場合によっては、成人期になって周囲との関係性がうまくいかないことで初めて診断されるケースもあります。

重度のASD児に対する支援に必要なこととしては、コミュニケーションや身辺自立などの基本的なスキルを獲得するために、**療育**と呼ばれる支援を受けます。療育を実施している場所としては、主に児童発達支援センターや**児童発達支援事業所**などを挙げることができます。

本節では、ASD児への療育方法として、ABA（応用行動分析学）に基づく方法とその関連技法、PECS、PBS、さらにTEACCHプログラムに基づく支援について紹介します。

◆療育：対象児の発達の遅れに伴い、本来必要な自立や学習のために必要なスキルを習得するため、様々な手法で支援を行います。

◆児童発達支援事業所：発達が気になる児童を通わせて集団療育や個別療育を行う事業所のことです。多くの場合、利用するためには受給者証が必要です。

① ABA（応用行動分析学）に基づく療育

ABAでは、その人の行動の原因を「こころ」や「きもち」などの実在しない仮説構成概念に求めることはせず、外から観察可能なその人の"行動"に原因を求めることに特徴があります。また、その人の行動は「行動と環境との相互作用」により形成され、維持されると考えます。その人の行動の出現やその行動が維持されるかどうかに関しては、**強化の原理**によって説明されます。強化の原理とは「ある先行事象の直後に、行動が生じた直後に、後続事象が随伴した結果、その行動が生じる確率が高まること」です。わかりやすく説明すれば、「あるきっかけの直後に、

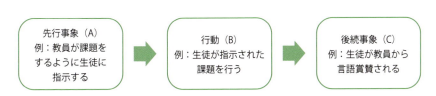

図6-3-2　強化の原理を図式化したABC分析の事例

第6章　子どもの障害と病気

◆強化子：ABA においてその人の行動の生起率を高める物や事です。例として、飲食物や褒め言葉などが挙げられます。

◆分化強化法：望ましい行動を強化し、不適切な行動を消去する手法。

◆機能的コミュニケーション訓練：問題行動と機能が等価である適切な代替行動を強化する手法。

◆課題分析やチェイニング：今すぐ達成が困難な望ましい行動をいくつかの下位行動に分けることを課題分析といい、下位行動が連続して生起するようにプロンプトする手法をチェイニングといいます。

◆シェイピング法：達成困難な望ましい行動を最終目標として設定し、その行動に似ている行動のみを強化することにより、少しずつ望ましい行動に近づけていく手法。

◆トークンエコノミー法：対象児者の達成するべき望ましい行動を設定し、望ましい行動を達成することができたらシールなどのトークン（代用貨幣）を与え、トークンを規定数貯めることができたら強化子を獲得できる手法。

◆機会利用型学習：要求言語を表出しなければ強化子が獲得できないような場面をあえて設定することで要求言語の表出を促す手法（例：滑り台のはしごを外すことで支援者に「やって」という要求発語を促す）。

特定の行動が生じた後で、その人にとってうれしいことが生じる（または、嫌なことがなくなる）と、将来その行動を起こしやすくなる」と説明することができます（図 6-3-2 参照）。

ABA に基づく療育では、この強化の原理をはじめとする様々な行動原理に基づき、ASD 児の望ましい行動の拡大を目指していきます。重要なことは問題行動の減少が主目的ではなく、あくまで望ましい行動の拡大によって相対的に問題行動を軽減させることです。例えば、支援者が望ましい行動をするように指示を出し、ASD 児が望ましい行動を表出した直後に、言語賞賛、ご褒美シールなどの強化子を提示します。その後、ASD 児の望ましい行動の生起率が高まったらその行動は強化されたということになります。

ABA に基づく療育では、これらの強化の原理を適用することにより、様々な方法論が開発されています。例えば、分化強化法、機能的コミュニケーション訓練、課題分析やチェイニング、シェイピング法、トークンエコノミー法、機会利用型学習、フリーオペラント法、カリキュラム修正法、環境豊饒化などを挙げることができます。

② PECS®（ペクス）

ABA に基づく療育の中で、ASD 児のコミュニケーションの形成を目的とした指導方法として開発されたのが PECS® (Picture Exchange Communication System; Bondy & Frost 2011) です。今では ASD 児だけでなく、あらゆる障害を抱えた児童や成人に応用されています。PECS® は絵カードを使用して ASD 児が「自発的にコミュニケーションすること」を目的に開発された指導システムであり、その指導の段階はフェイズと呼ばれ、PECS® 全体で合計 6 つのフェイズに分けられています。フェイズⅠからフェイズⅤまでは、ASD 児が絵カードを通して他者への要求すること（例えば、「○○ください」）を指導します。最後のフェイズⅥでは、周囲の人への報告（例えば、「ボールがあったよ」「クルマだね」）を指導します。近年は絵カードを使用した方法だけではなく、スマートフォンやタブレットなどのモバイル端末で PECS® のアプリを使用して指導する方法も普及しています。

③ PBS（ポジティブ行動支援）

現在、学校を中心に拡大している支援概念が、ポジティブ行動支援（PBS；Positive Behavior Support）です。この PBS はもともと ABA から

第3節　発達障害

派生して発展してきたものです。1990年代に米国において、児童の問題行動に対する罰や消去などのネガティブなアプローチに対する批判として登場してきた経緯があります。PBSの特徴としては、児童生徒にとって嫌悪的なアプローチを使用しないことだけではありません。それ以外にも、効果が実証されている方法を使用すること、組織全体におけるシステムづくりの重要性、そしてチームとして実践に落とし込むこと（若林ら2023）を挙げることができます。

④ TEACCHプログラムに基づく療育

　TEACCHプログラムとは、元々米国のノースカロライナ州でASD児者に対して行われる包括的な支援プログラム体系のことを指します。このTEACCHの目的は、ASD児者が社会の中で有意義に暮らし、できるだけ自立した行動をすることにあります（佐々木2002）。また、TEACCHの特徴としては、行動理論と認知理論の両方を重視しています。特に認知理論を活かした支援として、構造化やスケジュール、ワークシステムなどを挙げることができます。

（6）支援制度と利用方法・手続き

　ASD児も含めた発達障害児全般を対象としており、申請すれば児童福祉法に基づく障害児福祉サービスを利用することができます。障害児に対する通所のサービスとしては**児童発達支援事業**があります。児童発達支援事業では、保護者に対する相談支援だけではなく個別療育や集団療育などを実施します。この事業を行っている事業所は、児童発達支援事業所と児童発達支援センターの2種類を挙げることができます。この2つの違いは児童発達支援センターの方がより規模が大きく、より地域の中核的な役割を果たしています。

　その他にも、専門的な知識を持った人が保育所や学校等に訪問し、ASD児の支援について助言を行う**保育所等訪問支援事業**や、学校に通う障害児が放課後や夏休みなどの長期休みの際にその事業所に通い様々なサービスを受ける**放課後等デイサービス事業**もあります。

　これらのサービスの利用手続きとして、まずは自治体の窓口に相談するか、**障害児相談支援事業所**に相談します。次に利用したいサービスを実施している事業所を見学後、指定相談支援事業所においてサービス等利用計画案を作成してもらいます。家族が自ら計画を作成するセルフプランも可能です。これに加えて、障害児通所給付費支給申請書、医師意

◆フリーオペラント法：机上で行う指導者主導形式ではなく、対象児の自発的な行動や発語に対して支援者が随伴し強化する手法。

◆カリキュラム修正法：問題行動が起きやすい課題や活動を特定した上で、その内容や指示の方法を変更することで問題行動を軽減させる手法。

◆環境豊饒化：対象児者の感覚により維持されている問題行動を軽減させるために、周囲の環境に物を増やすことで、問題行動を軽減させる手法。

見書、もしあれば療育手帳を添えて自治体に申請します。自治体の調査員による聞き取り調査を経て、給付決定されたら、受給者証が発行されます。その後、利用したい事業所と契約後、サービス利用が開始されます。

3　学習障害（LD）

（1）LD とは

LD とは、明らかに知的発達の遅れが認められないにもかかわらず、読み書きや計算など、特定の学習能力に困難を示す状態を指します。学校教育の中で LD は、以下のように定義されています（文部科学省 2021）。

> 学習障害（LD：Learning Disabilities）とは、基本的には、全般的な知的発達に遅れはないが、聞く、話す、読む、書く、計算する又は推論する能力のうち、特定のものの習得と使用に著しい困難を示す様々な状態を指すものである。学習障害は、その原因として、中枢神経系に何らかの要因による機能不全があると推定されるが、視覚障害、聴覚障害、知的障害、情緒障害などの障害や、環境的な要因が直接的な原因となるものではない。

一方、医学的な診断マニュアルである DSM-5-TR（髙橋・大野監訳 2023）において、学習障害は「限局性学習症（SLD：Specific Learning Disorder)」として示されています。

（2）LD の症状

先述した学校教育における LD の種類としては、「聞く」「話す」「読む」「書く」「計算する」「推論する」能力の困難として位置づけられています。それぞれの困難に対する症状の例を表 6-3-1 に示します。

表 6-3-1　LD の症状の例

学習能力	症状の例
聞く	聞き間違い・聞きもらしがある、指示の理解・話し合いが難しい　など
話す	短い文で内容的に乏しい話をする、筋道の通った話をするのが難しい　など
読む	音読が遅い、勝手読みがある、文章の要点を正しく読み取ることが難しい　など
書く	読みにくい字を書く、漢字の細かい部分を書き間違える　など
計算する	計算をするのにとても時間がかかる、学年相応の文章題を解くのが難しい　など
推論する	学年相応の量を比較することや、量を表す単位を理解することが難しい 事物の因果関係を理解することが難しい　など

出所：国立特別支援教育総合研究所（2010）をもとに作成

第3節　発達障害

（3）子どもからのサイン

　LD の子どもの中には、例えば「聞く」「話す」ことは得意だけれども「読む」「書く」ことが難しい場合など、「できること」と「できないこと」にギャップを抱える場合が多いです。このように「できること」があると、周囲の人たちは「できないこと」に対して、その原因を本人のやる気の問題や努力不足と捉えてしまうことがあります。そのため、子ども本人は十分に努力していても、「努力すればできるはず」と困難なことを無理強いされることや、うまくできた経験がないまま失敗経験だけが積み重なることにより、大きなストレスを抱えることにつながります。その結果、はじめは努力していても次第に努力することもあきらめてしまうことも多いため、周囲の人は子どものできることとできないことにギャップがあるかどうかや、子どもが学習に向かう姿勢を慎重に見とることが重要です。

（4）支援方法

　LD の支援には、大きく分けて「できないことをできるようにするための支援」と、「できないことを補うための支援」の2つの方向性があります。
　できないことをできるようにするための支援には、これまで「当たり前」とされてきた学び方を見直し、その子どもにあった学び方を提供することが必要となります。例えば、掛け算の指導では一般的に、掛け算九九を歌のように唱えて覚えることが行われていますが、耳から聞いて覚えることが苦手な子どもにとって、この方法では掛け算を習得することが難しい場合があります。そのような場合は、掛け算九九をマトリクス表など、目に見える形で示すことによって覚えやすくなる場合があります。
　加えて、LD の子どもの中には、学び方を工夫したとしても、ある一定レベル以上のスキルを獲得することが困難である場合や、あるいは獲得できたとしてもスキルを遂行するのに多くの時間や負荷がかかる場合があります。そのような子どもに対しては、必要以上に負荷のかかる状況においてどのように対処すればよいのかといった、いわゆる「できないことを補う」ための支援を行うことも必要となります。例えば文章を読むことはできても、読むことに多くの時間を費やしてしまう子どもの場合、テストの問題文を読むのに多くの時間がかかります。その結果、本来はその問題に答える知識を備えているのにも関わらず、時間切れで問題に答えることができず、不当に得点が低くなるといった事態が想定されます。そのような子どもに対しては、テストの時間を延長すること

や、音声読み上げソフトを利用して問題文を音声で聞くことができるようにするなどの支援が考えられます。

（5）支援制度と利用方法・手続き

LDにおける教育的な支援については、主に**発達障害者支援法**第2章「児童の発達障害の早期発見及び発達障害者の支援のための施策」において規定されています。中でも幼稚園から高等学校までにおける教育については、**特別支援教育**の枠組みにおいて、通常の学級で学ぶことが原則となっています。通常の学級で学ぶ中で必要とされる配慮や支援は、**合理的配慮**として提供されることとなります。加えて、通常学級のみで子どもに必要な支援を提供することが難しいと判断される場合には、**通級による指導**が行われる場合もあります。以上のような合理的配慮や通級による指導を受けるには、在籍する学校の**特別支援教育コーディネーター**や学級担任等が窓口となります。

学校での支援に加えて、2010（平成22）年に児童福祉法及び障害者自立支援法が改正され、発達障害者が同法における障害者の範囲に含まれることが明確に規定されました。これに伴い、知的障害を伴わない発達障害児も福祉などのサービスを受けることができるようになりました。例えば「**児童発達支援**」や「**放課後等デイサービス**」などのサービスを受けることができます。これらの支援の利用には、市区町村が相談窓口となっています。

4 注意欠如・多動症（ADHD）

（1）ADHDとは

ADHDとは注意力の問題や、衝動的で落ち着きのない行動により、生活上の様々な困難に直面している状態を指します。学校教育の中でADHDは、以下のように定義されています（文部科学省 2021）。

> 注意欠陥多動性障害（ADHD：Attention-Deficit/Hyperactivity Disorder）とは、年齢あるいは発達に不釣合いな注意力又は衝動性・多動性を特徴とする障害であり、社会的な活動や学校生活を営む上で著しい困難を示す状態である。通常12歳になる前に現れ、その状態が継続するものであるとされている。注意欠陥多動性障害の原因としては、中枢神経系に何らかの要因による機能不全があると推定されている。

◆特別支援教育：障害のある幼児児童生徒の自立や社会参加に向けた主体的な取組を支援するという視点に立ち、幼児児童生徒一人一人の教育的ニーズを把握し、その持てる力を高め、生活や学習上の困難を改善又は克服するため、適切な指導及び必要な支援を行うものです。これまでの特殊教育の対象の障害だけでなく、発達障害も含めて、特別な支援を必要とする幼児児童生徒が在籍するすべての学校において実施されます。

◆合理的配慮：障害者権利条約第2条において「障害者が他の者との平等を基礎として全ての人権及び基本的自由を享有し、又は行使することを確保するための必要かつ適当な変更及び調整であって、特定の場合において必要とされるものであり、かつ、均衡を失した又は過度の負担を課さないもの」と定義されています。

◆通級による指導：通常の学級に在籍している言語障害、自閉症、情緒障害、弱視、難聴、学習障害（LD）、注意欠陥多動性障害（ADHD）、肢体不自由、病弱・身体虚弱等の障害がある児童生徒のうち、概ね通常の学級で学習や生活が可能な児童生徒を対象として、各教科等の指導は主として通常の学級で行いつつ、個々の障害の状態に応じた特別の指導を特別の指導の場（通級指導教室）で行う教育形態です。

◆特別支援教育コーディネーター：幼稚園、

第3節　発達障害

　また、医学的な診断マニュアルである DSM-5-TR（髙橋・大野監訳 2023）では、「**注意欠如・多動症**」と表記されています。

（2）ADHD の症状

　ADHD は、「**不注意**」「**多動性**」「**衝動性**」の症状が継続して（少なくとも6か月以上）、複数の場面（家庭と学校など）で認められます。表 6-3-2 に ADHD の症状の例を示します。

> 小学校、中学校、高等学校等における特別支援教育の推進のため、主に校内委員会の運営、校内研修の企画、関係機関・学校との連絡・調整、保護者の相談窓口等の役割を担います。

表 6-3-2　ADHD の症状の例

中核症状	症状の例
不注意	学校での勉強で、細かいところまで注意を払わなかったり、不注意な間違いをしたりする。 課題や遊びの活動で注意を集中し続けることが難しい。 面と向かって話しかけられているのに、聞いていないように見える。 指示に従えず、また仕事を最後までやり遂げられない。 学習などの課題や活動を順序立てて行うことが難しい。 気持ちを集中して努力し続けなければならない課題を避ける。 学習や活動に必要な物をなくしてしまう。 気が散りやすい。 日々の活動で忘れっぽい。
多動性	手足をそわそわ動かしたり、着席していてももじもじしたりする。 授業中や座っているべきときに席を離れてしまう。 きちんとしていなければならないときに、過度に走り回ったりよじ登ったりする。 遊びや余暇活動におとなしく参加することが難しい。 じっとしていない。又は何かに駆り立てられるように活動する。 過度にしゃべる。
衝動性	質問が終わらないうちに出し抜けに答えてしまう。 順番を待つのが難しい。 他の人がしていることをさえぎったり、じゃましたりする。

出所：文部科学省（2021）をもとに作成

（3）子どもからのサイン

　ADHD のある子どもは幼児期から気が散りやすく、じっとしていることが苦手だったり、忘れ物や紛失物が多かったりするという傾向が見られるのが特徴です。また、衝動的に行動した結果、人やものにぶつかるなどの危険な行動につながることによって、結果的に人とのトラブルになってしまうことも見られます。そのため、周囲の大人から行動を強く規制されたり、注意や叱責を受けたりする場面が増える可能性が高いです。しかしこれらの行動は ADHD の特性によるものであり、自分でも注意や衝動的な行動をコントロールすることができないため、「自分はどうせ、何をやっても叱られる」といった自己肯定感の低下や、人間関係でのストレスを抱える場面が多くなります。その結果、周囲への反抗などの素行の問題や、不安やうつ症状を伴う二次的な障害につながる

第6章　子どもの障害と病気

ケースもあるため、表面に現れる行動の問題だけでなく、その行動の背景にも注目して子どもを見とることが重要となります。

（4）支援方法

　ADHDにおける支援は学校や家庭、病院で行われるものなど、様々な方法があります。学校における支援として「環境調整」、家庭における支援として「ペアレント・トレーニング」、病院における支援として「薬物療法」についてそれぞれ紹介していきます。

　ここでいう環境調整とは、教室内の物理的環境と人的環境の両方を指します。物理的環境調整の例としては、教師からの支援が届きやすい席にする、課題のレベルや量を本人の状況に合わせて調整する、などが挙げられます。一方、人的環境調整の例としては、叱ったり注意するだけでなく、適切な行動に対して褒めたり賞賛したりすることや、クラス全体に仲間同士で助け合ったりお互いに努力や成功を応援する雰囲気を作ることなどが挙げられます。

　ペアレント・トレーニングとは、行動療法の理論に基づき親に対して行うトレーニングです。子どもの行動に焦点を当て、好ましい行動を増やすための手法を学び、適切な指示の出し方を学びます（齊藤・飯田編2022）。ペアレント・トレーニングによって、子どもの行動に関する問題や親の養育行動の改善が期待されます。

　このようにADHDの支援では、環境調整などの心理社会的支援から開始することが基本となります。しかし、これらの支援によっても十分な効果が得られない場合には、同時に薬物療法も行われる場合があります。ADHDにおける治療薬の代表的なものとして、メチルフェニデート（コンサータ）、アトモキセチン（ストラテラ）、グアンファシン塩酸塩（インチュニブ）、リスデキサンフェタミン（ビバンセ）が挙げられます（齊藤・飯田編2022）。

（5）支援制度と利用方法・手続き

　ADHDにおける教育的な支援ならびに福祉的なサービスについては、先述したLDと同様の制度を利用することが可能です。加えてペアレント・トレーニングについては、厚生労働省の「発達障害児者及び家族等支援事業」において、都道府県・市町村に対してペアレント・トレーニングなどの推進が行われています（日本発達障害ネットワーク2020）。

第3節　発達障害

5　発達性協調運動障害（DCD）

（1）DCD とは

　DCD とは、明らかな病気やけががないにもかかわらず運動の不器用さが極めて大きいため、日常生活や学業に著しい支障をきたしている状態を指します。医学的な診断マニュアルである DSM-5-TR（髙橋・大野監訳 2023）では、LD や ADHD と同様に、神経発達症のカテゴリーに位置づけられています。表 6-3-3 に DSM-5-TR における DCD（Developmental Coordination Disorder：発達性協調運動症）の診断基準を示します。

表 6-3-3　DCD の診断基準

A.	協調運動技能の獲得や遂行が、その人の生活年齢や技能の学習および使用の機会に応じて期待されるものよりも明らかに劣っている。その困難さは、不器用（例：物を落とす、または物にぶつかる）、運動技能（例：物を掴む、はさみや刃物を使う、書字、自転車に乗る、スポーツに参加する）の遂行における遅さと正確さによって明らかになる。
B.	診断基準 A における運動技能の欠如は、生活年齢にふさわしい日常生活活動（例：自己管理、自己保全）を著名に、持続的に妨げており、学業または学校での生産性、就労前および就労後の活動、余暇、および遊びに影響を与えている。
C.	この症状の始まりは発達段階早期である。
D.	この運動技能の欠如は、知的発達症（知的能力障害）や視力障害によってはうまく説明されず、運動に影響を与える神経疾患（例：脳性麻痺、筋ジストロフィー、変性疾患）によるものではない。

出所：日本精神神経学会（日本語版用語監修）髙橋三郎・大野裕（監訳）（2023）『DSM-5-TR 精神疾患の診断・評価マニュアル』医学書院、p.84

（2）DCD の症状

　粗大運動（身体全体を使った運動やバランス）あるいは微細運動（手や指を使う運動）のいずれかで常にその困難が生じていると、DCD である可能性が高いとされています（厚生労働省令和 4 年度障害者総合福祉推進事業 2022）。表 6-3-4 に幼児期（5～6 歳）ならびに学齢期における DCD の症状の例を示します。

（3）子どもからのサイン

　DCD の場合、運動のぎこちなさは幼児期から見られますが、読み書きなどの学習や行動上の問題と比べて、家庭や園・学校から問題として挙げられることは少ないです。そのため、問題が見過ごされがちになり、その結果、運動の困難から別の問題が生じる場合があります。例えば、身体を使った遊びが苦手であるために、友達と遊ぶことを避けるようになったり、鉛筆などの文房具が上手に使えずに、勉強が嫌いになったりする場合があります。そのような困り感に発展しないためにも、周囲の大人は早い段階で子どもの運動の困難に気が付き、対応する必要があります。

155

第6章　子どもの障害と病気

表6-3-4　DCDの症状の例

時期		症状の例
幼児期 (5〜6歳)	身体全体を使った運動やバランス	・他の子と比べて、走り方がぎこちない、あるいは不自然である ・遊具やブロック遊びなど、身体を使う遊びで、うまく身体を動かしたり、スムーズに遊びをすすめたりできない ・長い時間座るときに、疲れやすく、姿勢が崩れたり、椅子からずり落ちたりする
	手や指を使う運動	・絵などを描くときに、何を描くかは思いついているのに、描く動作（手の動きなど）がスムーズでなく時間がかかる ・お絵かきや塗り絵の時に、何を描いたか大人に伝わらない
学齢期	身体全体を使った運動やバランス	・授業中に座る時と朝礼などで立つ時に、ともに姿勢が崩れやすい ・ダンスや体操の時に、身体の動きが音楽・掛け声とずれている、ダンスや体操の「動き」を覚えることに時間がかかる ・道具を使う体育「全般」で困り感が大きい
	手や指を使う運動	・文字がマス目や行からはみ出ることが多く、文字の崩れが著しい ・プリントや折り紙が綺麗に折れない ・道具を使う教科および生活「全般」で困り感が大きい

出所：厚生労働省令和4年度障害者総合福祉推進事業（2022）をもとに作成

（4）支援方法

　運動に関する困難は日常生活や学習全般に影響をおよぼします。そのため、具体的な日常生活の困り感にアプローチするような支援が必要です。例えば、「お箸がうまく使えないために食事に時間がかかる」といった困り感がある場合、お箸を操作するための運動動作がスムーズにできるようになる練習を行うだけでなく、操作がしやすいお箸を選んだりするなどの道具の工夫や、焦らずに食事ができるような雰囲気づくりや時間の延長などといった環境を整えることも支援に含まれます。このように、DCDにおける支援では、本人の困り感に対して、運動動作に直接アプローチする以外にも、教材教具の工夫や環境調整など、あらゆる視点から支援を行うことが重要となります。

（5）支援制度と利用方法・手続き

　DCDは、発達障害者支援法第2条において「その他これに類する脳機能の障害」に位置づけられています。そのため他の発達障害と同じような教育的支援や福祉的サービスを受けることが可能です。ただし、特別支援教育における特別支援学級や通級における指導の対象となる障害にDCDは規定されていないため、DCDによって生じる学習の困難に応じてこれらの個別的支援を利用することや、通常学級における合理的配慮による支援を受けることになります。

　加えて、運動動作に関する支援は、理学療法士や作業療法士が在籍する児童発達支援センターや放課後等デイサービスなどで行われている場

合もありますので、地域の**発達障害者支援センター**や市町村の窓口など
に相談すると良いでしょう。

キーワード　Let's review!（復習してみましょう！）

発達障害の併存	複数の発達障害を併存する場合があります。例えば、ASD と ADHD の併存がみられる人は、約 6 割いると言われています（Goldin ら 2013）。複数の障害が併存する場合に、その子の生活の困難さがさらに増すと考えられるため、もし適切な支援を受けられないと二次障害を呈する可能性が高まるでしょう。
ASD 児の感覚特性	人は様々な感覚を持っています。いわゆる五感（触覚、視覚、嗅覚、聴覚、味覚）だけではなく、空腹の感覚、温度の感覚、あるいは振動する感覚など様々な感覚が存在します。多くの ASD 児の場合、これらの感覚を敏感に感じてしまうか、反対に感じにくい特性を持っています。そのため ASD 児に感覚の特異性があると、学校生活や日常生活において様々な影響を受けます。
機能的アセスメント	問題行動の機能（注目、要求、逃避・回避、感覚）を特定したり、問題行動に先行する条件を特定したりすることによって、問題行動生起の仮説を立て、支援計画作成につなげる心理学的アセスメントの一つです。具体的には、関係者から情報を収集したり、実際に問題行動が生起する場面を観察したりすることによって実施します。
児童発達支援事業	本事業は、未就学の発達が気になる児童を通所させて、保護者への相談やその子に必要なアセスメントを実施し、個別療育や集団療育を実施することによって、日常生活スキルやコミュニケーション、身辺自立などの支援を実施します。
特別支援教育	障害のある幼児児童生徒の自立や社会参加に向けた主体的な取組を支援するという視点に立ち、適切な指導及び必要な支援を行う教育の仕組みです。特別支援学校や特別支援学級などの特別な場だけでなく、通常学級においても支援は行われます。
合理的配慮	学校教育における合理的配慮とは、障害のある子どもが、他の子どもと平等に「教育を受ける権利」を享有・行使することを確保するために、学校の設置者及び学校が必要かつ適当な変更・調整を行うことであり、障害のある子どもに対し、その状況に応じて、学校教育を受ける場合に個別に必要とされるものであり、学校の設置者及び学校に対して、体制面、財政面において、均衡を失した又は過度の負担を課さないものとされています。

第6章　子どもの障害と病気

▶コラム❷

子どもの孤独感
不適応的な孤独と必要な孤独

　新型コロナウイルス感染症（COVID-19）の感染拡大は、ひきこもりや不登校、ヤングケアラーなど子どもたちの社会的孤立や孤独感に関する問題を浮き彫りにしました。感染対策や隔離生活によって生じた孤独感と、その悪影響についても注目されるようになりました。

　孤独感（loneliness）とは、「対人関係における達成水準と願望水準の違いによって生じるネガティブな感情」と定義され（Peplau & Perlman 1979）、世界中の研究者が研究しています。最近は、孤独感に関する数々の調査結果をまとめたメタ分析（meta analysis）の報告が増えています。児童・思春期を対象としたメタ分析として、例えば、孤独感の強さが抑うつ症状と関連することや（Dunn & Sicouri 2022）、インターネット依存と関連すること（Wang& Zeng 2024）が明らかになっています。

　近頃、孤独感を解消するために、人と人とのつながりを新たに作るような取組がいたるところで行われています（例えば、新たに相談・支援機関を作る、定期的なイベントや催しを開催する）。つながりを作ることで孤独感を解消するというのは非常にわかりやすいロジックではありますが、慢性的に孤独感が強い人は社会的包摂（social inclusion）に対してポジティブな気持ちを抱きにくいことがわかっています（Vanhalst et al. 2015）。単につながりを作ろうとしても、当事者は良い気持ちにならず、結局、有効な支援にはならないこともよくあります。

　ここで一つ考えていただきたいのですが、どのような孤独感も解消すべきでしょうか？　一人で物思いにふけったり、一人の時間を作りたいと思うことはないでしょうか？

　そもそも感情とは、生物が適応的に生活していくための心身の反応であり、シグナルと考えられています。すなわち、生物として生き延びていくために、孤独感が必要なときもあるのです。孤独感研究の初期には、適応的な孤独感として創造的な人が経験する建設的孤独感（Fromm-Reichmann 1959）や、人は一人ひとり孤独な存在であるとみなす実存的孤独感（Moustakas 1961）などが提唱されてきました。孤独感は、その不適応

的な側面が注目されがちですが、近年ではポジティブな孤立（positive solitude: 中尾・平野 2024; Ost et al. 2021）といった概念が提唱されるなど孤独感の適応的な側面に関する研究も増えています。

　孤独感を感じることを単に「悪いもの」としてみなすのではなく、人生や考え方を豊かにするという機能を活かしつつ、強い孤独感を感じたときには適切に支援を受けられるような取組や社会制度が今後求められていくでしょう。

コーヒーブレイク③
動物園の役割って、なに？

　子どもたちの多くは、動物園が大好きです。動物園に行けば、自然と力をもらえる気持ちになる大人も多いと思います。

　動物園では、日常では出会えないような野生動物を身近に観察できます。動物の大きさや逞しさを再発見して、生命の素晴らしさに魅せられる人も多いかもしれません。知的好奇心が刺激され、自然への関心が強まる人もいるでしょう。都市空間から離れた異空間で、自然との共生社会を考えてみるのもいいですね。

　動物園の役割は、大きく分けて次の4つがあります。①種の保存、②教育・環境教育、③調査・研究、④レクリエーションです。特に、絶滅の危機にある野生動物を保全するための拠点としての役割を担う「種の保存」は、動物園が長年取り組んでいる重要な役割です。

〈参考文献〉
中野かおり（2016）「種の保存における動物園の役割」『立法と調査』382、参議院事務局企画調整室、pp.29-37
　https://www.sangiin.go.jp/japanese/annai/chousa/rippou_chousa/backnumber/2016pdf/20161101029.pdf（2025.1.7 閲覧）

第7章

子どもの権利

　子どもは、一人の尊重されるべき人権を持つ存在です。しかしながら、過去の歴史を見ていくと、その人権が守られていないことがありました。その後、児童は保護され、愛されるべき存在であり（受動的権利）、大人たちは健全な成長を保証するために努力することが定められました。さらに、「子ども（児童）の権利条約」の採択・批准により、子どもの意見表明権など、その能動的な権利を認めることが求められるようになってきました。現代社会では、人権尊重や共生社会の実現などが求められています。その時代にあって子どもの権利について学ぶことは大変重要です。この章では、子どもの権利条約、子どもの権利保障、育ちの保障について取り上げていきます。

第7章　子どもの権利

第1節　子どもの権利に関する条約

　この節では、「児童の権利に関する条約」（以下、ここでは「子どもの権利条約」とします）について概説します。特に、近年の教育現場と関連付けながら解説するとともに 2023 年に施行されたすべての子どもや若者が健やかに成長でき、将来にわたって幸せに生活できる「こどもまんなか社会」をつくっていくための法律である「こども基本法」にも触れていくこととします。

1　児童の権利に関する条約とは

　「子どもの権利条約」とは、児童（18 歳未満すべての者）の権利について定めた国際人権条約です。1989 年 11 月に第 44 回国際連合（the United Nations　以下、国連という）総会で採択され、その後、日本は 1990 年 9 月に署名し、1994 年 4 月に批准することで、条約の効力が発生することとなりました。「子どもの権利条約」は、子どもは「弱くておとなから守られる存在」という考え方から、それだけではなくて、子どもも「ひとりの人間として人権（権利）をもっている」、つまり、「権利の主体」だという考え方に大きく転換させた条約です。また、子どもを権利の主体と捉え、おとなと同様にひとりの人間としてもつ様々な権利を認めるのと同時に、成長の過程にあって保護や配慮が必要な子どもならではの権利も定めているというのがこの条約の特徴です。

＊1：次節（第7章第2節）2（2）に詳述しています。

＊2：次節（第7章第2節）2（3）に詳述しています。

Well-being について

　子どもの受動的権利＊1 だけではなく能動的権利＊2 にも着目し、子どもの権利を守る姿勢を表現する **Well-being** という言葉があります。Well-being とは、従来は「福祉」の英訳として使用されてきた Welfare に代わる考え方として使われるようになった言葉です。

　Well-being は、個人の権利や自己実現が保障され、身体的・精神的・社会的に良好な状態にあることを意味する考え方を表します。つまり、「弱い立場の人を助ける・守る」という従来の保護的な福祉観から脱却し、より積極的に一人ひとりの幸せを実現していこうという考え方を表した言葉として捉えることができます。

　近年では、「Welfare から Well-being へ」という新しい視点や考え方が強調され、「児童福祉」ではなく「子ども家庭福祉」という言葉が意図的に使われる場面も増えてきています。

出所：帆足ほか（2021）『子どもの発達と保育』

162

第 1 節　子どもの権利に関する条約

2　4つの原則

　子どもの権利条約の基本的な考え方は、①生命・生存・発達に対する権利（第6条）、②児童の最善の利益（第3条）、③意見を表明する権利（第12条）、④差別の禁止（第2条）の4つで表されます（表7-1-1）。それぞれ、条例で示されている権利であるとともに、あらゆる子どもの能動的権利にも着目し、積極的に子どもを権利の主体として捉えるときの大切な「原則」であるとされています。なお、これらの原則は、「こども基本法」にも取り入れられています。

表 7-1-1　子どもの権利条約の4原則

①生命・生存・発達に対する権利（第6条）命や生存、発達が保障されること。 　すべての子どもの命が守られ、もって生まれた能力を十分に伸ばして成長できるよう、医療、教育、生活への支援などを受けることが保障されます。
②児童の最善の利益（第3条）子どもにとって最もよいことを第一に考えること。 　子どもに関することが決められ、行われるときは「その子どもにとって最もよいことは何か」を第一に考えます。
③意見を表明する権利（第12条）子どもが意味のある参加ができること。 　子どもは自分に関係のある事柄について自由に意見を表すことができ、おとなはどの意見を採用するか、子どもの発達に応じて十分に考慮します。
④差別の禁止（第2条）差別のないこと。 　すべての子どもは、子ども自身や親の人権や国籍、性、意見、障害、経済状況などどんな理由でも差別されず、条約の定めるすべての権利が保障されます。

出所：日本ユニセフ協会HP（2019）「子どもの権利条約採択30周年各条文のアイコン決定」（https://www.unicef.or.jp/news/2019/0137.html）をもとに筆者が整理

　子どもの参加（子どもが子どもに関わる事柄について意見を表し、それがおとなに十分に考慮されること）は、それ自体が子どもの権利条約であるとともに、条約に定められた他の権利が実現するための大切な手段でもあります。子どもの年齢や状況によって様々な形があります。参加する「場」、意見を言える環境、意見を聴くおとなの存在があり、そして、参加が実際の意思決定に何らかの影響を与えることによって、「意味のある参加」となることが大切です。子どもに関わる事柄とは、その子どもに直接関わることのみではなく、広く子どもに関わる環境や政策等も含まれます。

　なお、子どもが参加する際には、倫理面にも配慮する必要があります。国連子ども権利委員会は、効果的で倫理的な参加のための基本的要件として、次の9つを挙げています。

　①透明性、②任意、③子どもの尊重、④関連性、⑤子どもにやさしい、⑥包摂的、⑦研修の実施、⑧安全でリスクに配慮、⑨説明責任（子どもへの報告）

第7章　子どもの権利

◆生徒指導提要：小学校段階から高等学校段階までの生徒指導の理論・考え方や実際の指導方法について、時代の変化に即して網羅的にまとめ、生徒指導の実践に即し教職員や学校間で共通理解を図り、組織的・体系的な取組を進めることができるよう、生徒指導に関する学校・教職員向けの基本書として文部科学省が作成したもの。

＊3：八並ら（2023）によると、これまで「生徒指導の定義」という形では明示されてきませんでしたが、改訂された生徒指導提要では、子どもの権利条約を踏まえ「生徒指導とは、児童生徒が社会の中で自分らしく生きることができる存在へと、自発的・主体的に成長や発達する過程を支える教育活動のことである。なお、生徒指導上の課題に対応するために、必要に応じて指導や援助を行う」と明示されました。

◆心理的安全性：地位や経験などにとらわれず、自分が持つ意見を誰もが素直に表明できる状態のこと。

◆ICT：情報処理と情報通信に関する技術の総称のことで、略称は「情報通信技術」を意味する「Information and Communication Technology」からきています。

3　教育現場と子どもの権利条約

　教育現場においても生徒指導の取組上の留意点として、「子どもの権利条約」についての理解は欠かせません。2022年12月に生徒指導提要が改訂されたことに伴い、子どもの権利条約の4原則がより重視されたといえるでしょう。

　改訂された生徒指導提要では、児童生徒が主語となり、生徒指導の定義がなされています[*3]。生徒自身が、社会の中で自分らしく生きることができる存在へと自ら個性を開花させていくとともに、社会的資質・能力といった社会性を発揮させていく一主体として、位置付けられています。そして、教職員は、その成長や発達を「支える」存在とされています。支援者側である教職員には、生徒指導を適切に行うために、児童生徒が人権及び人格を有する一主体である認識を欠くことはできないのです。

　近年、教育現場では「ルールメイキング」が注目されています。2021年6月、文部科学省は児童生徒の実情や保護者の考え方などを踏まえて校則を絶えず積極的に見直すことを求める文書を発出しました。この文書は、校則の見直しに児童生徒が参加することで校則の理解を深めたり、主体性を培う機会にもなるとしています。併せて、児童生徒の内面的な自覚を促し、校則を"自分事"として捉え、自主的に守ろうとする態度を身に付けることも期待されます。

　この潮流に合わせ、学校では生徒間における校則の議論──各学級で校則の見直してほしい箇所、学校生活上のルールで変更してほしいこと──や、生徒総会を経て、生徒会から学校へ校則の見直しに関する要望を提出するなどの動きも出てきています。まさにこの動きは「意味のある参加」であり、今後教育現場においては一層必要とされる取組です。社会が大きく変化し、「校則」も「学び方」も「カリキュラム」も変わってきている今、子どもの生活の基盤となっている学校において、より多くの子どもたちの「声」が反映され、よりよい環境、空間となることが求められていると言っても過言ではないでしょう。そのためには、学校は心理的安全性を高め、子どもが安心して「意見を表明しやすい」風土をつくりあげていくことが肝要となります。

　なお、子どもが意見を表明する方法は「声」だけではないことにも気に留めておく必要があります。例えば、発言することに抵抗感がある子どもは、ICTを効果的に活用すると心理的負担が軽減し、自分の考えを表出しやすかったりします。その他、アンケートやSNSなど様々な方

第1節　子どもの権利に関する条約

法を取り入れながら子どもの意見を聴くことが望ましいです。

4　こども基本法 ──「こどもまんなか社会」の実現へ

2022年6月にこども基本法が公布され、2023年4月から施行されています。

わが国では、1994年に子どもの権利条約を批准して以降、様々な子どもに関する取組が行われてきました*4。

2023年4月に**こども家庭庁**が設置され、同年12月22日には、こども政策を総合的に推進するため、政府全体のこども施策の基本的な方針等を定める「**こども大綱**」を閣議決定しました。こども家庭庁のリーダーシップの下、「こども大綱」に基づき、政府全体がこども施策を推進していくことが示されたのです。

こども基本法では、「日本国憲法及び児童の権利に関する条約の精神にのっとり、次代の社会を担う全てのこどもが、生涯にわたる人格形成の基礎を築き、自立した個人としてひとしく健やかに成長することができ、こどもの心身の状況、置かれている環境等にかかわらず、その権利の擁護が図られ、将来にわたって幸福な生活を送ることができる社会の実現を目指して、こども施策を総合的に推進すること」が目的として第1条に示されています。

また、「こども大綱」では、すべてのこども・若者が身体的・精神的・社会的に幸せな状態（Well-being）で生活を送ることができる「こどもまんなか社会」の実現を目指しています。そして、そのための基本的な方針として、こどもや若者が生まれながらにしてもっている権利を大切にしながら今とこれからにとって最もよいことを行っていくこと、意見を聴きながら一緒に進めていくこと、おとなとして自分らしく生活を送ることができるようになるまでずっと支えていくことなどが表明されました（表7-1-2）。

*4：例えば、「子どもの権利」が法律に明文化されたのは、2016年に改正された児童福祉法です。

表7-1-2　「こどもまんなか社会」実現に向け掲げられた基本的な方針

①こども・若者は権利の主体であり、今とこれからの最善の利益を図ること
②こども・若者や子育て当事者とともに進めていくこと
③ライフステージに応じて切れ目なく十分に支援すること
④良好な成育環境を確保し、貧困と格差の解消を図ること
⑤若い世代の生活の基盤の安定を確保し、若い世代の視点に立った結婚・子育ての希望を実現すること
⑥施策の総合性を確保すること

第 7 章　子どもの権利

キーワード　Let's review!（復習してみましょう！）

能動的権利	子どもの権利条約では、家族や社会に守ってもらう受動的権利だけでなく意見表明権や思想・良心および宗教の自由など、市民としての権利に関わる能動的権利について示されています。
Well-being	個人の権利や自己実現が保障され、身体的・精神的・社会的に良好な状態にあることを意味する考え方を表します。「弱い立場の人を助ける・守る」という従来の保護的な福祉観から、より積極的に一人ひとりの幸せを実現していこうという考え方を表しています。
ルールメイキング	校則やルールを見直すためのプロセスのこと。異なる立場や意見を持つ人々との対話を通じて合意形成を図ることを指します。

第2節　子どもの権利保障

1　子どもの人権保障

（1）児童福祉の理念

　日本の児童福祉は、1945 年、第二次世界大戦敗戦後の混乱期、戦後孤児、浮浪児と呼ばれる子どもたちが巷にあふれる中、これらの児童の緊急保護対策から始まりました。その一方で、次代を担うすべての子どもたちの健やかな育成を図ることを基本原理として 1947 年に公布されたのが児童福祉法です。その第 1 条は、「すべて国民は、児童が心身ともに健やかに生まれ、かつ、育成されるよう努めなければならない。すべて児童は、ひとしくその生活を保障され、愛護されなければならない」と、児童育成に関する社会的責任を明示し、その第 2 条は、「国及び地方公共団体は、児童の保護者とともに、児童を心身ともに健やかに育成する責任を負う」と、児童育成に関する公的責任を明示しました。

　この理念は、後述する子どもの受動的権利保障の原理ともいえる内容を持ち、たとえ連合国総司令部（GHQ）の指導下で制定されたとはいえ、熱意あふれた児童教育、児童福祉学者等の貢献も大きく、当時の世界における児童福祉の理念や実践の状況の中では、極めて進歩的かつ理想的な理念でした。

（2）「児童は人として尊ばれる」

　児童福祉法施行後 3 年を経た 1951 年、まさに 20 世紀の折り返し時点で、先駆的な児童観がなお一層国民の間に浸透、普及されることを願った児童憲章が制定されました。児童憲章は、児童福祉法が国民の法的規範として位置づけられるのに対して、国民の道義的規範として位置づけられます。

　その前文は、「憲法の精神にしたがい、児童に対する正しい観念を確立し、すべての児童の幸福を図るために、この憲章を制定する」と謳い、続いて以下の 3 つの宣言が記されています。

> 児童は、人として尊ばれる。
> 児童は、社会の一員として重んぜられる。
> 児童は、よい環境の中で育てられる。

167

この前文及び12か条の本文からなる児童憲章は、今日においてもなお輝くような子ども観に基づく子どもの権利保障の神髄を表明しています。中でも、「児童は人として尊ばれる」という宣言は、子どもに対しても成人と全く等しく人権が保障されることの意義とその重要性を明瞭に示したものです。

20世紀後半以降、国際連合をはじめ、国際的な人権保障の歩みは過去の歴史と比較すると確実に進んではきました。

しかしながら、日本のみならず世界的な視野で捉えても、子どもの人権保障の歩みは遅く、今日においてもいまだ深い難題として残されています。その背景にあるものが、大人と子どもの間に立ちはだかる高い壁であり、具体的に表現するならば、大人は、子どもを〈人間〉として受け止める前に〈子ども〉として受け止めようとする意識、認識の根深さがもたらす壁です。この問題は、子どもの人権保障を進める上でクリアすべき大きな課題です。

（3）子どもの人権保障

これまで、子どもの権利、子どもの人権という言葉を用いてきました。権利とは、上述のような児童福祉法など国家、社会が社会権として定めることによって付与されている権能（権限、能力、資格など）を意味しています。それに対し、人権とは、国家や社会を超えて、私たちが人間であるということに基づく自然権、天賦人権、基本的人権などと呼ばれる人間の尊厳にかかわる権利ということができます。具体的に最も重視されるものとして、人間の生存、健康、安心・安全などを保障する生存権、そして個々人の主体性を重視した自由権などを挙げることができます。それらは、子どもであること、大人であることにかかわりなく、性別、門地、国・民族の別にかかわりなく、無差別平等に賦与されるものです。

しかし、子どもの人権に関してみていくと、とかく大人は、子どもは未熟であり、成長・発達の途上にあることを重視するあまり、大人を優者・強者（メジャー）、子どもを劣者・弱者（マイナー）として意識、認識し、それに基づく態度や行動を示すことによって、意識的、無意識的に子どもの人間としての尊厳を基本に置いた生存権、自由権を侵す懸念が非常に生じやすくなっています。子どもは、子どもである前にまず人間であるという人権意識を明確にし、それを高揚させる努力が欠かせません。

第2節　子どもの権利保障

2　子どもの権利

（1）子どもの権利の特質

　子どもの人権保障、子どもの権利保障の歴史的推移を探っていくと、まず、子どもは〈人間〉である前に〈子ども〉であるという受け止められ方から生じる不利やハンディキャップに思いを致して、子どもの特質を踏まえた権利保障の声がメジャーである大人側から発せられてきた経緯をみることができます。

　この特徴を持つ**子どもの権利**は、人類における権利や人権の獲得の歴史にみられる深刻な闘争を通して獲得されたものではありません。子どもは自らの意思で生命を得て、自立している存在ではなく、大人の生殖によって生命を授かり、自らの意志や能力のみで自立することが叶わず、幼少期にあるほど大人への依存なくして成長・発達を遂げることができないという宿命を負っています。子ども期そのものが、保護を必要とする**マイナー**としての宿命を負っています。子どもの権利保障は、このような特質を**メジャー**としての大人の側が深く注視、重視することによって、近世から近代、そして現代にかけて徐々に**社会権**として、親権者、保護者そして国民、社会の子ども育成の義務を根拠として広がってきました。

　20世紀以降に徐々に進んできた権利保障の一環として、1924年に**国際連盟**が採択した**児童の権利に関するジュネーブ宣言**、1959年に**国際連合**が採択した児童の権利に関する宣言、そして1989年に国際連合が採択した**児童の権利に関する条約**があります。また日本の**児童福祉法**、**児童憲章**もその一連の流れと深く関係しています。すなわち、**メジャー**と**マイナー**との関係において、メジャーの側が何らかの義務を負うべきことを認識し、それを容認して、マイナーに対し、保護的行動をなすことによって保障されてきた歴史的経過がみられます。

　以上に示した条約や憲章、法制度には、非常に明瞭な特徴があります。つまり、各条文の文章の最後は、ほとんど、「児童は…される」「児童は…られる」という受け身の表現、つまり受動態で表現されているのです。先に挙げた児童憲章の前文の「人として尊ばれる」、「重んぜられる」、「育てられる」のように。

　メジャーの側からみるとき、**マイナー**としての子どもは、主体的人間としてよりも、大人の主体的な意識と行動によって、権利が保障される子どもという暗黙の了解が存在しているかのようです。しかし、筆者は、子どもの権利保障には、それだけではなく2つの方向性を明確にして、

◆国際連盟：第一次世界大戦後の1920年に発足した世界最初の常設国際平和機構。アメリカの不参加、日本、ドイツ、イタリア等の不参加によって弱体化し、1939年には第二次世界大戦の勃発により活動停止。1946年の国際連合設立に伴い正式に解散。

169

意識化し、行動に結びつける必要があると考えています。一つは、子どもの受動的権利保障であり、そしてもう一つ欠かせないものは、子どもの能動的権利保障です。

（2）子どもの受動的権利を保障する

　子どもの権利という言葉を通して多くの人々がイメージする内容は、上述したような趣旨、つまりメジャーの側がマイナーの側に対して何らかの義務を負うべきことを認識し、それを容認して、マイナーに対し保護的行動をなすことによって保障される内容、つまり受動的権利保障の内容です。

　筆者は、受動的権利を「義務を負うべき者から保護や援助を受けることによって効力を持つ権利」と定義しています（網野 2002）。具体的な内容としてみていくと、子どもが大人から"守られる"、"保護される"、"育てられる"、"与えられる"などの表現によって意義づけられているものです。子どもは、何よりもまずその授かった貴重な命が守られ、健康、安全が守られること、そして不適切な環境にさらされないように保護される、親権者・保護者、様々な近隣の人々、保育士、児童ケアワーカー、教員等々によって育てられる、安定した魅力ある社会的、文化的、自然的環境を与えられる等々です。

　その特徴は、子どもは受け身の状態にあり、これを行うかどうかはメジャーとしての大人の側にかかっている、ということです。受動的権利保障は、第一に、その基盤として、子どもであるがゆえに大人が保護し、配慮し、育てていかなければならない義務として受け止めることが最も重要な要件となります。様々な子どもの受動的権利を知り、それを実践、行動に結びつけるとき、この要件がいかに重大な意義を持っているかを知ることができます。児童福祉や子ども家庭福祉にみられる様々な問題や課題は、児童虐待、ネグレクト、不適切な養育環境・教育環境、社会環境における保護者そして社会人の受動的権利保障への努力義務の怠慢、放任、無視と最も深く結びついています。その義務の意義に思いを致すことなく、大人の思うがまま子どもを管理、支配、強制、抑圧し、あるいは軽視、無視、放任することによって生じていることが非常に大きいことをふまえて、子どものケアやソーシャルワークを営んでいくことが重要です。そのためには、常に適切な受動的権利保障に意を注ぐとともに、次項で述べる能動的権利保障の深い意義を感得して、その実践に努めることが重要となります。

（3）子どもの能動的権利を保障する

　もう一つの権利保障の重要な観点は、子どもを〈子ども〉として理解する前に〈人間〉として理解することを重視することです。それはつまり、子どもの人権を保障し、子どもを人として尊ぶ観点であり、基本的人権の基盤をなす人間の生存、健康、安心・安全などを保障する生存権、そして個々人の主体性を重視した自由権的特質を擁しています。このうち、生存権については、多くの受動的権利の基本をなすものとして含まれており、先に触れた子どもの受動的権利を保障するプロセスがほぼ当てはまります。もう一つの自由権の考慮こそが、マイナーとして位置づけられることによって、子どもの個性、主体性や思い、願い、意見などのニーズが軽視され、無視されることのないように考慮される能動的権利を考慮するポイントとなります。

　筆者は、能動的権利を「人間として主張し行使する自由を得ることによって効力を持つ権利」と定義しています（網野 2002）。自由権には、「〜からの自由」、「〜への自由」があり、具体的には、「〜したい」、「〜が欲しい」、「学びたい」、「〜はいや」、「〜をしたくない」、「自立したい」などの表現によって意義づけられているものです。

　中でも子どもに対してメジャーとしての立場を意識する大人たちにとって、子どもが「〜はいや」、「〜をしたくない」という姿勢、態度、言動をするとき、大人の思うとおりにならない子どものその姿は、子どもを守り、育てよう、導こうとしてきた努力も空しく、自らが否定されたり、拒まれたり、反対され、反抗されているという思いをつのらせ、子どもを〈人間〉として尊ぶ思いを凌駕して、子どもなのに、子どものくせに等々の思いに駆られがちとなります。

　しかし、そのような時こそ、子どもは、〈子ども〉である前にまず〈人間〉であるということの意思表明であることを深く受け止め、その思いに寄り添っていくと、子どもが一人の価値ある人間として主張し、行動しようとしている大切な思いや願いが込められていることを理解することができるでしょう。「〜したい」、「〜が欲しい」、「学びたい」、「〜はいや」、「〜をしたくない」、「自立したい」などの思い、願いやニーズは、人間の尊厳の基本にある自由を主張しているのだということに思いを致すとき、その思い、願いやニーズに寄り添い、見守ることが可能になります。それが、どれほど一人ひとりの子どもの成長・発達、人間性を育むものかを理解していきたいものです。

　子どもの能動的権利保障は、第一に、理念としては、子どもに対して

も当たり前のように人間の尊厳への意識をもち、子育て環境全体に子どもを人間として深く尊ぶ行動が自然に営まれていることが最も重要な要件となります。第二に、その実践にあたっては、この理念を踏まえることによって、大人は子どもを単に「育てる」存在として意識していることを超えて、子どもは常に「育っている」存在として意識し、子どもの「育ち」に寄り添い、それを育む存在としてかかわることが極めて重要な要件となります。

3　子どもの最善の利益（the best interest of the child）

（1）子どもの最善の利益という言葉が意味するもの

　子どもの最善の利益という言葉は、「児童の世紀」と呼ばれた20世紀に入り、国際連盟や国際連合その他の機関によって「子どもの福祉」、「子どもの利益」という特別の意味を含有する言葉の一つとして用いられるようになりました。日本で広く普及するようになったのは、1989年に国際連合が児童の権利に関する条約を採択し、その5年後の1994年に日本政府が批准してからのことです。それ以降、条約の趣旨つまり、すべての児童の人間の尊厳を守り、児童の生存、発達及び保護を促進するために必要となる具体的な事項を考慮するという趣旨が重んじられるようになりました。

　さて、子どもの最善の利益という言葉が広く普及しているにもかかわらず、しかしその定義はいまだそれほど明確ではありません。筆者は、子どもの最善の利益とは、「子どもの生存、発達を最大限の範囲において確保するために必要なニーズが最優先されて充足されること」と定義しています。（網野 2002）。ここでいう「利益」とは、国際連合が採択した英語表現では、"interest" であり、筆者は「子どもの本質的なあるいは個々の具体的なニーズ、欲求が満たされ、その生存、成長、発達、自己実現が有利に展開されること」と定義しています（網野 2002）。

　子どもの最善の利益が考慮されている状況とは、一人ひとりの子どもが、授かった貴重な命（生命・生活・人生）を全うしようとする成長・発達へのとてつもなく深いエネルギーを十分に理解し、受容し、子どもの個性、能力、可能性とそれに基づく自己実現の欲求を尊重している状況です。

第2節　子どもの権利保障

（2）子どもの最善の利益を考慮する4段階

　子どもの最善の利益を考慮する上で、子どもの人権の特質と権利保障の方向性を、受動的権利のみならず能動的権利の両面から理解、認識することが重要です。これに沿って子どもの最善の利益の考慮を捉えていくと、表7-2-1にみるように、非常に受動的権利保障が高い段階から、非常に能動的権利保障が高い段階までの4段階で捉えていくことができます。

表7-2-1　子どもの最善の利益を考慮する4段階

第1段階	第2段階	第3段階	第4段階
受動的権利のウェイトが非常に高い	受動的権利のウェイトがやや高い	能動的権利のウェイトがやや高い	能動的権利のウェイトが非常に高い
子どもの命や健康、安全・安心、成長・発達が脅かされないように考慮する	子どもへの偏見、差別、蔑視がなされないように考慮する	子どものニーズ、思い、願いを無視、軽視することがないように考慮する	子どもの意見を傾聴し、確かめるように考慮する

　第1段階は、子どもの命や健康、安全・安心を図る上で、受動的権利保障のウェイトが非常に高い段階です。虐待・ネグレクトの予防・対応などが欠かせません。第2段階からは、受動的権利保障とともに能動的権利保障の視点を含めて考慮する段階です。子どもをマイナーとしての〈子ども〉と捉えることによって生じる人格を辱める行為は言うまでもなく、子どもへの先入観や固定概念がないかなどの省察が含まれてきます。第3段階は、能動的権利保障がさらに重視される段階です。子どものニーズよりも保護者やケアワーカー、ソーシャルワーカー、大人たちの思いのままに、子どもを支配・管理していないかなどの省察が含まれてきます。第4段階は、能動的権利保障のウェイトが非常に高い段階です。子どもとのあらゆるかかわりにおいて、子どもに寄り添い、思いを聴き取る、声なき声を聴く、など、子どもの意見を確かめるように考慮することが欠かせません。

（3）児童福祉法第2条第1項が定めるすべての国民の努力義務

　2016年、児童福祉法制定時の第1条、第2条第1項の条文が約70年ぶりに改正され、次のように定められました。

第1条
　全て児童は、児童の権利に関する条約の精神にのっとり、適切に養育されること、その生活を保障されること、愛され、保護されること、その心身の健やかな成長及び発達並びにその自立が図られることその他の福祉を等しく保障される権利を有する。

第2条第1項
　全て国民は、児童が良好な環境において生まれ、かつ、社会のあらゆる分野において、児童の年齢及び発達の程度に応じて、その意見が尊重され、その最善の利益が優先して考慮され、心身ともに健やかに育成されるよう努めなければならない。

第7章　子どもの権利

　第1条は、日本における児童の福祉を保障するための原理を示したものですが、児童福祉法の最初の条文に児童の権利に関する条約の趣旨を踏まえることが明記されたことは、ようやくという感はするものの、画期的なことでありました。そして、第2条第1項はすべての国民の育成責任の中にこの条約の神髄ともいうべき〈子どもの最善の利益の考慮〉、〈子どもの意見表明権〉というキーワードが加えられ、それを国民一人ひとりが意識化し行動に結びつける努力義務として課されることになりました。筆者は、子どもの最善の利益を考慮する4段階のうち、能動的権利保障のウェイトが非常に高いその第4段階の趣旨がすべての国民の努力義務とされたことの意義は極めて高く、そして国民の義務は非常に重くなったと受け止めているひとりです。

　残念ながら、ほとんどの国民の方々にとっては、日本にこのような意義深い理念が定められていることを知る機会がありません。私たち児童福祉、子ども家庭福祉に従事し、専心するケアワーカー、ソーシャルワーカー、保育士等々の福祉実践者や研究・教育者、福祉行政職者は、まさに国民を代表して第1条、第2条第1項の理念に基づく職務にかかわっているといえます。

　近年、子育て環境が親権者、保護者にあまりに重い責任と負担が課せられている状況とその課題解決の方策を考えていく道筋として、すべての国民もまた、児童福祉、子ども家庭福祉の一翼を何らかの形で担っていくことの意義が国民の意識と行動の中に広く、深く浸透し、この重要な理念を根づかせていくことが大切です。

キーワード　Let's review!（復習してみましょう！）

子どもの人権	国家や社会を超えて、私たちが人間であるということに基づく自然権、天賦人権、基本的人権などと呼ばれる人間の尊厳にかかわる権利をいいます。具体的には、人間の生存、健康、安心・安全などを保障する生存権、及び個々人の主体性を重視した自由権などがあります。子どもは、大人と同様に"人として尊ばれる"という言葉は、子どもの人権保障の基本理念です。
子どもの権利	児童福祉法など国家、社会が社会権として定めることによって付与されている権能（権限、能力、資格など）をいいます。子どもの権利は、〈大人〉と異なる特徴、つまり〈子ども〉であるという受け止め方から生じる不利やハンディキャップに思いを致して、子どもの特質を踏まえた内容（受動的権利）、及び子どもは〈子ども〉である前に〈人間〉であるという人権保障と重なる内容（能動的権利）の両面があります。
子どもの最善の利益	子どもの生存、発達を最大限の範囲において確保するために必要なニーズが最優先されて充足されることをいいます。

174

第3節 育ちの保障

1 要保護児童と社会的養護

子どもの育ちを保障する法制度として、「子どもの権利条約」（1994年批准）や児童福祉法があります。中でも本節の要保護児童や社会的養護と関連が深いのは、子どもの権利条約第20条の規定です。ここには、家庭環境を奪われた子どもや子どもの最善の利益を考えた時に家庭生活を継続することが適切ではない場合に、国の特別な保護や支援を受ける権利があることが述べられています。

「要保護児童」とは、児童福祉法第6条の3において、「保護者のない児童又は保護者に監護させることが不適当であると認められる児童」と定義されています。例えば、虐待をされていたり、非行的行動をする子ども等が該当します。こうした子どもについては、国の責任で社会的に養育し、保護するとともに、養育に大きな困難を抱える家庭への支援を行う「社会的養護」（こども家庭庁HP参照）が提供されることになります。本節では家庭において十分に育ちが保障されない子どもたちに対する支援のあり方について説明します。

2 社会的養護の種類

児童福祉法第7条では、児童福祉施設として、助産施設、乳児院、母子生活支援施設、保育所、幼保連携型認定こども園、児童厚生施設、児童養護施設、障害児入所施設、児童発達支援センター、児童心理治療施設、児童自立支援施設、児童家庭支援センター、里親支援センターが位置づけられています。中でも限定的な意味で社会的養護の種別には、乳児院、児童養護施設、児童心理治療施設、児童自立支援施設、母子生活支援施設、自立援助ホーム、里親・ファミリーホームがあります。これらの施設には、子どもが家庭で生活することが困難であったり、適切ではない場合に、児童相談所によって入所が決定されます（措置制度）。

乳児院は児童福祉法第37条に規定され、乳児（1歳未満）もしくは幼児（就学前まで）を入所の対象として養育する施設です。

児童養護施設は児童福祉法第41条に規定され、保護者のいない子ども、虐待されている子どもその他環境上養護を要する子どもを入所の対

◆助産施設：経済的な理由で産婦人科をはじめ、出産に当たって必要な受診ができない妊産婦に対して、指定する病院での出産を支援する施設・制度です。

◆児童厚生施設：放課後の子どもの安全な遊び場を提供する児童館などが該当します。

◆障害児入所施設：日常的な生活や自立に必要な支援を行う福祉型障害児入所施設と医療的対応を含む支援が必要になる医療型障害児入所施設があります。

◆児童発達支援センター：発達上の課題を中心とした特徴を持つ子どもたちを保護者のもとから通所させて児童発達支援を行うことと、その家族からの相談に対して助言を行う施設です。

◆措置制度：施設を利用する者やその家族が、利用する施設のサービスに対して費用を負担することを契約制度といいます。それに対して、利用者の意思ではなく、行政機関が利用の意思決定を行う制度が措置制度です。

象として養育する施設です。

　児童心理治療施設は児童福祉法第43条の2に規定され、家庭環境、学校における交友関係その他の環境上の理由により社会生活への適応が困難となった子どもを、入所もしくは通所させて社会生活に適応するために必要な心理に関する治療や生活指導を行う施設です。

　児童自立支援施設は児童福祉法44条に規定され、不良行為をなし、又はなすおそれのある子ども及び家庭環境その他の環境上の理由により生活指導等を要する子どもを入所させ、個々の子どもの状況に応じて必要な指導を行い、その自立を支援する施設です。

　母子生活支援施設は児童福祉法第38条に規定され、DVなどにより一時的に避難が必要な母子を入所の対象としており、自立の促進のためにその生活を支援し、あわせて退所した者について相談その他の援助を行うことを目的とする施設です。

　自立援助ホームは児童福祉法第6条の3、同法第33条の6に規定された児童自立生活援助事業であり、義務教育終了後の子どもを対象に、就労や学業を行いながら、自ら得た収入を貯蓄し、また施設にも一定額を納めて、自立した生活の準備を行うための施設です。

　里親は児童福祉法6条の4で規定されており、各都道府県で実施されている里親研修を受けて里親名簿に登録された一般の家庭で、保護者に養育されることが適切でない要保護児童を委託されて養育する者です。

　ファミリーホームは児童福祉法6条の3で規定された小規模住居型

表7-3-1　社会的養護種別の入所する子どもの状況

	乳児院	児童養護施設	児童心理治療施設	児童自立支援施設	母子生活支援施設	自立援助ホーム
施設数	145	610	53	58	215	229
定員	3827	30140	2016	3340	4441	1575
現員	2351	23008	1343	1162	3135世帯 児童5293人	818
平均年齢（現在）	1.6	11.8	12.7	13.9	7.6	17.8
平均年齢（入所時）	0.4	6.7	10.2	12.8	—	16.6
在籍期間	1.4	5.2	2.5	1.1		1.2
職員数	5555	20639	1522	1839	2073	874

	里親
里親登録数	15607
委託里親数	4844
委託児童数	6080
平均年齢（現在）	9.9
平均年齢（委託時）	5.4
在籍期間	4.5

	ファミリホーム
ホーム数	446
委託児童数	1718
平均年齢（現在）	11.8
平均年齢（委託時）	7.5
在籍期間	4.3

出所：令和5年こども家庭庁支援局家庭福祉課資料から作成　https://www.cfa.go.jp/assets/contents/node/basic_page/field_ref_resources/8aba23f3-abb8-4f95-8202-f0fd487fbe16/e979bd1e/20230401_policies_shakaiteki-yougo_67.pdf
こども家庭庁支援局家庭福祉課・こども家庭庁支援局障害児支援課（2024）「児童養護施設入所児童等調査の概要」（令和5年2月1日現在）から作成

児童養育事業を行う形態をいいます。基本的に里親登録した者が子どもを養育できる人数が4人までと制限されていることから、養育にあたって補助者を含めて6人までの子どもを受け入れることができる形態になります。

表7-3-1には社会的養護に関わる施設種別ごとの施設数や子どもの入所人数等について紹介しています。

3 子どもの特徴

社会的養護を必要とする子どもに共通した背景には、**子ども期の逆境的体験**が挙げられます。子ども期の逆境的体験とは、①身体的虐待、②心理的虐待、③性的虐待、④ネグレクト、⑤親の収監、⑥親の薬物やアルコール依存、⑦親の精神疾患、⑧DVの目撃、⑨両親の離婚、⑩家族から愛されていないなどの事象です。家族から離れて生活をせざるを得ない子どもたちの多くは、複数の逆境的体験があり、**アタッチメント**の基盤が不安定なことや不安や葛藤を抱えることができずに行動化しやすい傾向、身体的にも疾患を抱えやすい状況もあります。具体的にどのような特徴があるのか5年おきに行われている「児童養護施設等調査」から実態を紹介したいと思います（表7-3-2）。

まず各施設の子どもたちの心身の状態について注目してみます。すると、注意欠如・多動症や広汎性発達障害、反応性愛着障害、知的障害を持つ子どもが多いことがわかります。特に児童心理治療施設には施設の特性上、心身に様々な特徴をもった子どもたちが多く入所している実態があります。また行動上の問題のある子どもが入所する児童自立支援施設にも発達障害や知的障害を有する子どもが入所していることがわかります。さらに、家族との交流がない子どもたちも児童自立支援施設の

◆子ども期の逆境的体験：日本では児童虐待防止法が2000年に成立し、保護者（親権者、現在養育を行っている者）による18歳未満の子どもに対して行われる4つの虐待行為（身体的虐待、心理的虐待、性的虐待、ネグレクト）が定義されました。子ども期の逆境的体験は児童虐待防止法の定義における虐待よりも広い定義になっています。

◆身体的虐待：叩く、蹴る、殴る、タバコを押しつける、家の外に閉め出すなどの身体的な暴力を与える行動が該当します。

◆心理的虐待：怒鳴りつける、人格を傷つけるような言葉を言う、夫婦喧嘩を子どもが見聞きしている状況、きょうだいと比較してさげすむなどの行為が該当します。

◆性的虐待：わいせつな行為を見せること、わいせつ行為をさせること等が該当します。

◆ネグレクト：季節にあった衣類が用意されていない、部屋がゴミ

表7-3-2　社会的養護種別ごとの特徴

	心身の状態				虐待				支援上留意している人の割合	家族との交流がない人の割合
	注意欠如・多動症（ADHD）	広汎性発達障害（ASD）	反応性愛着障害	知的障害	身体的虐待	性的虐待	ネグレクト	心理的虐待		
乳児院	0.7	1.7	0.3	4.6	23.6	0.1	67.4	20.4	―	26.0
児童養護施設	13.3	11.9	7.0	14.0	42.4	5.2	61.2	33.1	97.8	24.9
児童心理治療施設	48.1	50.6	19.5	9.4	68.3	8.2	45.6	48.8	99.8	21.2
児童自立支援施設	42.3	39.4	10.5	12.7	66.4	5.9	41.5	47.0	99.9	16.1
母子生活支援施設	7.6	10.1	1.1	9.2	28.5	4.5	19.1	80.5	87.0	―
自立援助ホーム	16.9	14.7	8.2	11.6	54.0	10.5	42.9	58.7	97.8	49.3
里親	7.5	9.2	3.1	10.0	30.5	3.6	65.0	26.2	86.6	63.9
ファミリーホーム	17.3	16.2	11.1	15.8	44.3	9.2	65.4	38.3	96.0	42.2

出所：「全国児童養護施設等調査の概要」（令和5年2月1日現在）から抜粋

第7章　子どもの権利

で散乱している、食事が準備されていない、夜間に自宅に大人がおらず子どものみ過ごすなどが該当します。

◆DVの目撃：DVはドメスティック・バイオレンスの略になります。配偶者間での身体的暴力、精神的な負荷を与える言動、経済的に支配するような行動が該当します。

◆アタッチメント：乳幼児が不安や恐怖を感じた際にその気持ちを静めるために特定の対象者に接近することを通して通常の心理状態を取り戻す行為を示します。

◆行動化：ストレスや負荷などの心理的な課題が体の症状として現れることを身体化といい、物に当たり散らすことや暴力などの行動として表出される場合には行動化といいます。

16.1%～里親家庭の子どもの63.9%までいます。そのため子どもの支援に関わる職員は様々な配慮や対応の工夫を行っています。

　では、どのような点に着目することで子どもたちのサインを受け止めることができるでしょうか。

　もし、子どもたちが自ら抱える家庭内の体験を言葉で表現することができれば、支援者はニーズを的確に捉えて対応することが可能です。しかし子どもたちは直接助けを求めることができないことも多くあります。子どもたちが示すサインは、身体的な側面や心理面、対人関係に表れてきます。家庭内で体験する不適切な出来事の影響は、腹痛や頭痛、不定愁訴などの身体化として現れてきたり、暴言や暴力などの行動として表現されます。また対人関係でトラブルが多く発生したり、注意や集中の課題が現れるなど、様々な形で現れてきます。このサインを支援に関わる者は見逃さずに、また一人で抱え込まずに、チームで対応していく視点が大切です。

4　支援方法

（1）社会的養護における支援

　社会的養護における支援は、各施設における「運営ハンドブック」に詳細が整理されています。そこで本節では「運営ハンドブック」から、各施設に共通する社会的養護の理念と原理に関する事項について引用し、紹介します（厚生労働省雇用均等・児童家庭局家庭福祉課2014）。

　社会的養護の基本理念には、「子どもの最善の利益のために」と「すべての子どもを社会全体で育む」という2つが挙げられています。

　「子どもの最善の利益のために」とは、児童福祉法、児童憲章、児童の権利に関する条約に基づいています。児童福祉法第1条は、「すべて児童は、ひとしくその生活を保障され、愛護されなければならない。」こと、児童憲章では「児童は、人として尊ばれる。児童は、社会の一員として重んぜられる。児童は、良い環境の中で育てられる。」こと、児童の権利に関する条約第3条では、「児童に関するすべての措置をとるに当たっては、児童の最善の利益が主として考慮される。」ことという規定が該当します。

　「すべての子どもを社会全体で育む」とは、保護者の適切な養育を受けられない子どもを、公的責任で社会的に保護・養育するとともに、養育に困難を抱える家庭への支援を行う社会的養護の特徴であることが述

第3節　育ちの保障

べられています。

　この2つの理念に基づき、①家庭的養護と個別化、②発達の保障と自立支援、③回復をめざした支援、④家族との連携・協働、⑤継続的支援と連携アプローチ、⑥ライフサイクルを見通した支援の6つの原理が挙げられています。①家庭的養護と個別化とは、一人ひとりの子どもの個別の事情が考慮され、できるだけ家庭的な環境で養育されることです。②発達の保障と自立支援とは、年齢に応じた発達課題を乗り越えられるように幼少期の愛着関係を基本として将来の自己実現が目指せるように支援をしていくことです。③回復をめざした支援とは、社会的養護に置かれる子どもが経験する虐待や親からの分離による傷つきから回復するための専門的なケアを提供することです。④家族との連携・協働については、保護者の困難さや虐待に至る背景の改善など、子どもにとって安心・安全な存在となるように働きかけることを意味しています。⑤継続的支援と連携アプローチとは、児童相談所と社会的養護の各種施設のつながりや退所後のケアを含めて、支援の一貫性・継続性が担保されるように支援をすることです。⑥ライフサイクルを見通した支援とは、社会的養護を利用した子どもが自立して社会の中で生活を行っていけるようにすること、また将来親になることを踏まえた家庭や大人のモデルを示していくことでもあります。

　このような理念と原理に基づいて社会的養護における支援は行われています。

◆ライフサイクル：人の誕生から死に至るまでの人生と関連する社会的な役割との対応関係を表現する用語です。幼少期から保育園・幼稚園、小中学校、高校、大学進学、就職、結婚、出産、子育てなどを経て、その時々の家庭や社会の中での役割の変化をしていく過程を示しています。

（2）地域における社会資源

　地域における支援には様々なものが位置づけられています。表7-3-3には児童福祉法に位置づけられた支援サービスを10事業紹介します。①～⑧までは家庭・地域において活用可能な支援サービス、⑨～⑩は社会的養護に関連する段階で用いられる支援になります。

表 7-3-3　児童福祉法に位置づけられた支援サービス

①放課後等デイサービス：障害がある子どもに対して、授業の終了後や休業日に児童発達支援センターその他の内閣府令で定める施設に通わせ、生活能力の向上のために必要な支援、社会との交流の促進その他の便宜を供与すること（児童福祉法6条の二の二③）
②居宅訪問型児童発達支援：重度の障害の状態その他これに準ずるものとして、児童発達支援又は放課後等デイサービスを受けるために外出することが著しく困難なものにつき、当該障害児の居宅を訪問し、日常生活における基本的な動作及び知識技能の習得並びに生活能力の向上のために必要な支援を行う（児童福祉法6条の二の二③）。
③放課後児童健全育成事業：小学校に就学している子どもで、その保護者が労働等により昼間家庭にいないものに、授業の終了後に児童厚生施設等の施設を利用して適切な遊び及び生活の場を与えて、その健全な育成を図る事業（児童福祉法6条の二の二②）

179

④子育て短期支援事業：保護者の疾病その他の理由により家庭において養育を受けることが一時的に困難となった子どもについて、児童養護施設、里親等に委託し、当該する児童につき必要な保護その他の支援を行う（児童福祉法6条の三③）。
⑤乳児家庭全戸訪問事業：市町村の区域内における原則として全ての乳児のいる家庭を訪問することにより、子育てに関する情報の提供並びに乳児及びその保護者の心身の状況及び養育環境の把握を行うほか、養育についての相談に応じ、助言その他の援助を行う事業（児童福祉法6条の三④）。
⑥養育支援訪問事業：乳児家庭全戸訪問事業の実施その他により把握した保護者の養育を支援することが特に必要と認められる子ども若しくは保護者に監護させることが不適当であると認められる子ども及びその保護者又は出産後の養育について出産前において支援を行うことが特に必要と認められる妊婦に対し、その養育が適切に行われるよう、当該要支援児童等の居宅において、養育に関する相談、指導、助言その他必要な支援を行う事業（児童福祉法6条の三⑤）。
⑦地域子育て支援拠点事業：乳児又は幼児及びその保護者が相互の交流を行う場所を開設し、子育てについての相談、情報の提供、助言その他の援助を行う事業（児童福祉法6条の三⑥）。
⑧一時預かり事業：保育所、認定こども園その他の場所において、一時的に子どもたちを預かり、必要な保護を行う事業（児童福祉法6条の三⑦）。
⑨親子再統合支援事業：親子の再統合を図ることが必要と認められる子ども及びその保護者に対して、児童虐待の防止等に資する情報の提供、相談及び助言その他の必要な支援を行う事業（児童福祉法6条の三⑮）。
⑩意見表明等支援事業：2022年6月に改正された児童福祉法において、一時保護や施設入所時における意見や意向について、子どもの福祉に関し知識又は経験を有する者が、意見聴取その他これらの者の状況に応じた適切な方法により把握するとともに、これらの意見又は意向を勘案して児童相談所、都道府県その他の関係機関との連絡調整その他の必要な支援を行う事業（児童福祉法6条の三⑰）。

　これらのサービスは提供する自治体によって運営されており、どのようなニーズがあるかによって活用可能なサービスに違いがあります。また自治体によって必要とされる支援サービスを独自に用意していることもあり、地域差が生じることもあります。これらのサービスをどのように組み合わせて支援を実施するかはケースによって異なります。

　例えば（図7-3-1参照）、母子家庭で親族等の支援がなく養育スキルが

図7-3-1　支援ニーズと制度上の支援サービス例

乏しく、育児の不安を抱えた家庭であれば、「特定妊婦」として地域の見守りの対象となり、「乳児家庭全戸訪問事業」や「養育支援訪問事業」を通して相談、指導、助言が行われることになります。また母親の体調不良や入院時には、「子育て短期支援事業」として児童養護施設等を活用することになります。また母の養育の支援として、保育園等において日中の「一時預かり事業」を活用すること、「地域子育て支援拠点事業」として妊産婦の居場所を提供して、育児の困難さなどの悩みを抱える保護者同士のつながりを持てる場につなげることもできるかもしれません。

（3）要保護児童対策地域協議会

　児童福祉法25条の2に規定された**要保護児童対策地域協議会**とは、保護した子ども若しくは要支援児童及びその保護者、特定妊婦への地域における適切な支援を遂行するために設置されたものです。地域の中で保健センターや児童相談所、学校、市区町村の児童福祉課、児童福祉施設などの関係機関による連携した支援を行うために参加者に守秘義務を遵守させ、情報共有を行う機能を有しています。こうした協議会の開催によって、要保護児童等を早期に発見して、各機関が有する情報を共有して、役割分担を明確にしながら支援を展開することができるようになりました。

　先ほどの事例をもとに考えると、養育支援訪問事業を行う保健センターの保健師、子育て短期支援事業を担う児童福祉施設の職員、一時預かり事業を担う保育園の職員、児童相談所や市区町村の子育て支援課等とのつながりの中で支援が行われていることがわかります。これらの支援を分断した状態で提供するのではなく、支援機関同士をつなぎ、連携した支援を提供するための情報共有の機能が要保護児童対策地域協議会になります（図7-3-2）。

◆乳児家庭全戸訪問事業：主に保健師が生後4か月までの乳児のいる家庭を訪問して、乳児の発達状態の確認や助言、保護者の育児に関わる不安を聴取して支援を行う制度です。

◆養育支援訪問事業：育児のストレスや産後うつなど、子育てにあたって不安や負担が大きく、養育支援が必要な家庭に対して、子育て経験者等による育児や家事のサポートや保健師による養育に関する助言などを実施する事業です。

◆子育て短期支援事業：保護者の疾病や育児疲れなどによって一時的に養育を行えない場合や養育者の負担を軽減することを目的に数日子どもを預かる制度です。

◆一時預かり事業：保育園や幼稚園に所属がない状態でも週に数日間、日中に子どもを保育園や幼稚園が預かり養育及び教育する制度です。

◆地域子育て支援拠点事業：地域に子育て支援拠点を設けて親子の交流の場の提供、子育てに関する相談・援助・情報提供・研修会の開催などを行う機関です。

図7-3-2　要保護児童対策地域協議会の関係機関例

第7章　子どもの権利

5　子どもの権利に関わる法律や施策の動向

（1）新しい社会的養育ビジョン

　2017年8月、厚生労働省により「新しい社会的養育ビジョン」が公表されました。これは2016年の児童福祉法の改正によって示された「子どもが権利の主体」であることを具現化するために策定されたものです。これまでの乳児院や児童養護施設を中心とした施設中心の社会的養育から家庭養育優先の理念のもとに、パーマネンシーを保障する養育体制が示されました。具体的には、親子を分離しない形で家庭での生活を維持しながら在宅における支援の充実を図ることや家庭に代わって専門的な治療的ケアが必要な場合には、良好な家庭的な養育環境のもとで短期の入所とすることが原則とされました。中でも愛着形成に最も重要な時期である3歳未満については概ね5年以内に、それ以外の就学前の子どもについては7年以内に里親委託率75％以上を実現し、学童期以降は概ね10年以内を目途に里親委託率50％以上を実現することが示されました（「新しい社会的養育ビジョン」参照）。

◆パーマネンシー：養育の継続性を意味する言葉です。子どもの年齢とともに社会的養護では乳児院から児童養護施設などへ生活拠点が変わり、これまで支援してくれた職員との別れを経験することになります。そのため重要な対象者が継続的に成長を支えていく体制を保障することを意味する用語になります。

（2）こども基本法とこども家庭庁

　「こども基本法」は2022年6月に成立、2023年4月から施行されました。その理念は第3条にまとめられています。特に重要な点は、「こども」の定義として「心身の発達の過程にある者」とされたことです。つまり児童福祉法や少年法で定められた18歳や20歳といった年齢で区切られておらず、発達過程にあるという「こども」主体の定義になっていることです。具体的な内容として、子どもが意見を表明する機会及び多様な社会的活動に参画する機会が確保されること、子どもの養育については家庭を基本とし、家庭での養育が困難な子どもにはできる限り家庭と同様の養育環境を確保することが示されました。また子どもを中心とした政策が実現されることが目的とされました。さらにこのような理念のもとに2023年4月から子どもの支援や対策を強力に進めるために、厚生労働省からこども領域が分離され「こども家庭庁」が発足しました。

（3）第三者評価

　第三者評価とは、福祉サービスの質の向上や適切な支援を意図して導入された制度です。社会福祉法第78条「社会福祉事業の経営者は、自

らその提供する福祉サービスの質の評価を行うことその他の措置を講ずることにより、常に福祉サービスを受ける者の立場に立って良質かつ適切な福祉サービスを提供するよう努めなければならない。」との規定を根拠としています。社会的養護に関係する施設についても「児童福祉施設の設備及び運営に関する基準」により2012年から、3年間で1回以上の受審が義務づけられました。

　社会的養護関係施設は、障害福祉サービスや介護サービスで利用者が利用施設と必要なサービスを合意して利用する契約制度と異なり、利用者が施設を選択することができない措置制度により入所が決定します。そのため施設経営者が子どもの福祉を第一に考え、質の高い支援を提供していくために自らの支援を振り返り、第三者に検証してもらう仕組みを導入することで、支援の質の改善を意図したものです。

　仕組みの中には利用者からの意見を聴取する方法も取り入れられています。結果は受審した福祉施設のみではなく、広く一般に公開されることになります。

（4）こども家庭センター

　2024年4月に改正された児童福祉法では、こども家庭センターの設置が市区町村に努力義務として課せられることになりました。これまで多くの市区町村では母子保健を担う保健所と子どもの子育てを担う課が分断されており、包括的な連携に支障が生じていました。そこで、「こども家庭センター」を設置することで、妊産婦・新生児訪問や乳幼児検診などの母子保健領域での対応と子育て世帯への福祉サービスをつなぐ児童福祉領域での対応を総合的にマネージメントし、包括的な子育て家庭支援体制の構築が進められています。

キーワード　Let's review!（復習してみましょう！）

社会的養護	保護者がいない子どもや保護者に監護させることが不適当であると判断された子どもを社会全体で養育していく考え方。
児童虐待	児童虐待防止法で身体的虐待、心理的虐待、性的虐待、ネグレクトの4つが定義されています。
要保護児童対策地域協議会	関係機関による連携した支援を行うために参加者に守秘義務を遵守させ、情報共有を行う機能を有しています。

第 7 章　子どもの権利

コーヒーブレイク④

宇宙で食べる宇宙食って美味しいの？

　宇宙旅行が現実味を帯びてきた現在、子どもも大人も宇宙への関心が大きくなっています。そこで、宇宙旅行に欠かせない、宇宙食の話をしましょう。

　米航空宇宙局（NASA）のアルテミス計画では、月への有人着陸や月周回有人拠点 (ゲートウェイ) の建設が進められています。月面拠点の建設など、人類が月で持続的活動を行えるようにするためです。ゲートウェイは、月に物資を運ぶ拠点となるだけでなく、火星探査の中継基地にもなります。

　このような宇宙における活動は中・長期に及ぶので、食の安全や美味しさなど、質の確保は欠かせません。いくら安全で栄養があっても美味しくなくては、食は進みません。

　宇宙食には 4 つの特徴があります。①栄養価が高く、健康を維持することができること、②輸送や保管のため、コンパクトで軽量であること、③宇宙での過酷な条件下でも、食材が安定していること、です。ちなみに、宇宙航空研究開発機構（JAXA）の宇宙食は、バラエティ豊かで美味しく、精神的ストレスの低減や宇宙での活動に役立つといわれています。

　宇宙食の開発は現在進行形で行われていて、たこ焼きなどもあるそうですよ。

〈参考文献〉
宇宙航空研究開発機構 HP　https://www.jaxa.jp（2025.1.7 閲覧）
米航空宇宙局　https://www.nasa.gov/（2025.1.7 閲覧）

第8章

子どもの健康と
事故に対する予防と対策

　子どもたちを取り巻く生育環境が重要であることは言うまでもありませんが、近年の地球温暖化などが原因だと考えられる高温傾向、感染症の世界的な流行などにより、身体的健康に対する危機が迫ることもあります。また、身体的な基礎を形成するために重要な食事については「食育」という考え方が、重要になってきています。さらには、子どものけがや死傷につながる事故を予防するという観点も重要です。ここでは、そのような事象について、熱中症、インフルエンザ、食育といった点を中心にして、さらには、事故予防についてもみていくこととします。

第 8 章　子どもの健康と事故に対する予防と対策

第1節　熱中症

1　熱中症とは

　熱中症とは、蒸し暑い環境に長くいたり、長時間運動を続けることで体内の水分や電解質のバランスがくずれ、体温調節の機能がうまく働かなくなった状態を指します。屋外だけでなく屋内で発症することもあります。

　人の身体は 24 時間を通して約 36 〜 37℃の範囲で恒常性を保つ機能が備わっているため、体温が上昇しすぎると、末梢血管を広げて熱を発散することや、汗の蒸発によって体温を低下しようとしますが、発汗で水やナトリウムの喪失が大きくなるとその調節機能が働かず、様々な症状が現れ場合によっては死に至ることもあります。

　子どもは成人と比べると、汗腺の発達や体温調節の機能が未熟なため、衣服の調節や暑さに対応する行動がとれない乳幼児は特に熱中症になりやすく注意が必要です。また熱くなり始めの時期や、気温が上昇している中での激しい運動や野外活動を行う機会が多い学童や思春期にも多くみられます。

　表 8-1-1 は、熱中症による救急搬送状況を示したものです。

◆恒常性：環境が変化しても体の中の状態を一定に保って生命を維持する仕組み。

表 8-1-1　熱中症による救急搬送状況（2022・2023 年の各 5 月〜 9 月）

	年齢区分別（人）					
	新生児	乳幼児	少年	成人	高齢者	合計
2023(令和 5)年	5	796	9,583	30,910	50,173	91,467
	0.0%	0.9%	10.5%	33.8%	54.9%	100%
2022(令和 4)年	2	566	7,636	24,100	38,725	71,029
	0.0%	0.8%	10.8%	33.9%	54.5%	100%

注：新生児は生後 28 日未満、乳幼児は生後 8 日から満 7 歳未満、少年は満 7 歳〜 18 歳未満、成人は満 18 歳〜 65 未満、高齢者は満 65 歳以上の者である。
出所：総務省消防庁（2024）「熱中症情報　救急搬送状況」https://www.fdma.go.jp/disaster/heatstroke/items/r6/heatstroke_nenpou_r6.pdf　heatstroke_nenpou_r6.pdf（2024.4.12 閲覧）

2　熱中症の症状と重症度分類

　熱中症は重症度・緊急度によって I 度、II 度、III 度、IV 度の 4 つに分類されます（表 8-1-2）。

　 I 度は、初期症状で軽症の状態です。すぐに現場での応急処置と見守りを開始します。めまいや立ちくらみ、生あくび、大量の発汗などの症

186

第 1 節　熱中症

表 8-1-2　熱中症の症状と分類

重症度	症状	治療
Ⅰ度	めまい、立ちくらみ、生あくび、大量の発汗、筋肉痛、筋肉の硬直（こむら返り）、意識障害を認めない	通常は現場で対応可能 → Passive Cooling、不十分なら Active Cooling、経口的に水分と電解質の補給
Ⅱ度	頭痛、嘔吐、倦怠感、虚脱感、集中力や判断力の低下（JCS ≦ 1）	医療機関での診察が必要 → Passive Cooling、不十分なら Active Cooling、十分な水分と電解質の補給（経口摂取が困難な時は点滴にて）
Ⅲ度	下記の 3 つのうちいずれかを含む ・中枢神経症状（意識障害 JCS ≧ 2、小脳症状、けいれん発作） ・肝・腎機能障害（入院経過観察、入院加療が必要な程度の肝または腎障害） ・血液凝固異常（急性期 DIC 診断基準（日本救急医学会）にて DIC と診断）	入院治療の上、Active Cooling を含めた集学的治療を考慮する。
Ⅳ度	深部体温 40.0℃以上かつ GCS ≦ 8	Active Cooling を含めた早急な集学的治療

注：熱中症の重症度を評価するためのスケールです。重症度に応じた対応の指針となります。
出所：日本救急医学会（2024）『熱中症診療ガイドライン』（https://www.jaam.jp/info/2024/files/20240725_2024.pdf）p.7 をもとに作成

状がみられた場合は、意識を確認しながら、徐々に回復が見られる場合は、数時間で回復します。回復が見られない場合は、病院へ搬送します。

　Ⅱ度は、中等症で、Ⅰ度の症状が時間経過とともに改善しない状態で、病院への搬送を必要とします。頭痛や吐き気、ぐったりする等の症状を示したりします。治療によって比較的早期に回復します。

　Ⅲ度は、重症で、入院して集中治療の必要がある状態です。判定は救急隊員や医師によってなされます。死亡の危険があり、意識がぼーっとして反応が鈍く、自分で水分がとれないようであれば、すぐに救急車を呼びます。Ⅳ度は、さらに注意を要する最重症群です。

　症状に応じた早期の対応を行うことで、重症化を防ぐことが大切です。

3　発症の誘因

（1）環境条件

　発症を誘因する環境として、気温が高いこと、湿度が高いこと、風が弱いこと、日差し（日射）が強いこと、輻射熱（反射熱）が強いこと、急に気温が上昇していること、エアコンがないこと、等の条件が挙げられます。環境条件の把握に用いられる「暑さ指数」（WBGT 湿球黒球温度）は、熱中症予防のための行動のリスク評価に有効とされています。その値は、気温、湿度、日射、輻射熱などの熱環境要素を取り入れた数値となって

◆暑さ指数：熱中症の危険度を表す指標。気温とは異なり「0.7 ×湿球温度 + 0.7 ×黒球温度」で計算し単位は℃で表します。

第8章　子どもの健康と事故に対する予防と対策

います。環境省熱中症予防サイトから実況推定値が提供されています（表8-1-3）。

表8-1-3　熱中症予防のための運動指針

気温	暑さ指数 （WBGT）	熱中症予防指針	
35℃以上	31℃以上	運動は原則中止	特別の場合以外は運動を中止する。 特に子どもの場合は中止すべき。
31～35℃	28～31℃	厳重警戒 （激しい運動は中止）	激しい運動や持久走などは避ける。 10分～20分おきに休憩を取り水分・塩分を補給する。
28～31℃	25～28℃	警戒 （積極的に休憩）	積極的に休憩を取り、水分・塩分を補給する。激しい運動は30分おきくらいに休憩をとる。
24～28℃	21～25℃	注意 （積極的に水分補給）	熱中症の徴候に注意するとともに、運動の合間に積極的に水分・塩分を補給する。
24℃未満	21℃未満	ほぼ安全 （適宜水分補給）	熱中症の危険は小さいが、適宜水分塩分の補給は必要。

出所：公益財団法人日本スポーツ協会（2019）『スポーツ活動中の熱中症予防ガイドブック』p.2をもとに作成

（2）行動条件

　行動条件として、激しい運動、長時間の野外活動、休憩が少ない、水分や電解質の補給が十分でない、等が挙げられます。外気温の上昇や体を動かすことで熱が産生されますが、放熱できず体に熱のたまった状態をうつ熱といい、特に乳幼児は注意が必要です。

（3）個人の条件

　個人条件として、体調不良（睡眠不足、風邪、下痢など）、朝食をとっていない、持病（糖尿病、心臓病など）を持っている、自覚症状が乏しい乳幼児や高齢者等が挙げられます。

4　発症のサイン・前兆

　子どもの熱中症のサインは、生あくび、大量の汗、筋肉痛のような手足の痛み、だるさや吐き気、頭痛やけいれんなどです。乳児の場合は、顔が赤い、機嫌が悪い、ぐったりしている、ひどく汗をかいている、おしっこの色が濃く、量が少ないことなども熱中症もしくは脱水のサインです。重症になると意識障害が起こります。

5 発症後の対応

(1) 初期対応

　めまいや立ちくらみ、筋肉痛、こむら返りなどは初期症状です。熱中症が疑われる場合は、すぐに涼しい場所に移動します。エアコンが効いている室内や風通しの良い日陰に移動後に、衣服を緩めできるだけ早く体を冷やします。太い動脈がある首の周り、わきの下、太ももの付け根に氷嚢や冷却マットを当てると効果的です。また濡れたタオルを広げて全身に乗せたり、スプレーで水滴を吹きかけるなど、皮膚や衣服を濡らして風を送るのも早く皮膚温を下げることができます。吐き気がなく、意識がはっきりしていれば水分を摂らせます。発汗によって塩分が失われているためスポーツドリンクや塩分を加味した飲料（0.1～0.2％程度の食塩水）が望ましいです。症状が回復するまでは見守りを続けます。

　図8-1-1は、応急処置のフローチャートです。「はい」「いいえ」で進んでいきます。

(2) 医療機関へ

　頭痛や嘔吐があり、意識状態がいつもと違うようであれば、初期対応

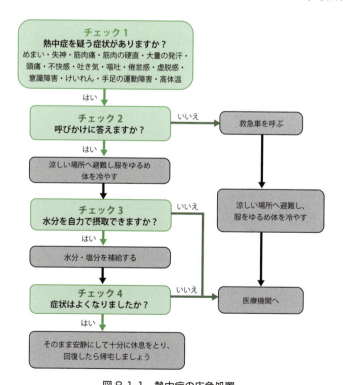

図8-1-1　熱中症の応急処置
出所：環境省（2022）『熱中症環境保健マニュアル2022』p.26をもとに作成

第 8 章　子どもの健康と事故に対する予防と対策

を行いながら医療機関に連絡します。また呼びかけに反応がなかったり、けいれんがみられた場合はすぐに救急車を呼びましょう。

6　発症しないための予防策

（1）環境条件について

　地面からの照り返しの影響を受けやすい幼児やベビーカーでの外出時は、直接の日差しを避けることや日陰を選ぶなどの配慮が必要です。外出だけでなく室内で過ごす時も扇風機やエアコンを適度に使用して体温調節します。

　特に夏に向かい急に気温が上昇する季節は、汗をかくための汗腺が十分に働かず、発汗による体温低下の機能が間に合わなくなることがあります。また子どもは身体の水分量が少なく、腎臓での尿の濃縮力も弱いため水分や電解質のバランスが崩れ、より熱中症のリスクが高まります。

（2）行動条件について

　夏は、熱を発散しやすい薄手で、袖口の広い服装を心掛けること、帽子を着用し直射日光を避けることを心がけます。また幼児や児童には気温や湿度、活動量に応じてこまめに服装の着脱ができるよう周囲の配慮が必要です。熱いときの運動や発汗時には、適度に休憩をはさみながら、スポーツドリンクや 0.1～0.2％程度の食塩水の摂取を行い、発汗によって失われた水と電解質を補給します。

（3）個人の条件について

　体調を整えて活動することが望ましいですが、子どもや高齢者の活動時には顔色や様子を見守る周囲の配慮も必要です。また子どもは汗をかく能力が未熟で、熱中症になりやすい傾向にはありますが、少しずつ環境に対応していけるよう、日頃より適度に外遊びを促して、気温の変化や暑い環境に対応できるよう、発汗の機会を作っていくことも大切です。

（4）乳幼児への対策

　乳幼児への対策として、以下のことに気をつけます。

①水分を多めにとる

　新陳代謝が活発で汗や尿で体の水分が失われます。脱水にならないよう水分を多く含む食事や、定期的な水分補給を心掛けましょう。

第 1 節　熱中症

②遊びに夢中になりすぎない

　楽しくなると熱中症の症状に気づくことが遅くなります。外遊びも時間を決め水分補給や、涼しいところへ移動させてあげましょう。

③直射日光や地面からの照り返しに注意する

　体の小さい子どもは地面からの反射熱の影響が大きく体温の上昇が速いため、日差しを避けるための帽子や風通しの良い服装を選びましょう。また長時間にならない外遊びにしましょう。

④熱い環境に長い時間いることに注意する

　車の中や、エアコンのない室内などは急激に室温が上昇します、短い時間でも一人にしないように気を付けましょう。

⑤周りの大人が様子を見る

　乳幼児は自分の言葉で訴えたり、室温や服装の調節ができませんので、汗や体温、顔色など、子どもの様子は周りの大人が注意してあげましょう。

（5）児童・思春期の子どもへの対策

　児童・思春期の子どもへの対策として、以下のことに気をつけます。

①スポーツや野外活動では無理をしない

　夏に向かう時期は、まだ汗腺の働きが十分ではありませんので、休憩をはさみながら、暑さに徐々に体を慣らしていくことが必要です。周りの大人が、休憩や水分補給を定期的に促しましょう。

②室内にいるときも注意する

　体育館や教室で体を動かしていない時でも、気温が高くなれば皮膚からは大量の水分が蒸発しています、意識的に水分補給を促しましょう。室温の調節が難しい場合は、窓を開けるなど風を通す工夫をしましょう。

③通学や移動中は直射日光に注意する

　徒歩での移動中は帽子や日傘などを使うことや、長時間直射日光に当たらないよう呼びかけましょう。

キーワード　Let's review!（復習してみましょう！）

脱水	体の水分割合は、大人は 60 〜 65％、子どもは 70 〜 75％が必要です。大人との体重差もあり体表面積の多い子どもは発汗によって、容易に脱水になりやすいため、こまめの水分・塩分補給が必要です。
地面からの照り返し	太陽光の反射で、地面に近いほど気温が高くなります、背の低い子どもやベビーカーに乗った状態では特に注意が必要です。また、黒いものは熱を吸収しますので、なるべく白い服装を選びましょう。
熱中症の発生場所	熱中症の発生場所は、屋外 60％、室内 40％といわれています。部屋の温度はエアコンや扇風機などで調節し 25 〜 28℃に保ちましょう。

第8章　子どもの健康と事故に対する予防と対策

第2節　インフルエンザ

1　インフルエンザとは

＊1　見坂恒明(2021)「感染症　インフルエンザ」一般社団法人日本ソーシャルワーク教育学校連盟編『社会福祉士・精神保健福祉士養成講座1　医学概論』中央法規出版、p.92

◆亜型：型の下位に位置する分類でA型の場合、ウイルス表面にある突起の型、ヘマグルチニン(H型16種)、ノイラミニダーゼ（N型9種）の組み合わせで144種あります。

◆感染：ウイルスや細菌が身体の中に侵入したり、体表面に付着すること。

◆パンデミック：感染爆発などと略されます。感染症や伝染病が全国的・世界的に大流行し多くの患者や感染者が発生すること。

◆潜伏期：ウイルスや細菌などの病原体に感染してから、体に症状が現れるまでの期間。

◆発症：感染した後に病気の症状が現れること、しかし感染後は必ず発症するわけではありません。

◆感染力：感染しやすさ。インフルエンザの場合、症状が出る前日から発症後5〜7日以内に他の人に感染させる可能性が大きい。

◆免疫力：体内に侵入

インフルエンザとは、A、B、C型のインフルエンザウイルスによる感染症ですが、国内で毎年冬季から春先にかけて流行するのはA型とB型です。[*1]

A型は144種類あり多くの亜型に分けられます。またA型は人以外の様々な動物にも感染をおこします。これまでも新しい亜型が出現すると新型インフルエンザとして世界的な大流行（パンデミック）を起こしています。

B型は2種類で人にのみ感染します。

C型も人のみへの感染ですが病原性が弱く、免疫力の低い幼児に感染しても鼻かぜ様の症状を起こす程度なのでほとんど知られていません。

潜伏期は3〜4日で、発症前日から発症後7日間は感染の可能性があり、特に発症後3〜4日間は高い感染力があります。流行の時期は、11月下旬から翌年の3月ごろまでで、初めA型の発症が多くみられますが、2月ごろからはB型の感染者が出てその後収束していきます。

毎年のインフルエンザ感染者数は、推定1000万人が感染し、約1万人が亡くなっています。免疫力が未熟な15歳未満は特に感染を受けやすいと言われていますが、2020年〜2023年は、新型コロナウイルスの世界的大流行で上気道感染予防が徹底されたことにより、発症件数が少なくなっています。

2　インフルエンザの症状

寒気、急な発熱（高熱になるまでの時間が短い）、頭痛、関節痛、筋肉痛、全身倦怠感などの全身症状が見られます。咳、のどの痛みなどの上気道炎症状、時に下痢、嘔吐、腹痛などの消化器症状もみられます。幼児の場合は顔色（ほほが赤い）、目の充血などの症状に注意が必要です。合併症がなければ2〜3日で解熱し、軽快します。

発症後の出席停止期間の原則は、小・中学生の場合は発熱日を0日としその後5日間で、なおかつ解熱後2日を経過するまで（学校保健安全法）、となっており、最低6日間の出席停止になります。幼児の場合

第 2 節　インフルエンザ

は発熱日を 0 日としその後 5 日間で、なおかつ解熱後 3 日を経過するまで（保育所における感染症対策ガイドライン）、となっており、最低 7 日間の出席停止とされています。

3　発症の誘因・要因

主な感染経路は、感染者からの咳やくしゃみによって飛沫したものを吸い込む**飛沫感染**と分泌物に触れて起こる**接触感染**です。のどや鼻の粘膜から侵入したウイルスが増殖することで症状が現れます。

生後 6 か月までの乳児は、親から受け継いだ免疫が機能していますが、その後は自分で獲得した免疫で戦うことになります。子どもたちの感染者が多いのは、免疫力が十分でないことや、適切な感染予防対策がとれないことによるもので、インフルエンザにかかわらず集団で生活する幼稚園や学校などでの感染により爆発的に発症することがあります。

4　感染対策

表 8-2-1 は、感染対策をまとめたものです。日頃から心がけることが大切です。

表 8-1-2　感染対策

感染対策	内容
①飛沫感染予防	くしゃみや咳をする場合は、人のいないほうを向きタオルやティッシュで口を覆います（咳エチケット）。人込みに出る場合などは必要に応じてマスクを使用します。
②接触感染予防	・手で触れたところにウイルスや細菌がいるかもしれないので帰宅後や食事前などはこまめに手を洗います。また、手についたウイルスや細菌を体に入れないためには、目、鼻、口の粘膜を汚染された手で触れないようにします。 ・インフルエンザウイルスにはアルコール消毒が有効です。
③自己免疫力を高める	良質な睡眠をとりましょう。また、バランスのよい食事をとりましょう。適度に体を動かしストレスのない毎日を送ることも自己免疫力を高めます。
④その他	室内の湿度を 50 〜 60％に保ちましょう。また、体調の良くない時は早めに休息をとりましょう。

5　発症後の対応

インフルエンザを疑う症状があれば発熱後 12 〜 48 時間以内に医療機関に問い合わせます。発症後 12 時間未満ではインフルエンザ感染の

したウイルスや病原菌から自分自身の身体を守る力。体内に発生した異常な細胞を除去することも含まれます。

◆全身倦怠感：だるい、疲れた、身体が重い、しんどい等の症状で普段通りの生活が送れなくなる状態のこと。

◆上気道炎症状：のどの痛み、鼻水、鼻づまり、くしゃみ、咳など鼻から喉までの症状。

◆消化器症状：食道や胃、腸などの消化管の不調で起こる症状。

◆飛沫感染：会話や咳やくしゃみによって飛び出してきた細かいしぶきを吸い込んだりすることによって起こる感染。

◆接触感染：ウイルスや細菌に汚染したものに触れることによって起こる感染。汚染された手で触れた目や鼻や口などの粘膜を介して感染します。

193

検査結果が正しく出ない場合がありますので、12時間経過後に受診するか、感染者が集まっている医療機関に行くのを避けたい場合は、自宅で簡易検査キットでの確認も可能です。

インフルエンザの治療薬は発熱後48時間以内の使用が効果的で、発熱期間が1～2日程度短縮するといわれています。また鎮痛解熱剤はアセトアミノフェンやイブプロフェンが使用されますが、薬剤によって使用禁忌などの注意がありますので、医師へ相談しましょう。

自宅で経過を見る場合は、安静にし、適度に水分を与えながら見守りを続けます。短時間に症状が悪化することがあります、また、急に走り出したり部屋から飛び出すなど異常行動の報告もありますので、幼児や児童の場合、発症後2日間ほどは一人にしないような配慮が必要です。

6　合併症

（1）インフルエンザ脳症

インフルエンザ脳症とは、インフルエンザ感染後に意識障害やけいれん、意味不明の言動、異常行動を起こす重篤な脳の病気です。主に5歳以下の幼児に発症することが多く、発症してから30～36時間の短時間で急激に進行するのが特徴です。年間100～300例にみられています。約25％に後遺症が残り、致命率は約30％です。

（2）呼吸器合併症

発症後3～4日経過しても解熱しない、一旦解熱した後に再び発熱を繰り返す、2～3日後から咳がひどくなるなど、熱や咳が続く場合、また呼吸が苦しいと感じる場合は、肺炎や気管支炎の合併が疑われます。上気道から耳管を通して感染する中耳炎も、3歳以下に多くみられる合併症の一つです。

7　感染予防（流行前のワクチン接種）

インフルエンザワクチンは、前年度の流行株を参考に作られます。これまでも変異を繰り返しているウイルスのため、ワクチン接種で100％の予防とは言えませんが、合併症や重症化及び死亡率をおさえることにおいて高い効果が認められています。接種2週間後から約5か月間はワクチンの効果が持続するとされていますので、毎年の流行時期を考え

◆致命率：そのことが原因となって命を落とす割合。

◆上気道：口や鼻から喉までの空気の通り道。

◆耳管：耳と鼻をつないでいる細い管。

◆中耳炎：鼓膜の奥の炎症。耳の痛み、耳の詰まった感じ、耳垂れ、聞こえが悪くなるなどの症状が起こります。

◆流行株：そのシーズンに流行しているインフルエンザウイルスの種類。

◆変異：ウイルスが増殖するとき遺伝子に複製ミスが起こること。

ると、10月もしくは11月ごろの摂取が良いと考えられます。接種回
数は免疫力の低い6か月〜12歳までは2回接種、13歳以上は1回接
種が推奨されています。

キーワード　Let's review!（復習してみましょう！）

インフルエンザ	インフルエンザA型は144種類ありますが、毎年流行するのはAの亜型（H1N1）（H3N2）の2種類です。B型は2種類です。
インフルエンザワクチン	ワクチンは前年度の流行株（亜型）を参考に厚生労働省が決定します。A型2種類、B型2種類で4価の不活化ワクチンが作られます。
流行	季節性インフルエンザの流行は毎年概ね12月〜3月です。

第8章　子どもの健康と事故に対する予防と対策

▶コラム❸

保育所における子どもの熱中症・感染症対策
茨城県那珂市菅谷保育所・皆川所長にインタビューを行いました

Q：那珂市における保育所等での熱中症の発症状況について、教えてください。

A：那珂市菅谷保育所におきましては、この何年間、熱中症の発症は特にありません。したがって、熱中症で救急車を要請したこともありません。

Q：近年、暑い夏が続きますが、室外温度が高い中で園児を園庭で遊ばせることに対して、気を付けていることなどを教えてください。

A：プールや園庭での遊びのときは、9時と10時に日向、日陰の気温を測定してWBGTと呼ばれる暑さ指数を計り、環境省が情報提供している目安値などに照らし合わせて、外で遊ばせることができるかどうかや遊ばせる時間などの判断に活用しています。このWBGT値は、①湿度、②日射・輻射など周辺の熱環境、③気温の3つを取り入れた指標で、本園では熱中症予防に対しての重要な指針としています。プール遊びの対策では、プールの上にテントを張り日陰を作っています。

　また、子どもは身体が小さいので地面からの熱を受けやすく大人よりも熱中症になりやすいので、その点にも気をつけています。

Q：那珂市の広報誌等(市民新聞、他)などで乳幼児や児童・生徒のいる家庭等への呼びかけについて、熱中症・インフルエンザ、アフターコロナに関して啓発されている内容(サインや対処法を含む)について、教えてください。

A：那珂市では、『広報なか』という広報誌があり、具体的な熱中症対策や熱中症予防に関する記事を掲載しています。今年（2024年）の号でも、分かりやすい熱中症予防や対策を掲載しています。また、那珂市ホームページや那珂市の公式LINEに、この「広報なか」が載っており、市民の方に情報提供がなされています。そのほかにも、"熱中症アラート"が発出された際には、防災無線で放送されます。畑や田んぼでも聞こえるので、市民の皆さんへの注意喚起になっていると思います。

Q：新型コロナウイルス感染症が5類感染症になりましたが、集団生活を送る保育所では気の抜けないこともあると思います。アフターコロナについて、気をつけていることなどを教えてください。

A：普段から食事の前の手洗い、うがい・手の消毒など指導していますが、コロナの5類変更以後、基本的にマスクをすることは子どもたちや保護者、職員の自主性に任せています。ただし、溶連菌感染症などの他の感染症があったときには、必要に応じてマスクをするようにしています。後遺症を含めコロナの怖さを認識しているので、徹底した除菌や空気洗浄機の活用など、現在も続けています。食事については、新型コロナの流行以降は食事介助や見守り以外では、未満児(0～2歳児)と職員が一緒に食事をしていません。以上児(3～5歳児)は一緒に食べています。保護者への対応として、保育所の中にコロナウイルス等が入らないように、感染症や熱があるきょうだいを連れて送迎する場合は、保護者の方は保育所内には入らずに、玄関でお子さんの引き渡しをお願いしています。

『広報なか』の誌面
資料提供：那珂市保健福祉部健康推進課

Q：最後に、他の疾病も含め菅谷保育所で取り組んでおられることを教えてください。

A：最近では、インフルエンザや溶連菌、手足口病がありますが、保育所内の看護師がその都度、注意喚起として「ほけんだより」を発行し、発症の目安や登所できる目安、具体的な対処法等を保護者にお知らせしています。また、今年の4月から子どもたちの感染症などの欠席状況や症状などを、毎日、保護者にアプリ配信をしています。子どもが医者にかかるとき、「その情報が役立つ」と好評をいただいています。

　幼児におけるアフターコロナや感染症対策などのお取組をお教えいただきました。お忙しいところお時間をいただき、ありがとうございました。

第8章　子どもの健康と事故に対する予防と対策

第3節　食育

1　食育とは

（1）食育の定義

　食育の基本理念や取組等を定めたものに**食育基本法**があります。この食育基本法の前文では、食育について、「食育を、生きる上での基本であって、**知育**、**徳育**及び**体育**[*1]の基礎となるべきものと位置付ける」こと及び「食育はあらゆる世代の国民に必要なものであるが、子どもたちに対する食育は、心身の成長及び人格の形成に大きな影響を及ぼし、生涯にわたって健全な心と身体を培い豊かな人間性をはぐくんでいく基礎となるものである」と規定しています。

　この食育基本法に基づいて、農林水産省HP「食育の推進」では、食育を「生きる上での基本であって、知育・徳育・体育の基礎となるものであり、様々な経験を通じて『食』に関する知識と『食』を選択する力を習得し、健全な食生活を実現することができる人間を育てること」と定義しています。子どもの食に関する指導の推進に取り組んでいる文部科学省HP「食育って何？」では、食育を「偏った栄養摂取、朝食欠食等食生活の乱れや肥満・痩身傾向等、子どもたちの健康を取り巻く問題を…解決する重要な役割を果たす」ものと謳っています。

　食育を簡潔に言うと「食べることに関して適切に判断し決定・選択する力を育成すること」と言えますが、食育の必要性や目的から総合的に食育を捉えると、4つの次元で食育を理解することができます。それは、①生きる上での基本、②知育、徳育及び体育の基礎、③食育の方法、④食育の目的、という4つの次元です（図8-3-1）。

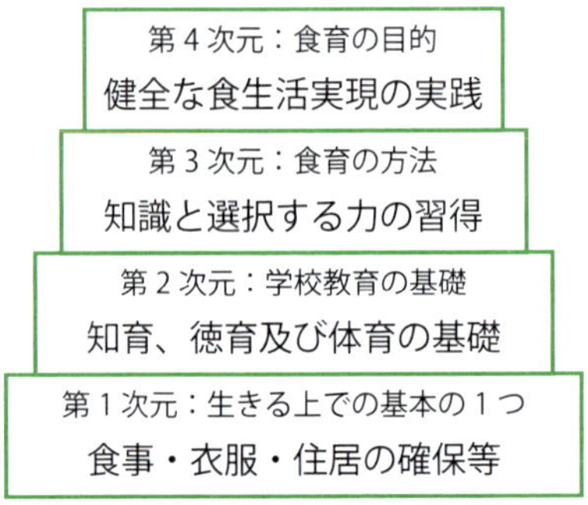

＊1：教育基本法第2条第1項第1号で、教育の目標として、知育、徳育、体育が挙げられています（＊1は筆者）。

第4次元：食育の目的
健全な食生活実現の実践

第3次元：食育の方法
知識と選択する力の習得

第2次元：学校教育の基礎
知育、徳育及び体育の基礎

第1次元：生きる上での基本の1つ
食事・衣服・住居の確保等

図8-3-1　**食育の4つの次元**
出所：食育基本法より筆者作成

第3節　食育

　第1の次元は、あらゆる世代の国民にとって生きていく上での基本、すなわち生きていく上での土台となる行為の一つとしての食育の位置付けです。私たちが生きていく上で最も土台となる行為には、食べることや着ること、住む所を確保することがあります。その他、社会生活を営むには人間関係を構築・維持することや物的環境における安全を確保することも必要です。食育とは、これら生きていく上での土台の一つである食べることに関して、適切に判断し決定する力を育成することです。

　第2の次元は、教育における食育の位置付けです。食育は、教育の3育である知育、徳育、体育の基礎と位置づけられています。

　第3の次元は、食育の方法です。第4次元の食育の目的を達成するために、「食」に関する適切な知識と「食」を選択する適切な判断力や決定力を育てることです。

　第4の次元は、食育の目的です。食育は、心身の健康を増進し豊かな人格や人生を形成するという、健全な食生活を実践することを目的としています。

(2) 食育に求められる主な取組の内容

　食育基本法で示されているとおり食育はあらゆる世代の国民に必要とされていますが、食育の在り方や実践されるべき内容は、年代によって異なります。そのため、本節では、特に子どもに対する食育として、幼稚園◆や保育所◆、認定こども園◆、小学校、中学校、高等学校、特別支援学校における食育を、また食育の場として家庭や地域における食育を概括していきます。

①家庭における食育

　私たちは毎日食事を摂ります。食は生きていく上での基本的な行為の一つで、規則正しい食生活が基本的な生活習慣の確立を助けます。家庭は日常生活の基盤であるので、家庭での食育の取組が子どもにとっての生きる力や人生の進路に大きな影響を与えることもあります。そのため、家庭における妊娠期からの食育の取組は極めて重要です。[*2]

　家庭における食育では、特に朝食を摂る取組に力が入れられています。朝食を摂ることによって、体内時計のリズムが整えられたり規則正しい生活習慣の習得や心身の健康保持に寄与します。また、家族が一緒に食事をとる共食◆も大切です。食の楽しさや食への関心、食に関する知識を育てることにつながります。

◆幼稚園：3歳から小学校入学前までの子どもを対象にした学校。文部科学大臣が定める教育基準に基づく教育を受けることができます（学校教育法、幼稚園教育要領）。

◆保育所：保育を必要とする乳児・幼児を日々保護者の下から通わせて保育を行うことを目的とする施設です（児童福祉法第39条第1項、保育所保育指針）。

◆認定こども園：教育と保育を一体的に行う施設で、幼稚園と保育所の両方の良さを併せ持っている施設。幼保連携型及び幼稚園型、保育所型、地方裁量型があります（幼保連携型認定こども園教育・保育要領）。

＊2：厚生労働省は、家庭に代わる児童福祉施設◆における食育について「児童福祉施設における食事の提供ガイド」を公表しています。

◆児童福祉施設：児童福祉法第41条に規定されている施設で、保護者のいない児童や虐待されている児童、環境上養護を要する児童等を入所させて養護し、あわせて退所した者に対する相談その他の自立のための援助を行うことを目的とする施設です。

◆共食：家族（全員もしくは一部）や友人、親せきなど、誰かと一緒に食事をすることです。

②保育所、学校等における食育

　就学前の子ども対する食育は、幼稚園及び保育所、認定こども園においても推進されています。幼稚園では、幼稚園教育要領において、「先生や友達と食べることを楽しみ、食べ物への興味や関心をもつ」ことが指導されています。

　保育所では、保育所保育指針において、健康な生活の基本となる「食を営む力」の基礎を培うことを目標として、子どもが生活と遊びの中で、意欲をもって食に関わる体験を積み重ねていくよう取り組むことが推進されています。また保育所利用の有無にかかわらず、食育活動や育児相談等の子どもを育てる家庭への支援も奨励されています。さらには、保育所の食育を担う専門職として、「食育・アレルギー対応」分野でのリーダー的職員の育成や栄養士の活用が推進されています。

　認定こども園では、幼保連携型認定こども園教育・保育要領において、食育を教育・保育活動の一環に位置付けており、「食育のための環境」や「保護者や関係者等との連携した食育」への取組が推進されています。食育を担う専門職には栄養教諭や栄養士、調理員がおり、保育教諭や関係者と連携・協力した食育が実施されています。

　学校における食育では、指導体制・指導内容の充実と学校給食の充実を図る取組がなされています。指導体制・指導内容の充実を図る取組では、栄養教諭が食育の中核的存在として学校給食の献立作成及び各教科の担当教員や家庭・地域と連携したりしています。これらの取組の一つとして、栄養教諭は痩せや肥満傾向にある子どもや食物アレルギーのある子どもに対する個別的支援や健康に関する知識の普及等も行っています。

　学校給食の充実を図る取組では、子どもの健康保持や健康増進を図るため栄養バランスのとれた食事の提供が実施されています。文部科学省による 2021 年度の「学校給食実施状況調査」では、94.3％の学校で完全給食◆が実施されています。また、給食の食材には地場産物や国内食材、米飯の使用が推奨されています。地場産物の活用では、生産者への感謝の気持ちの育成と流通の仕組みや地域の食文化への理解を深める取組がなされています。米飯給食では、わが国における伝統的な食生活である米飯の食習慣を身に付けることや米飯を中心とした日本型食生活の継承[*3]を図る取組がなされています。

　特別支援学校における児童等は障害に多様性があったり学年・学級ごとに指導目標が異なったりします。そのため、特別支援学校では関係者と連携・協力して児童等の実態把握及び実態に基づいた課題の明確化が

◆完全給食：給食内容について、パン又は米飯など、ミルク及びおかずが提供される給食のこと。

＊３　1975 〜 1980 年頃の平均的食生活で、栄養バランスに優れた食生活として推奨されています。和食の基本形（飯、汁、菜（おかず）、香の物（漬物））に、主菜と副菜等を組み合わせた食形式による食生活です。なお、和食は 2013 年にユネスコ無形文化遺産に登録されました。

第3節　食育

行われます。それらの課題を踏まえて食育の全体計画を作成し、計画に基づいた取組がなされています。

　学校等における食育について、文部科学省は『食に関する指導の手引き』を刊行しています。第二次改訂版では、食に関わる資質・能力を育成するという目標の下、実践に際して、以下の6つの視点を挙げています。[*4]

> ### 6つの視点
> ◇　食事の重要性、食事の喜び、楽しさを理解する。【食事の重要性】
> ◇　心身の成長や健康の保持増進の上で望ましい栄養や食事のとり方を理解し、自ら管理していく能力を身に付ける。【心身の健康】
> ◇　正しい知識・情報に基づいて、食品の品質及び安全性等について自ら判断できる能力を身に付ける。【食品を選択する能力】
> ◇　食べ物を大事にし、食料の生産等に関わる人々へ感謝する心をもつ。【感謝の心】
> ◇　**食事のマナー**や食事を通じた人間関係形成能力を身に付ける。【社会性】
> ◇　各地域の産物、食文化や食に関わる歴史等を理解し、尊重する心をもつ。【食文化】
>
> 出所：文部科学省（2019）『食に関する指導の手引き』https://www.mext.go.jp/component/a_menu/education/detail/__icsFiles/afieldfile/2019/05/07/1293002_1_1_1.pdf

③地域における食育

　貧困状態にある子どもたちへの食事の提供や居場所、共食、多世代交流の場として、**子ども食堂**が増えています。政府は食育を推進する場として、また貧困の連鎖解消のため子ども食堂の活動を支援しています。官公民の連携・協働プロジェクト「こどもの未来応援国民運動」をしたり、2022年度は地方公共団体への子ども食堂等整備のための交付金を拡充したりしました。厚生労働省は、「子どもの生活・学習支援事業」においてひとり親家庭や貧困状態にある子どもに対し、生活習慣の習得に加えて食事の提供や子ども食堂活動への協力呼びかけを行っています。農林水産省では、2020年度から子ども食堂等へ政府備蓄米を無償提供しています。

④「新たな日常」とデジタル化に対応した食育

　2021年に策定された**第4次食育推進基本計画**では、重点事項の一つに「『新たな日常』やデジタル化に対応した食育の推進」が挙げられています。「新たな日常」とは、新型コロナウイルス感染症の影響で変容した生活様式の一部が今後も継続することです。人の交流が減少した一方で、在宅時間が増加し家庭での共食の機会が増えたりしました。デジタル化とは、デジタル技術の目覚ましい普及や進展がなされていることです。レシピ・食材の情報取得は既に多くの人が活用しています。現在は、健康管理アプリや食品ロス削減のためのアプリを活用する人も増えています。

＊4：食に関する指導の目標は、学校教育活動全体を通して、学校における食育の推進を図り、健康で健全な食生活に関する知識や技能を身に付けること及び思考力・判断力・表現力等を養うこと、学びに向かう力・人間性等を養うこととされています。

◆子ども食堂：地域住民等によって無料または安価で栄養のある食事や温かな団らんが提供される場。取組の当初は子どもが対象でしたが、多世代交流の場として年齢の制限を設けていない子ども食堂も多くなっています。第9章第4節で詳述しています。

◆子どもの生活・学習支援事業：厚生労働省により実施されていた、生活困窮世帯の子どもを対象にした学習支援事業を強化した事業。学習支援、生活習慣・育成環境の改善、教育及び就労（進路選択等）に関する支援を実施しています。

第 8 章　子どもの健康と事故に対する予防と対策

今後も、新たな生活様式とデジタル化に対応した食育が目指されています。

2　食育の必要性と食育推進施策の変遷

（1）食育の必要性

食育基本法の前文では、食育の必要性を 3 つの視点から述べています。1 つ目の視点は、子どもたちの健康確保にとって「生涯にわたって健全な心と身体を培い豊かな人間性をはぐくんでいく基礎となる」ために必要、という視点です。2 つ目の視点は、すべての国民の健康確保にとって「栄養の偏り、不規則な食事、肥満や生活習慣病の増加、過度の痩身志向などの問題」を解決する食生活の改善のために必要、という視点です。3 つ目の視点は、「食」の安全確保や海外依存等「食」をめぐる環境変化に対応すべく国民の「食」に関する考え方を育てるために必要、という視点です。わが国の「食」をめぐる環境は、高度経済成長期の頃からライフスタイルや食の多様化が進み、好きな時に好きな物を食べることができるようになりました。このような時代であればこそ、生きることの原点である「食」についての知識を得ることや「食」を選択する力を育てることが求められています。

不規則な食事に関して、朝食摂取と学力、朝食摂取と体力等の関係を調査した報告書があります。国立教育政策研究所の 2023 年度「全国学力・学習調査」や文部科学省スポーツ庁の 2023 年度「全国体力・運動能力、運動習慣等調査」では、いずれも毎日朝食を摂取している児童、生徒の得点が最も高いという結果でした。

（2）食育推進施策の変遷

明治時代にわが国の国体が大きく変わり、中央集権体制が形成されました。1871 年には文部省（現在の文部科学省）が設置され、近代教育制度が確立し整備されていきました。1872 年には学制発布がなされ小学校が設置されるようになり、1882 年頃より全国の教育が統一化されていきました。この近代教育制度における「食」に関する取組はどのように変革していったのか、その歴史を見ていきましょう。[*5]

①貧困対策・栄養改善期

1889 年に山形県にある大督寺内の私立忠愛小学校で貧困児童を対象

◆生活習慣病：食習慣や運動習慣、休養、喫煙、飲酒等の生活習慣が、その発症等に関与する疾病群をいいます。

◆中央集権体制：国家や社会集団において、責任と権限、統制力が中央政府や中央部に集中している状態。

＊5：食育という言葉を最初に使ったのは、医師・薬剤師の資格を持った石塚左玄とされています。1896 年に出版された「化學的食養長壽論」、1898 年に大衆向けに出版された「通俗食物養生法：一名・化學的食養體心論」の中で「食育」という言葉が使用されています。

第3節　食育

として、無料で昼食が提供されました。これが学校給食の始まりとされています。その後、各地の小学校で学校給食が実施されました。1923年に、栄養改善のための方法として学校給食が国から奨励され、1932年には国庫補助による貧困児童救済のための学校給食が開始されました。1940年には、対象が身体虚弱児等へ拡大され、1952年には完全給食が全国すべての小学校に広げられて学校給食の内容が充実していきました。

②栄養バランス期・食育萌芽期

　1952年に文部省から『学校給食を中心とする学習指導』が刊行され、1954年に学校給食法が公布・施行されました。これにより学校給食の実施体制が法的に整いました。同法2条第1項第1号では学校の給食の目標が「適切な栄養の摂取による健康の保持増進を図ること」と規定され、栄養バランスを考えた学校給食が作られるようになりました。1958年には、『小学校学習指導要領』及び『中学校学習指導要領』の改訂で学校給食が「学校行事」に位置付けられ、1962年には『学校給食指導の手引き（小学校編)』が刊行されました。これにより、教育の一環としての学校給食の位置づけが明確になりました。その後、栄養教育が推進されていきました。2004年には学校教育法等の一部を改正する法律が公布され、栄養教諭制度が創設されました。

③食育確立期

　2005年に食育基本法が制定され、食育を生きる上での基本であり知育、徳育及び体育の基礎と位置付けられました。同法の制定に伴い、2006（平成18）年には第1次食育推進基本計画が策定され、2007年年には文部科学省より『食に関する指導の手引き』が刊行されました。2008年年に『小学校学習指導要領』及び『中学校学習指導要領』が改訂され「食育」の観点が盛り込まれました。2009年には学校給食法が改正され、学校給食や教科教育は「食」の観点から見直されて食育が推進されるようになりました。その後、『食に関する指導の手引き』が2019年に改訂、食育推進基本計画（第4次計画）が2021年に策定されて現在に至っています。

（3）食育推進施策の体制

　食育は生きていく上で土台となるもので国民すべてを対象にしていることから、食育の推進施策を担う省庁や機関は多岐にわたります。国に

203

第8章　子どもの健康と事故に対する予防と対策

おいては食育推進基本計画を策定する農林水産省をはじめ、学校教育等を担う文部科学省、幼児保育・教育や社会的養護を担う厚生労働省、その他にも食品安全委員会、消費者庁等があります。地域においては、地方公共団体や学校、保育所等、農林漁業者、食品関連事業者、ボランティア等の様々な関係者が連携・協働して食育を推進しています（図8-3-2）。

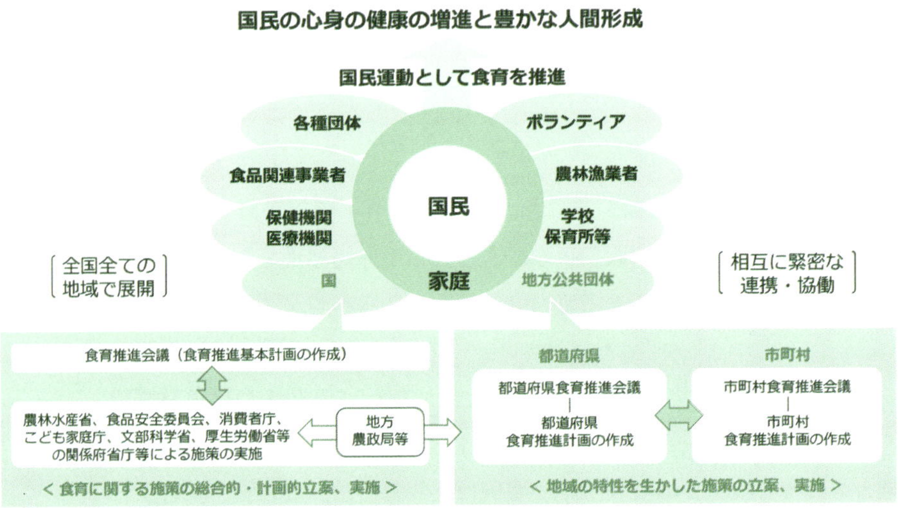

国民の心身の健康の増進と豊かな人間形成

国民運動として食育を推進

各種団体　ボランティア
食品関連事業者　農林漁業者
保健機関　学校
医療機関　保育所等
国　地方公共団体

国民
家庭

［全国全ての地域で展開］　［相互に緊密な連携・協働］

食育推進会議（食育推進基本計画の作成）

農林水産省、食品安全委員会、消費者庁、こども家庭庁、文部科学省、厚生労働省等の関係府省庁等による施策の実施

地方農政局等

＜食育に関する施策の総合的・計画的立案、実施＞

都道府県
都道府県食育推進会議
都道府県食育推進計画の作成

市町村
市町村食育推進会議
市町村食育推進計画の作成

＜地域の特性を生かした施策の立案、実施＞

図8-3-2　食育推進体制
出所：農林水産省（2023）『令和5年版　食育白書』日経印刷株式会社、p.3

3　食育に関する子どものサイン

　食は生きることの基本です。食を豊かにすることは健康を維持したり人生を豊かにしたりすることにつながります。子どもたちが豊かな食生活を送れるように支援するためには、子どもたちがどんな食生活を送っているのかを知ることが欠かせません。給食の時間での子どもたちの様子は、子どもの食生活を知ることのできる機会です。子どもの食事の場面、特に給食時間の場面から、子どもたちが発しているサインを見ていきます。

①食事のマナーについて
　子どもたちが発するサインとして、主に以下のような態様があります。
・姿勢が悪い、箸が使えない、食べ方が乱雑、食器の扱いが乱暴等
・食事中に歩き回る、食事中に離れている友達に話しかけたり大声で話したりする、自分が食べ終わったら「ごちそうさま」のあいさつなしですぐに遊びに行く
　食事のマナーを身に付けることによって、一緒に食事する人と楽しい

第3節　食育

食事時間を持つことができたり関係を築く力を体得できたりするという効果が期待できます。しかし、年相応の食事のマナーが身に付いていない子どももいます。その場合は、講習会実施等のマナーを体得できるような指導が求められますが、同時に惹起要因として、身心の状況や**孤食**、**個食**等の**家庭環境**についても目を向けることが大切です。

②食事量・食事のスピードについて

　子どもたちが発するサインとして、主に以下のような行動があります。

・食べ残し（残菜）が多い、料理そのものに手を付けない

・おかわりが多く過食傾向にある

・食事が会食時間内に終了しない[*6]

　給食は、1日の必要栄養摂取量の3分の1が摂取できるよう作られていますが、食事を配分する配膳準備は児童・生徒で行います。そのため自分で自分の食事量を決める等、自分の健康管理の能力を身に付けることができるという効果が期待できます。しかし食べ残しや過食がある場合は、偏食や食べず嫌い、自分の食べられる量が把握できていない、栄養バランスへの意識が乏しい、夕食が遅くて空腹を感じない等の生活習慣に原因があるかもしれません。食材や適性な食事量を説明したりして食への関心を高める指導を行うことが有効ですが、場合によっては**摂食障害**や**味覚・臭覚障害**、生活習慣病、家庭環境等を疑うことが必要です。

　おしゃべり等で食事が会食の時間内に食べ終わらない場合は、空腹を感じないことや偏食があることのほか、食事に集中できない周囲の環境や設定されている**会食**時間が短い等の**食事環境**が原因かもしれません。必要量をバランスよく時間内に摂取できるよう食事環境を整えると同時に心身の状況などに目を向けることが大切です。

③食に関する語彙や知識が少ない

　給食や家庭の食卓にあがる食材の名称を知らなかったり料理や食後の感想についての語彙が乏しかったりする子どもが少なくありません。食材の名称や生産地を学んだり料理の感想を言い合ったりする機会を増やす指導が、食べ物を大事にしたり生産者等への感謝の心を育てたりすることにつながります。また、食べ物への興味をとおして地域の産物や食文化への関心を高めることにもつながります。さらには、食材や料理の生産工程等への学びを指導・支援することが、子ども自らの食事を選択する力の習得につながります。

◆孤食：家族がいても揃って食事せず、それぞれ一人で食べること。

◆個食：家族など複数で食卓を囲んでいても、食べている物がそれぞれで違うこと。

＊6：給食の時間では、配食等の準備及び会食、片付けが行われます。そのうち、会食の時間は小・中学校で20分程度ですが、高校では15分程度の場合もあります。

◆摂食障害：拒食症（神経性無食欲症）と過食症（神経性過食症）の総称。拒食症とは、太ることへの恐怖から食べる量が極端に少なかったりむちゃ食い後に自分で吐いたりして、栄養不十分な状態になること。過食症とは、短時間に大量に食べたり食べることが止められない状態。また、食べたあとに後悔して落ち込んだり自分で吐いたりする状態。必ずしも痩せ過ぎや肥満とは限らず、標準体重であることも多くあります。

◆食事環境：食事時の環境。『食に関する指導の手引き』で使われている用語で給食指導における準備段階での指導項目の一つとして「食事環境」が挙げられています。指導内容は「食事にふさわしい環境を整える」等です。

4 食育への支援

　食は生命を維持するために欠かせないものですが、食育とは生命を維持するための教育という以上の役割があります。それは人生を豊かにするための教育です。食への意識を変えることで自分に対する意識や生活様式が変わったりします。食を大切にすることで、食の生産者や関係者への感謝の気持ちが生まれ、その感謝の気持ちを周囲の人に対しても感じるようになったりします。また、苦手な食材を食べられるようになることが自信につながり、日常生活での苦手に取り組む気持ちが芽生えたりします。

　一方で、食に関して子どもが発するサインの中には、心身の状況に原因がある場合や孤食・個食等の家庭環境に要因があることも少なくありません。その場合には、医療的支援や孤食・個食をせざるを得ない家庭が抱える困難に対する支援が必要です。特に家庭環境に要因があると思われる場合には、学校・幼稚園・認定こども園等の教員やその他の直接子どもと接する専門職に加え、スクールソーシャルワーカーやスクールカウンセラー、医療ソーシャルワーカー、社会福祉協議会のコミュニティソーシャルワーカー、行政職員等と連携・協働して子どもの育ちを支援していくことが求められています。

キーワード　Let's review!（復習してみましょう！）

食育基本法	食育に関して基本理念及び国、地方公共団体の責務、食育に関する施策の基本を定めた法律で、2005年に公布、施行されました。
食育推進基本計画	食育基本法第16条に基づいて策定される計画で、農林水産省に設置される食育推進会議において策定される計画です。食育推進に際しての基本的な方針や目標を掲げており、現在は第4次食育推進基本計画が実施されています。
学校給食法	学校給食の実施に関し必要な事項を定めた法律で、1954年に制定されました。当初は、適切な栄養の摂取による健康の保持増進を図ることを目的としていましたが、2009年改正によって、食育の推進を図ること等を目的としています。
食に関する指導の手引き	2007年に文部科学省より刊行された手引書で、2021年に第二次改訂版が刊行されています。「学校教育活動全体を通して、学校における食育の推進を食に関わる資質・能力を…育成すること」を目指すことが目標とされています。
栄養教諭制度	2004（平成16）年に「学校教育法等の一部を改正する法律」によって、新設された制度です。栄養教諭は管理栄養士又は栄養士の免許を有しており、学校における食に関する指導を充実させる役割が期待されています。
日本型食生活	栄養バランスに優れた食生活として推奨されています。和食の基本形（飯、汁、菜）、香の物（漬物）に、主菜と副菜等を組み合わせた食形式による食生活です。
共食	家族（全員もしくは一部）や友人、親せき等、誰かと一緒に食事をすることです。

第 **4** 節 # 火災・事故から子どもたちを守るには
——日立市消防本部からの提言

1　子どもの水難事故について

（1）日立市消防本部の取組について

　茨城県日立市は、東部が太平洋に面し長く海岸線が広がっており、一級河川の久慈川をはじめ数多くの河川を有していることから、以前から**水難事故**対策に注力してきました。中でも、茨城港日立港区を管轄する南部消防署には、水難救助に特化した「水難救助隊」が配置されています。

　水難救助隊は、特別救助隊員約60人の中から選抜した専門的なスキルを身につけた16人で構成され、あらゆる水難事故に対応しています。資機材についても、水難救助の専門車両「津波・大規模風水害対策車」や、冠水地域の走破性が高い「水陸両用バギー」など、全国でも有数の装備を誇り、管内での災害だけではなく、市外、県外で発生した大規模風水害時にも出場する、**緊急消防援助隊**茨城県隊の「**土砂・風水害機動支援部隊**」に登録されています。また、訓練施設として南部消防署に訓練用プール（深さ3m）を有しているほか、県立海洋高校の潜水実習プール（深さ10m）や漁港、海岸、河川等様々な場所で実災害を想定した訓練を実施し、事故への対応力向上に努めています。とりわけ例年7月には、県防災航空隊、市関係部署、ライフセーバー等と合同で、遊泳中等に溺れた要救助者の発生を想定した「水難救助対策訓練」を実施し、海水浴シーズンに向けた関係機関との連携強化を図っています。

　こうした水難事故対策は、当市だけではなく全国の各消防本部で地域特性に合わせ講じられており、訓練を重ね万全を期しています。しかし、それだけでは子どもたちを水難事故から守ることはできません。事故を未然に防ぐこと、そして消防が到着するまでにできることを、保護者や周りの大人が把握しておくことが何より肝心です。

（2）水難事故への対策について
①防止対策

　前述のとおり、一番大切なのは事故を未然に防ぐことにほかなりません。海・河川だけでなく、家庭内など思わぬところに危険は潜んでいます。以下のポイントを実践し子どもたちを水難事故から守りましょう。

◆水難事故：海、川、湖、プールなどの水辺で起こる事故のこと。

◆緊急消防援助隊：日本における全国的な消防応援の制度及び同制度に基づく消防部隊。被災地の消防力のみでは対応困難な大規模・特殊な災害の発生に際して、発災地の都道府県知事から消防庁長官に応援等の要請を行い、長官による指示等により出動し、災害活動を行います。

◆土砂・風水害機動支援部隊：緊急消防援助隊登録部隊のうち、土砂災害又は、風水害に対し他隊と連携し、重機等を用いた消防活動を迅速かつ的確に行う部隊。

第8章　子どもの健康と事故に対する予防と対策

ア　子どもの行動範囲にある「危険な水場」を把握し、子どもだけで近づかないよう伝える
イ　子どもが水に接する場合は、大人は目を離さず、手の届く範囲で見守りを（keep watch）
ウ　遊泳するときは、指定された遊泳エリア内で
エ　離岸流が発生しやすい場所（河口付近、堤防沿い、岩場など）には近づかない
オ　上流で雨が降っている場合など、増水するおそれがあるときは河川に近づかない
カ　川遊びや堤防での釣りなどでは、必要に応じてライフジャケットを装着し、滑りにくく脱げにくい靴を履く
キ　子どもと入浴するときは、大人の後に浴室に入れ、先に出す
ク　子どもが小さいうちは、入浴後に浴槽の水を抜くことを習慣に

②事故発生時の対応

　1分1秒を争う水難事故は迅速な対応が必要である一方、注意すべきは助ける側の安全確保です。慌てて助けに行き二次災害となるケースが多いため、事故を発見したら落ち着いて以下のポイントを守り安全に行動しましょう。

ア　直ちに消防機関などに通報する
イ　周囲に声をかけ、協力者を呼ぶ
ウ　溺者を見失わないようにする
エ　仰向けで浮いて待つよう声をかけ励ます
オ　やみくもに泳いで助けようとせず、長い棒や釣り竿などの道具があれば使用し、自分の安全を確保する
カ　距離がある場合は、ロープや浮くものなどを投げる（ライフジャケット、浮き輪、ビーチボール、ボディーボード、大きなペットボトル（投げられるよう砂等の重りを少量入れる）、クーラーボックスなど

2　救急車要請時の注意事項

　子どもに限らず、目の前で火災が起きた、人が倒れた、事故が起きた、このような緊急事態に対して救急車を呼ぶ手段としての第一選択は **119番通報**です。しかし、大抵の通報者は初めての経験で慌ててしまい、冷静に情報を伝えられない場合が多く見られます。「息をしてない、早く来て」、「事故でけが人がいる」だけでは救急車は出動することはできません。発生場所が特定できなければ救急車の到着が遅れ、病状の悪化や生命の危機につながるおそれがあります。

　通信指令室に電話がつながったら、指令員は質問形式で状況を聞いていきます。通報者は、その質問に順次答えていくだけなので、難しく考えず落ち着いて情報を伝えてください。通報内容は出動する救急隊に伝達され、その情報をもとに、救急隊は処置に必要な器材の準備を現場到着前にすることができ、現場処置をスムーズに実施できます。

◆通信指令室：119番通報を受けつけ、適切な消防隊や救急隊を迅速に出場させるための指令を出します。また、関係機関への連絡、要請、職員及び団員の非常召集など、消防活動上、最も重要な情報がいち早く入る場所で、いわば頭脳にあたります。

第4節　火災・事故から子どもたちを守るには

以下、119番通報に関する要点をまとめましたので確認しておきましょう。

（1）119番通報時のポイント

①通報する前に

自分が被害に遭わないよう、安全な場所に移動してから通報します。また、車で走行中の場合は、安全な場所に停車してから通報してください。

②指令員からの質問と回答のポイント

ア　場所：要請したい場所の住所を正確に伝える。分かるのであれば隣家（建物）の名称も伝える。詳しい住所が分からない場合は、周辺の目標となる店舗名、○○通りなどの街道名、交差点、公園、バス停等の名称を伝える。

イ　救急種別：どのような内容での救急要請なのか伝える（病気、けが、事故等）。

ウ　傷病者情報：傷病者の年齢、性別、症状（意識状態、呼吸の有無、痛みの場所、けがや出血している場所）、可能であれば、発症時間、病歴も分かる範囲で伝える。

エ　その他：通報者の氏名や電話番号等、指令員からの質問に答える。

（2）救急車が到着するまでの傷病者への対応

119番通報後、救急車が到着するまでの間に容態が変化することがあるので、可能であれば現場に留まって具合の悪い人に寄り添い、容態が悪化した場合は再度119番通報して、現在の状況を伝えてください。

（3）NET119緊急通報システムについて

「**NET119**緊急通報システム」は、聴覚や発話に障害がある方が円滑に消防機関へ通報することができるシステムです。スマートフォンやパソコン等からWebサイトにアクセスし、「救急」、「火災」などの種別を選択すれば、位置情報から最寄りの消防機関へつながり、その後はテキストチャットで詳細を確認する仕組みとなっています。

使用するには事前登録が必要であり、地域によっては導入していない地域もあるため、まずは最寄りの行政または消防機関にお問い合わせください。

◆ NET119：スマートフォンなどから通報用Webサイトにアクセスして、消防本部が消防隊や救急隊をどこに出動させるべきかを判断するために必要な「救急」「火事」の別と、通報者の位置情報を入力すれば、即座に消防本部に通報がつながり、その後にテキストチャットで詳細を確認する仕組みです。

（4）救急相談窓口について

急な病気やけがなどで、「救急車を呼ぶべきか」、「自分でも病院に行けそうだが、どこの病院に行けばいいんだろう」と迷ってしまうことが

209

あります。そのような時に電話で相談できるダイヤルサービスに以下の2つがあります。

①救急安心センター事業（＃7119）
②こども医療電話相談事業（＃8000）

これらは各地域で実施されており、ダイヤルすると相談窓口に自動転送され、医師・看護師から症状に応じた適切な対処の仕方や、受診する病院のアドバイスを受けることができます。

なお、救急安心センター事業（#7119）は全国24の地域で実施されており、全国に対応していませんので、お住まいの地域が対象地域であるか確認が必要です。対象外地域の場合は、それに代わる地域の相談窓口を把握しておきましょう。

3　子どもの火遊びについて

子どもの火遊びは、好奇心や探求心、保護者から禁止されていることに対して挑戦する衝動やスリルなどが関与しています。子どもの火遊びによる**火災**の多くは、子どもだけでライターやマッチを使用した際に多く発生しており、5歳未満の子どもが火遊びをした場合は、死傷する可能性が高く非常に危険です。

子どもの火遊びは大人が注意することでその多くを防ぐことができるので、ここで子どもに火遊びをさせないためのポイントを5つほど紹介します。

ア　子どもを残して外出しない
　　大人の目が届かないときに火遊びをして、火の消し方が分からずに燃え広がるという火災も発生しているので、絶対に子どもだけ残して外出しないようにしましょう。
イ　ライターやマッチの保管方法の徹底
　　ライターやマッチは必ず、子どもの目に触れない場所かつ手の届かない場所に保管するよう心がけましょう。また、ライターを廃棄する場合はガスがしっかりと抜けていることを確認して、各自治体が定める分別方法で廃棄するようにしましょう。
ウ　ライターは**CR（チャイルド・レジスタンス）ライター**を使用する
　　CRライターを使用することで、仮に子どもがライターを手に取り火をつけようとしても火をつけることができず、多くの火遊びを未然に防ぐことができます。
エ　保護者だけではなく、地域ぐるみで連携を図り子どもの火遊びを監視する
　　小学生になると屋外で火遊びをする子どもが増えるので、保護者のみならず、地域住民が連携し目を光らせることで、多くの火遊びを未然に防げます。
オ　防火教育の実施
　　地域の行事、幼稚園（保育園）、小学校などで、火災の怖さや火遊びの危険性を定期的に教育することで、火災予防の意識が向上し火遊びに対する抑止力を生むことができます。当市としても、この防火教育には力を入れており、幼稚園児及び保育園児を対象とした「**幼年消防クラブ**」と、主に小学生を対象とした「**少年消防クラブ**」を組織し、定期的に花火教室や研修会などを開催して、防火・防災に関する学習や理解を深める機会を提供しています。

◆救急安心センター事業（#7119）：救急車を呼んだ方がいいか、今すぐに病院に行った方がいいかなど、判断に迷うとき、専門家からアドバイスを受けることができる電話相談窓口。電話口で医師、看護師、相談員が対応し、救急車や病院受診の必要性を判断するほか、受診できる医療機関案内等を行います。

◆こども医療電話相談事業（#8000）：子どもの症状にどのように対処したらよいのか、病院を受診したらよいのかなど判断に迷ったときに、小児科医師・看護師に電話相談できます。

◆CRライター：CRとはチャイルド・レジスタンス（Chaild Resistance）の略で、子どもが簡単に操作できないようにする機能（点火スイッチが重いなど）のことです。対象ライターの点火操作を困難とする機能をつけることが義務づけられています。

◆少年・幼年消防クラブ：学校や家庭などにおいて防火・防災意識を高めることを目的とする自主的な防災組織のこと。少年消防クラブでは主に10歳から15歳までの少年・少女により、町や学校ごとに構成され、幼年消防クラブでは、幼稚園や保育園ごとに、園児により構成されています。

第4節　火災・事故から子どもたちを守るには

　以上に紹介した5つのポイントを実行するだけでも、子どもの火遊びによる火災の大半を防ぐことができます。このほかにも子どもの好奇心を考慮した楽しい遊びや興味を引く活動を提供するなど、「火遊びに目を向けさせない」ということも有効な手段となりますので、火の取扱いをさせないということだけにとらわれず、様々な手法を用いて子どもの火遊びによる火災を減らしましょう。

4　子どもの誤飲事故について

　幼い子どもは、食べ物とそうでないものの区別がつかず、手にしたものを何でも口に運んでしまいます。そのため、3～4歳くらいまでは思いもよらない物を口にして重篤な症状を起こす誤飲事故が後を絶ちません。場合によっては生命に関わる大変危険な状態となりますので、以下の予防法、対処法により子どもを誤飲事故から守りましょう。

（1）予防について
①基本的な予防策
　誤飲事故に対して最も重要なことは、誤飲を起こさないように予防することです。子どもの手の届くところに、口に入る大きさのもの（市販の誤飲チェッカーは口径39mm、奥行51mm）を置かない、放置しないなど、周囲の大人が予防策を講じることが何より大切です。

②誤飲事故を起こす物品の例
　たばこ、ボタン電池、医薬品、洗剤など、口に入る大きさのものであればすべてが該当します。

（2）事故が起きてしまったら
①重篤な症状
　万が一、誤飲事故が起きてしまった場合は、子どもの容態を確認し、意識がない、けいれんを起こしているなど重篤な症状がある時は、すぐに救急車を呼びましょう。普段どおりの呼吸が確認できなければ、直ちに心肺蘇生を行う必要があります。

②応急手当
　意識があり、呼吸、脈拍に異常がない場合は、応急手当を行います。

◆誤飲事故：乳幼児が口に物（食物を含む）を入れて発生する事故で、大部分は家庭内で発生します。口に入った物の種類や入った部位により危険性は異なりますが、窒息を来せば数分で死亡の危険があります。

◆誤飲チェッカー：乳幼児の口腔を計測するなど科学的な数値を求めて制作され、子どもの誤飲や窒息を予防するもの。チェッカーの中に入るものはすべて誤飲の可能性があります。

◆心肺蘇生：病気やけがにより、心臓や呼吸が突然停止した時に、脳や他の重要な臓器へ酸素を送るために行う、胸骨圧迫及び人工呼吸のことです。

211

まず口の中を確認し、残っているものが見えるのであれば取り除きます。誤飲したものを吐かせることは、吐物が気管に入ってしまう危険があるため勧められていません。特に、酸性・アルカリ性と書かれている洗剤、マニキュアなどの石油製品等や防虫剤の樟脳〔しょうのう〕は、吐かせることで症状が悪化する危険性があるので絶対に吐かせてはいけません。

このように、誤飲してしまった物の種類により手当の方法が異なるので、まず初めに何を飲んでしまったのかを確認することが重要です。誤飲の場面を見ていない場合は、部屋の様子や空の包装紙、空き箱などが散乱していないか等の周囲の状況から、誤飲したものを特定又は推定するようにしましょう。何を飲み込んでしまったのかという情報は、応急手当や医療機関を受診する際に非常に重要な情報となります。

③物品ごとの対応法

ア　たばこ：誤飲事故で最も多いのはたばこの誤飲です。症状は、吐き気、嘔吐から始まり、顔色が蒼白になり、呼吸と脈拍が速くなることがあります。大量に吸収した場合には、意識障害やけいれんが起こり、最悪の場合、呼吸が停止する可能性もあります。もし子どもがたばこを口にしているのを見つけたら、急いで口の中に残っているたばこを拭いとります。水につかっているたばこやその液を飲んだ場合には、急いで医療機関を受診する必要があります。

イ　ボタン電池：ほかに危険性が高いものの中にボタン電池があります。ボタン電池は子どもが手にする玩具にも使用されていることから、大変身近なものであり注意が必要です。ボタン電池を誤飲すると窒息を起こす危険のほかに、ボタン電池の内容液が漏れ出し、食道や胃を損傷することがあります。子どもがボタン電池を飲み込んでしまったら、直ちに医療機関を受診するようにし、飲んだかどうか不確かな場合でも、確認のため医療機関を受診しましょう。

ウ　医薬品：親や祖父母など同居している家族が処方されている医薬品を誤飲する事例もあります。薬の名称、飲んでしまった量を確認した上で、医療機関を受診しましょう。

キーワード　Let's review!（復習してみましょう！）

水難事故	海、川、湖、プールなどの水辺で起こる事故のこと
離岸流	海浜流系の一種で、海岸の波打ち際から沖合に向かってできる流れのこと。幅10メートルから30メートル前後、長さ数十メートルから数百メートル前後で生じる、局所的に強い沖方向の波。主に、海岸に打ち寄せた波が沖に戻ろうとする時に発生する強い流れ。
火災	人の意図に反して発生し若しくは拡大し、又は放火により発生して消火の必要がある燃焼現象であって、これを消火するために消火施設又はこれと同程度の効果のあるものの利用を必要とするもの、又は人の意図に反して発生し若しくは拡大した爆発現象をいいます。
誤飲事故	乳幼児が口に物（食物を含む）を入れて発生する事故で、大部分は家庭内で発生します。口に入った物の種類や入った部位により危険性は異なりますが、窒息を来せば数分で死亡の危険があります。

第9章

子どもを護る
社会資源

　現代社会において子どもを取り巻く環境は複雑多様化し、家庭や地域のつながりが希薄になる中でさまざまな課題が深刻化しています。こうした状況の中で、子どもが安全に、健やかに成長できる環境を整えるためには、行政・学校・地域が連携し、社会全体で子どもを護る仕組みを構築することが不可欠です。

　本章では、子どもを護るための都市政策や子ども支援政策、児童相談所の役割について詳述するとともに、「地域子ども・子育て支援事業」について紹介します。また、子ども食堂子こども110番の家といった地域に根ざした支援の取組にも焦点を当て、その意義を詳しく解説します。

第9章　子どもを護る社会資源

| 第1節 | 子どもを護る都市政策 |

1　都市計画の概要

　私たちが住んでいるまちには、住宅、店舗、事務所、工場などの建物や、道路、公園、下水道など生活に必要な施設があります。誰もが自由気ままに土地を使い建物を建ててしまうと、静かな住宅地の中に工場や大型の商業施設が建設され、騒音・振動・交通渋滞により住環境が悪化してしまうなど、無秩序で住みづらいまちができてしまいます。

　安全で快適なまちをつくるためには、土地の使い方や建物の建て方のルール、共同で使う道路や公園などの施設の計画を決める必要があり、このようなまちづくりのルールを定めるのが「都市計画」です。都市計画法においては、「都市の健全な発展と秩序ある整備を図るための土地利用、都市施設の整備および市街地開発に関する計画」と定義され、その内容は、マスタープラン、土地利用、都市施設、市街地開発事業の4つに大別されます。

　将来にわたって住みやすいまちを形成するためには、中長期的な視点に立って都市全体のまちづくりの目標や方針を定める必要があります。そのため、都道府県は、広域的観点から都市計画区域の目標を定め、市町村は、これに即して、住民の意向を十分に反映しながら、「都市計画マスタープラン」と呼ばれる、市町村のまちづくりの理念や目標、目指すべき都市全体像などを定めます。

　土地利用とは、土地の使い方や建物の建て方のルールを定めるもので、多くの制度があります。代表例である「用途地域」は、市街地を住宅地、商業地、工業地などの13種類の地域に分けて、建物の用途や、建蔽率・容積率・高さの限度などを決めるものです。例えば閑静な住宅地のエリアに、「第一種低層住居専用地域」を指定することによって、工場や店舗の立地を制限するとともに、建物の規模を小さく抑えることで、ゆとりある居住環境を確保し、その地域特性にふさわしい土地利用を図ることができます。

　都市施設は、私たちが生活する上で必要な施設のことで、道路、公園、緑地、下水道、ごみ焼却場等があります。これらの都市施設の位置、規模、構造等をあらかじめ都市計画に定めることで、そのほかの建築物等を制限して、計画的に都市施設の整備を行っていくことができます。

◆都市計画区域：都市計画区域とは、①既成の中心市街地を核とし、一体の都市として総合的に整備、開発又は保全すべき区域、②新たに開発、保全する必要がある区域で都道府県が指定するもので、都市計画制度上の都市の範囲です。

◆建蔽率・容積率：建蔽率とは、敷地面積に対する建築物の建築面積の割合のことで、容積率とは、敷地面積に対する建築物の延べ面積の割合のこと。

市街地開発事業は、まとまった土地において、都市施設や住宅地などを一体的に整備し良好な市街地の形成を行うものです。代表的なものとしては、不整形な土地を利用しやすい形に整序するとともに、計画的に道路や公園等を整備する「土地区画整理事業」や、駅前などの中心市街地を高度に利用するために中高層ビルなどを整備する「市街地再開発事業」などがあります（図9-1-1）。

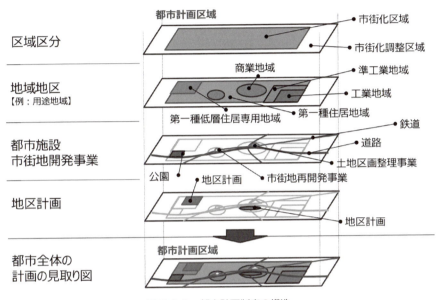

図9-1-1　都市計画制度の構造
出所：国土交通省都市局都市計画課（2024）「都市計画法制」p.5

2　都市計画の変遷

　現在の都市計画法は、戦後の高度経済成長期に人口や産業が都市に集中したことによる、市街地の無秩序な拡大や、公害発生による都市環境の悪化といった問題を受けて、1968年に制定されました。それまでの旧都市計画法を全面的に見直して、市街化を図る区域と抑制する区域に分ける「区域区分制度◆」や、一定規模を超える土地を開発する場合に、許可を必要とする「開発許可制度」を創設したことによって、無秩序な市街化の防止と良好な市街地の形成に大きな役割を果たしてきました。その後、安定成長期になると、より身近な居住環境の向上や、まちの景観、歴史的・文化的価値に対する住民の意識が高まってきたことから、1980年の改正都市計画法で地区計画制度◆が創設され、地区の特性に応じたきめ細かな規制による良好なまちづくりを進めることが可能となりました。

◆区域区分制度：無秩序な市街化を抑制し、都市の健全で秩序ある発展を図るために、都市計画区域を市街化区域と市街化調整区域に区分して定めること。既に市街地を形成している区域（既成市街地）と概ね10年以内に優先的かつ計画的に市街化を図るべき区域を「市街化区域」、市街化を抑制する区域を「市街化調整区域」といいます。

◆地区計画制度：住民の合意に基づき、地区の特性に応じて、良好な都市環境の形成を図ることを目的として、地区の目標や方針のほか、道路や公園などの施設の配置、建築物の用途、形態など、地区の特性に応じた独自のまちづくりルールを定めることができる制度。

第9章　子どもを護る社会資源

◆モータリゼーション：日常生活において自動車の利用が普及すること。

◆都市のスポンジ化：都市の大きさが変わらないにもかかわらず、人口が減少し、都市内に使われない空間が小さい穴が空くように生じ、密度が下がっていくこと。

◆インフラ：インフラストラクチャーの略で、道路、治水施設、港湾、鉄道、公園、上下水道、通信施設、エネルギー供給施設などの生活や産業活動の基盤となっている施設のこと。

1990年代に入ると、地方都市では、**モータリゼーション**の進展によって郊外に大規模集客施設が立地し、中心市街地の衰退が進むなどの問題が生じました。その後、多くの地方都市で急速な人口減少と少子高齢化に直面し、空き地・空き家の増加などにより市街地が低密度になる「**都市のスポンジ化**」や**インフラ**の老朽化による維持管理費の増大といった様々なまちづくりの課題が顕在化しました。これに対応するため、2014年に都市再生特別措置法が改正され、**立地適正化計画**制度が創設されました。立地適正化計画とは、人口減少社会においても持続可能なまちを目指すため、医療・商業・福祉といった都市機能と居住を一定のエリアに集約・誘導しながら、それらを公共交通で結ぶ、「**コンパクト・プラス・ネットワーク**」という考え方による新たなまちづくりを進める計画です。

また、近年では、頻発化・激甚化する自然災害に対応するために、洪水や土砂災害などの災害リスクを分析して、防災・減災対策に取り組む防災まちづくりの観点を取り入れたまちづくりが進められています。同時に、福祉的観点から、2023年に施行されたこども基本法に関連して、子どもや子育て世帯が安心・快適に日常生活を送ることができる「**こどもまんなかまちづくり**」を加速化させるため、遊び場の確保や親同士の交流空間の整備など、子どもや子育て世帯の目線に立った都市環境の充実化が求められています。

3　日立市の特徴と都市計画

（1）企業の発展と都市の形成

日立市は、茨城県の北東部に位置し、東側の太平洋と西側の阿武隈山系に挟まれ南北に細長い市街地を形成している人口約16万5千人[*1]の都市です。1905年から日立鉱山において銅の採鉱が始まり、その後日立鉱山の機械修理部門から独立した日立製作所の創業によって、鉱業、電気機械産業を中心に産業が発展してきた企業城下町です。

＊1：2024年4月1日現在の常住人口は、16万4538人です。

企業城下町である日立市では、企業の発展とともに現在の都市構造が形成されてきました。1910年代から1940年代にかけて、企業の急速な拡大と関連する中小企業の増加により、従業員数は爆発的に増加していきました。この人口急増に対応するため、鉄道駅周辺に立地した大規模工場の周辺に多くの社宅、寮などが建設されるとともに、工場間を結ぶ輸送用や通勤用として道路が整備されることで、市街地が拡大していきました。1960年代に入ると、企業が社宅から個人の持ち家を推進す

る方針に転換したことで、戸建て住宅の需要が高まり、限られた平地部分だけでは宅地需要を賄えないため、山側丘陵部でも大規模な住宅団地（山側住宅団地）が次々と整備されていきました。その後、企業活動が県外や海外に展開するなど経済情勢や産業構造が変化したことから、2000年頃からは、社宅、寮などが廃止され、それらの跡地が、中小規模の戸建て住宅団地やマンション、ショッピングセンター、公共施設などとして転換されていき、現在の日立市の市街地を形づくっています（図9-1-2）。

図9-1-2　山と海に挟まれて南北に細長く形成された日立市の市街地の様子

（2）目指す都市の将来像

企業城下町ならではの都市の変遷や、進展していく人口減少・少子高齢化に対応するため、日立市では2020年に都市計画マスタープランを改定して「多極ネットワーク型コンパクトシティ」による持続可能な都市構造を目指しています（図9-1-3）。多極ネットワーク型コンパクトシティとは、南北に縦断する鉄道駅周辺や、企業跡地から転換された商業施設などに都市の拠点と生活の拠点を形成して、生活サービスが効率的に提供される環境や魅力の高い都市空間をつくり、それらの拠点間を鉄道や路線バスなどの公共交通ネットワークでつなぎ生活利便性を高めることで実現する、歩いて暮らせるまちのことです。

（3）居住環境の取組

日立市では、この将来像を実現するために様々な施策に取り組んでいます。若い世代が市外に転出することが人口減少の一因となっていることや、1980年代までに一斉に整備

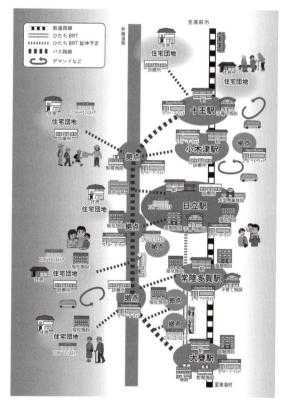

図9-1-3　多極ネットワーク型コンパクトシティのイメージ

された山側住宅団地などで高齢化が進行していることから、定住促進支援策として、子育て世帯・若年層世帯が市内で住宅を取得する際の経済的負担の軽減のため、助成金を支給しています。

また、空き家や低未利用地の増加による都市のスポンジ化への対策として、管理が不十分な空き家の所有者に対する助言・指導を行っています。さらには、空き家の解体、リフォーム費用に対する補助、宅地やマンションの整備に対する補助を行うなど、良好な居住環境の形成に取り組んでいます。

（4）公共交通の取組

日立電鉄線は、日立市と常陸太田市にまたがる延長18.1kmの鉄道で、市内外の通勤・通学者の移動手段として長く利用されてきました。しかし、マイカーの普及による利用者の大幅な減少や、施設の老朽化などのため、2005年に廃線となりました。一方で、南北の幹線道路での慢性的な交通渋滞が長年の課題となっていたことから、交通渋滞の緩和を図りつつ、自動車交通に過度に依存しない新たな交通手段として、日立電鉄線跡地を活用した「ひたちBRT」を2013年から導入しています。

BRTとは、Bus Rapid Transitの略で、定時性、速達性、輸送能力に優れたバス車両をベースとした公共交通システムです（図9-1-4）。ひたちBRTは、鉄道跡地を利用した専用の走行空間を通行するため、運行の定時性・速達性が確保できることや、鉄道に比べて整備・維持管理費用が安価であるなどのメリットがあります。沿線住民・企業などによる「ひたちBRTサポーターズクラブ」を設置して利用促進活動を行ったり、自動運転技術の実証実験が行われるなど、今後、さらなる活用が期待されています。

また、生活に欠かせない身近な移動手段を確保するため、地域の特性

図9-1-4　専用道路を走行する
ひたちBRTバス

図9-1-5　山側住宅団地を運行する
地域モビリティ

に合わせた交通の導入にも取り組んでいます。急な坂や階段が多い山側住宅団地では、路線バスなどの既存の公共交通のみでは日常生活の移動に支障を来す高齢者が増加しているため、自宅近くから地域の交流センターやスーパー、病院などへのちょっとした移動を支援する「地域モビリティ」を運行しています（図9-1-5）。地元のコミュニティ団体が運営主体となることで、移動手段の確保にとどまらず、地域コミュニティ活動の活性化も期待されています。

（5）中心市街地再生の取組

多極ネットワーク型コンパクトシティを目指していく中で、市内で最も人口の多いエリアにある常陸多賀駅周辺地区は、重要な都市の拠点として、賑わい創出や交流拡大などの役割が期待されています。そのため、「誰もが暮らしやすい生活空間の創出」、「人々が集い、交わる魅力的な賑わい空間の創出」、「多様な担い手の共創による持続可能なまちづくりの推進」を目標に掲げて、持続可能な魅力あるまちづくりを推進しています。現在、駅周辺における魅力ある都市空間の形成や交通結節機能の強化に向けて、東西自由通路、駅舎、交通広場などの整備といったハード事業と、コミュニティ、学生、企業など様々な人材と連携しながらまちの賑わい創出などに取り組むソフト事業の両面からまちづくりに取り組んでいるところです。

また、市の中心市街地である日立駅周辺地区は、1990年代初めに駅前の企業跡地等を活用した市街地再開発事業により、商業・文化・情報・業務が集積する都市の拠点として整備されましたが、賑わいづくりの中心的存在だった大型商業店舗が2022年に閉店となりました。市では、これまで駅前のまちづくりを主導してきた大型店舗の撤退によって中心市街地の賑わいが低下するのを危惧し、2023年に新たにその大型店舗を

図9-1-6　多世代交流拠点のヒタチエ
（左）2023年にオープンしたヒタチエの外観　（右）ヒタチエで行ったワークショップのイベント

第9章　子どもを護る社会資源

「ヒタチエ」としてリニューアルオープンさせました(図9-1-6)。「ヒタチエ」の愛称には多くの人々が日立へ集うようにとの想いが込められています。

このヒタチエのコンセプトを「よりみち」として掲げ、単なる買物の場としてだけでなく、駅を利用する通勤・通学者など多くの人が気軽に立ち寄り、滞在し、交流できる場づくりを目指し、生活雑貨店、スーパー、書店、飲食店のほか、屋内型子どもの遊び場、市役所出張所や社会福祉協議会など、様々な機能を持つ複合施設として整備し、子どもや子育て世代を中心に、多様な世代が訪れるまちなかの再活性化の拠点として生まれ変わりました。

ヒタチエのオープンを契機として、隣接する複合文化施設シビックセンターや新都市広場、周辺の既存商店街を含めた更なる賑わいの創出とまちの滞在性・回遊性を高めるため、週末には様々なイベントを開催しています。また、地域住民、企業、大学、行政などによる官民連携のまちづくり体制の構築、道路や広場などの公共空間を活用した人中心の歩きたくなるまちづくりなど、新たなまちの魅力づくりに向けて検討を進めているところです。

4　子ども支援の都市計画

日立市で取り組んでいる防犯・防災・交通安全といった安全面や、遊び場・学習場所といった環境面など、子どもの視点に立ったまちづくりについて紹介します。

(1) 防犯の都市づくり

日常生活における子どもの安全・安心を確保するための取組として、夜間における犯罪を未然に防止して歩行者が安全に通行できるよう、市内各所に1万灯以上の防犯灯を設置して、明るく安全なまちづくりを進めています。また、不特定多数の人が集まる公共空間における犯罪抑止のために、警察と連携して駅周辺などに防犯カメラを設置しています。そのほかにも、住宅侵入を防止するために、住宅に防犯カメラや防犯フィルムを設置するための助成を行うなど、子どもが家庭の内外で安全に安心して過ごせるよう、まち全体での防犯力強化に取り組んでいます。

(2) 災害に強いまちづくり

近年、日本各地において、台風、豪雨による水害、土砂災害などの自

第1節　子どもを護る都市政策

然災害が頻発化・激甚化していることから、日立市では防災・減災社会の構築に向けてハード・ソフトの両面から様々な取組を進めています。

　具体的には、水害をできるだけ防ぐための河川の改修や調整池の整備、洪水時に一時的に避難するための避難タワーの整備、多様なニーズに対応するための避難所における環境向上や備蓄品の充実などがあります。住民向けには、日頃の防災意識を高めるための総合防災マップの配布や避難訓練・防災教室の実施、個人住宅の耐震対策・浸水対策費用に対する助成などを行っています。このような取組により、誰もが安全に安心して暮らせるよう、災害に強いまちづくりを進めています。

◆調整池：大雨などで急激に水量が増加した際に、河川が氾濫しないように一時的に溜めておく施設のこと。

（3）事故防止のためのまちづくり

　全国的に交通事故の発生件数は減少傾向にありますが、登下校時に子どもが巻き込まれる悲惨な事故は後を絶ちません。通学路における交通安全を確保するために、毎年、学校、保護者、警察、道路管理者等が合同で通学路の点検を行っています。点検結果を基づき、歩車道境界の安全対策や歩行者の転落防止のために防護柵を設置したり、歩道やグリーンベルトの整備、注意喚起のための路面標示、カーブミラーの設置を行うなど、交通事故の未然防止を図る取組を継続的に行っています。また、通学路などに面する危険なブロック塀を除却するための支援制度もあり、児童生徒が安全に通学できるまちづくりを進めています。

◆グリーンベルト：歩道が整備されていない道路の路側帯を緑色に着色して、ドライバーに路側帯であることを視覚的に認識させ、車両の速度を抑制させるとともに通行帯を明確にすることで、歩行者との接触事故を防ぐもの。

（4）子育て支援のためのまちづくり

　日立市では、「子育ては、日立で」を合言葉に掲げ、結婚から妊娠・出産、子育て期への切れ目のない支援を推進しています。安心して子育てが行える環境の整備として、子どもの健全な遊びの場や子育て相談環境の充実に取り組んでいます。

　子どもの身近な遊び場として、市内には大小約460か所の公園が整備されています。それらの公園について、子どもが安全に遊ぶことができるよう、定期的に遊具の点検を実施して修繕を行うなど安全管理に努めています。その一方で、多くの公園が、戦後の急激な人口増加・住宅整備にあわせて一斉に整備されたため、施設の老朽化が進行していることや、画一的に整備された公園が多く利用者の多様なニーズに対応していないといった課題があります。そのため、2023年に「日立市公園すてき化整備計画」を策定して、大規模な公園の魅力向上や、小規模な公園の再編といった将来にわたって公園を有効活用するための方向性を定

図9-1-7　子育て支援拠点施設　子どもセンター

図9-1-8　屋内型子どもの遊び場
Hiタッチらんど・ハレニコ！

めました。今後、地域のニーズを踏まえた公園ごとの整備方針を決めて魅力的な公園づくりを進めていくところです。

　また、子育て中の親子が気軽に集い、相互交流や子育ての不安・悩みを相談できる場として、保育園や認定こども園など合わせて市内22か所で地域子育て支援拠点事業を行っています。中でも、市内の子育て支援の拠点施設である「子どもセンター」は、年末年始等を除き毎日開館していて、おもちゃや絵本などで親子が自由に遊べる室内スペースと、様々な遊具や芝生の広がる自然豊かな広い庭で、のびのびと過ごすことができます（図9-1-7）。また、常駐する相談員が、育児や発達など子どもに関する相談を受け、必要に応じてサービスを紹介するなど、子育ての総合的なサポート環境を整えています。

　さらに、2019年には、現在のヒタチエ内に北関東最大級の屋内型子どもの遊び場として、「Hiタッチらんど・ハレニコ！」を整備しました（図9-1-8）。年齢に応じた遊びができるエリアや、一時預かりができる子育てサポートエリアなどがあり、天候に左右されず、子育て中の親子が気軽に集い、遊び、交流できる場として、市内外から多くの方が訪れています。2023年には累計入場者が30万人に達するなど、ハレニコができたことで、まちなかでの親子連れが増え、中心市街地に賑わいをもたらしています。

5　学習支援のためのまちづくり

　近年、人口減少に伴って児童生徒数も減少し、市内の多くの学校で小規模化が進んでいます。小規模化が進むと、人間関係の広がりや、学習形態の多様さ、課外活動の種類などが制限され、社会性や人格形成に必要な成長の機会を狭めてしまうといった懸念や、クラス替えができないといった課題が生じます。このような様々な教育的課題を解消するため、

第1節　子どもを護る都市政策

日立市では、2021年に「日立市立学校再編計画」を策定しました。学級規模が、小学校では各学年2クラス以上、中学校では3クラス以上となることを目指して、現在、子どもたちのより良い学習環境づくりに向けた小中学校の再編を進めています。

　また、核家族化や共働き世帯の増加によって、一人で過ごすことの多い子どもが増えていることから、すべての子どもたちが放課後や休日を有意義に活動できる安全・安心な居場所として、小学校の空きスペースを活用して放課後児童クラブ◆と放課後子ども教室◆を一体的に実施しています。すべての児童が放課後をより豊かに過ごすことができるように、多様な学習、スポーツ、文化活動、体験・交流活動等の充実を図っているところです。

　さらに、児童生徒が自主学習に取り組める場所として、市内の4つの図書館や生涯学習施設内には学習スペースを設けており、多くの小中高生が放課後や夏休みなどを中心に利用しています。最近では、スマートフォンやタブレットを利用した学習や調べ物をする学生も多くいます。そのため、Wi-fi設備を整備して学習環境の充実を図るなど、意欲的に学習する子どもたちを応援するため、安全、安心かつ快適に学習できる居場所づくりに取り組んでいます。

◆放課後児童クラブ：保護者が就労などにより家庭にいない児童を対象に、放課後や夏休み等に、遊びや生活の場を提供するもの。

◆放課後子ども教室：すべての児童を対象に、放課後や夏休み等に学校の余裕教室等を活用して遊びや体験活動の場を提供するもの。

キーワード　Let's review!（復習してみましょう！）

多極ネットワーク型コンパクトシティ	多くの地方都市では、住宅や店舗等の郊外開発が進み、市街地が拡散していきましたが、人口減少・少子高齢化の進展によって、拡散した市街地が低密度化すると、一定の人口密度により支えられてきた医療・福祉・商業等の生活サービスの維持が困難になるおそれがあります。こうした状況下においても、将来にわたって持続可能なまちづくりを推進するために、生活サービス機能と居住を集約・誘導して、鉄道駅周辺や公共公益施設の周辺などに都市拠点や生活拠点の形成を図り、それらの拠点間を利便性の高い公共交通ネットワークで結ぶことで実現する都市構造が「多極ネットワーク型コンパクトシティ」です。多極ネットワーク型コンパクトシティの実現によって、住民の生活利便性の維持・向上、サービス産業の生産性向上による地域経済の活性化、行政サービスの効率化等による行政コストの削減などの効果が期待できます。
こどもまんなかまちづくり	こども基本法に基づき2023年12月に策定された「こども大綱」における重要事項の一つとして、次のように位置付けられています。 （こどもまんなかまちづくり） 　こどもや子育て当事者の目線に立ち、こどものための近隣地域の生活空間を形成する「こどもまんなかまちづくり」を加速化し、地域住民の理解を得た上で、こどもの遊び場とそのアクセスの確保や親同士・地域住民との交流機会を生み出す空間の創出などの取組を推進する。 　子育てにやさしい住まいの拡充を目指し、住宅支援を強化する。 具体的な取組としては、①居住地周辺におけるこどもの居場所や保護者同士が交流しやすい場所などの整備や、②こどもや子育て当事者の目線に立った遊び場の確保、親同士・地域住民の交流機会の創出に資する公園の整備、③こどもの安全な通行を確保するための道路交通環境の整備、④公共施設や公共交通機関等における段差の改善・解消、エレベーターの設置、妊婦や子育て世帯にやさしいトイレの整備、授乳室の設置などのバリアフリー化、⑤こどもが親しめる水辺空間の整備、⑥子育て環境の優れた公営住宅や、子育て世帯に向けた民間の空き家等の活用などが挙げられます。

223

第9章　子どもを護る社会資源

第2節　子ども支援政策と児童相談所の機能

1　子ども支援政策

（1）子ども・子育て支援政策の概要と目的

　1990年6月、わが国を「**1.57ショック**」が襲いました。15歳から49歳までの女性の年齢別出生率を合計した**合計特殊出生率**は、それまで最低だった「丙午」の年（1966年）の1.58を下回り、戦後最低の年となりました。出生率の低下は少子化問題を浮き彫りにし、政府は少子化対策に乗り出しました。その後、政府は保育施設の整備や育児休業制度の導入など、数多くの政策を展開してきました。しかし未だ少子化に歯止めはかかっていません。子どもを取り巻く環境には様々な課題が存在しており、不登校、いじめ、自殺など、解決すべき問題が山積しています。

　こうした中で、2012年に子ども・子育て支援法、認定こども園法の一部改正、児童福祉法の一部改正など関連法の整備が行われ、これにより2015年から子育て支援新制度が導入されました。そして2023年4月、**こども家庭庁**[*1]が設置されました。それまでの大人を中心とした社会ではなく、子どもをまんなかにおいた社会の実現に向けて、わが国は大きく舵を切りました。このこどもまんなか社会の実現のため、2024年4月から全国の市町村で、「**こども家庭センター**」の設置が努力義務となりました。2022年に成立した「児童福祉法等の一部を改正する法律」により設置されたものです。これまで市町村内には児童福祉機能を担う「子ども家庭総合支援拠点」と母子保健を担当する「子育て世代包括支援センター」の2つの機関が存在していました。これらが統合されたのが「こども家庭センター」です。

　こども家庭センターでは、母子保健サービスを必要とする妊産婦や子ども、子育て世帯に対し適切な支援を届けるため、「サポートプラン」を立案し、支援を行います。さらに、様々な家庭環境に応じた支援を提供するため、地域の資源を活用して支援体制を強化する取組も行われます。こども家庭センターは、妊娠期から子育て期まで切れ目なく、健康を維持し向上させる支援だけでなく、子どもの状況や世帯の状況に応じた支援を行います。

＊1：第7章第3節5(2)でも詳述しています。

第 2 節　子ども支援政策と児童相談所の機能

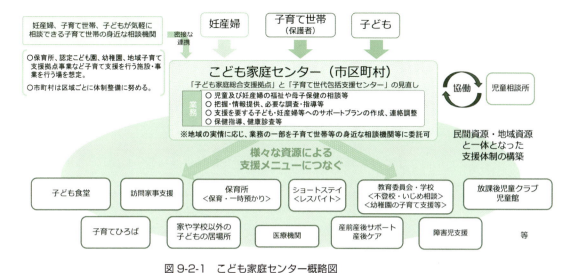

図 9-2-1　こども家庭センター概略図
出所：厚生労働省「改正児童福祉法（第一部）」http://www.mhlw.go.jp/content/000994207.pdf（2024-06-10 閲覧）

　子どもやその家庭に対する支援体制の強化が求められていましたが、こども家庭センターの設置により、より一層の充実が期待されています。このセンターは、こどもに関する様々なサービスを一元的に提供し、地域のニーズに応じた支援を行うことが目的です。

　今後、「子ども・子育て」支援政策が一段と強化され、より効果的な支援が行われることが期待されます。「子ども・子育て」支援政策の趣旨は、安心して子育てできる環境づくりや、子どもの健やかな成長を支えることです。子どもという財産をもつ家族が経済的にも社会的にも支援され、子どもたちが将来に希望をもって生きていける社会の構築を目指しています。

（2）「子ども・子育て」支援政策の対象者
　子育て支援政策の対象者は、まず子ども自身が直接支援の対象となります。人間は哺乳類の中で、自立するまでにもっとも長い年月を要する動物です。人間社会はとても複雑であり、そこに適応するためには多くのことを学ぶ必要があるからです。現代社会には子どもの健やかな発達を阻害する要因が家庭にも地域にも学校にも数多く見え隠れしています。子どもたちをそうした阻害要因から守り、より良い支援をしていく必要があります。

　次に、子育てに取り組む親や保護者も支援の対象になります。彼らに対して経済的な支援や育児情報の提供などを行う必要があります。

　最後に、地域全体で子育てを支援するため、地域住民全体も支援の対

第 9 章　子どもを護る社会資源

象となります。地域の保育園や子育て支援施設の整備や地域ぐるみでの
イベントなどを行っていく必要があります。

（3）子ども・子育て支援の対象事象

子育てをめぐっては様々な困難が想定されます。その中のいくつかを
紹介します。

子どもを育てるためにはお金がかかります。特に母子世帯や低所得世
帯では、経済的な困難が生じる可能性があります。このような場合、国
や市町村が提供する経済的な支援制度を活用することが重要です。

子育てをしながら働くためには、保育施設や放課後等デイサービスな
ど、子どもを預ける場所や時間帯の確保が必要です。保育施設は日中に
子どもを預かる施設であり、障害のある子どもを預かる場合もあります
が、障害の程度が一定以上重い場合は、児童発達支援施設に通所する必
要があります。放課後に子どもを預かる施設には、学童保育があり、こ
ちらも障害のない子どもが多く利用しています。障害のある子どもは放
課後等デイサービスを利用します。また、リモートワークやフレックス
タイムなど、働き方の選択肢が多数あることも重要です。

子どもの教育環境においても、様々な困難が生じることがあります。
例えば、学校や保育園でのいじめや差別、学習の遅れなどが問題となる
場合があります。このような事案に対しては、学校や地域の支援機関と
連携し、問題解決を図ることが重要です。

子どもに身体的な病気や障害、発達障害などがある場合、適切な医療
や支援が必要です。保健所や医療機関、専門の支援機関などを利用する
ことが重要です。

（4）サービス・支援制度と相談窓口

誰もが安心して子育てをし、すべての子どもの成長を支えるためには、
多角的なサービスや支援制度を展開する必要があります。以下に、子ど
もの発達段階において、国や市町村が法的に定めている代表的なものに
ついて紹介します。

子育て支援制度には様々なものがあります。利用方法、利用手続きに
ついては居住地の市町村役場にある子育て支援窓口や児童家庭支援課な
どに相談する必要があります。また制度は時間経過や地域の変化などに
より変更されることがあります。関係機関の最新情報を確認することが
重要です。表 9-2-1 は、発達の各時期における支援制度です。

226

第2節　子ども支援政策と児童相談所の機能

表 9-2-1　発達の各時期における支援制度

①胎児期

　妊娠第9週から出生までの期間を指します。この時期における健康状態や環境は、出生後の子どもの成長や発達に大きく影響します。

妊娠期の健康管理	妊婦への健康診断や栄養指導などを通じて、胎児の健康と発達を支援します。
妊婦・母子健康手帳の交付	健康管理や出産準備をサポートするための手帳です。このとき特定妊婦◆かどうかの確認が大事になります。特定妊婦は必要に応じて生活支援、就労支援、養育支援などを受けることができます。
妊婦・産後の助成金制度	経済的な負担を軽減するため、妊婦や産後の母親に支給される制度です。出産・子育て応援給付金がこれにあたります。

◆特定妊婦：経済的・身体的・心理的な理由により、妊娠・出産を困難と感じる妊婦を指します。

②幼児期

児童手当	15歳までの子どもを養育する世帯に支給されます。所得制限があります。
児童扶養手当	原則として18歳までの子どもを養育するひとり親家庭に支給されます。これにも所得制限があります。
病児保育	風邪や病気回復期などでこども園や小学校に登園、登校できないお子さんを、看護師や保育士が日中保育をします。利用するには、医師の診断書などが必要な場合があります。
育児休業制度	仕事と育児の両立を支援するため、保護者が一定期間休業できる制度です。原則1歳未満の子どもを養育するための休業です。これは国の制度であり雇用保険制度の中の一つです。管轄はハローワークですが、申請は勤務先企業等に行います。
育児支援センター	子育てに不安や悩みを抱える保護者に対して、相談や情報提供を行います。こども家庭センター、子育て世代包括支援センター、子育て支援・多世代交流センターなど、地域によって名称が異なります。
子育て世帯生活支援特別給付金	低所得の子育て世帯を対象に支給されます。
幼児教育・保育の無償化	2019年からスタートした政策で、3歳クラスから小学校前までの子どもと、2歳児クラス以下の住民税非課税世帯の子どもを対象に、幼稚園、保育所、認定こども園などでの教育・保育が無償化されました。これにより家庭に経済的な負担をかけることなく、すべての子どもが質の高い幼児教育・保育を受けられるようになりました。
保育所・幼稚園等の拡充	保護者が働きながら子どもを預けられる施設を整備し、社会参加の支援を行います。子どもの預け先には保育所、幼稚園、認定こども園、地域型保育事業◆などがあります。

③小・中学期

就学援助制度	経済的な理由により就学困難な児童及び生徒を対象に、学用品費、通学用品費、修学旅行費、学校給食費などの支援を行います。
学習支援センター	学習困難を抱える子どもに対して、地域の公民館等を使って補習や個別学習を行います。
学童保育の拡充	放課後や長期休暇中の子どもが安全に遊べる環境を提供し、学習支援も行います。市町村からの委託を受けて、NPO法人なども運営に参加しています。

◆地域型保育事業：保育所（原則20人以上）より少数単位で、0歳～2歳の乳幼児を保育する事業です。家庭的保育事業（保育ママ）、小規模保育事業、事業所内保育事業などがあります。

第9章　子どもを護る社会資源

④高校期

高等学校等就学支援金制度	高等学校等に通う、所得要件を満たす世代の生徒に対し、就学支援金を支給します。
高校生等奨学給付金	高校生等がいる低所得世帯を対象に、授業料以外の教育費（教科書代や教材費）の負担を軽減するために支給します。
青少年対策施設の運営	経済的な問題、家族環境の問題などにより高校を中退した生徒や就労困難な生徒に対して、相談や支援を行います。

⑤子ども期全般にまたがる支援

逆境的小児期体験（Adverse Childhood Experience：ACE）をしている方への支援	逆境的小児期体験支援政策では、子どもの保護・支援システムの強化や早期支援、地域コミュニティの連携強化、子どもの権利の保護などが重要な視点となっています。特定妊婦には逆境的小児体験の経験者も含まれます。その体験が妊娠、出産、育児を困難にさせることがあります。こども家庭センターや児童相談所などの専門機関、医療機関で支援を行います。
ヤングケアラーへの支援	病気や障害をもつ家族の介護を担うことは、彼ら自身の発達や学業や社会的な活動に悪影響を及ぼすことがあります。彼らのストレスや孤立感には計り知れないものがあります。こうした状況に対して、こども家庭センターが相談を受け付けており、彼らへの財政支援、心理支援などの対応の充実が急がれます。
LGBTQ◆への支援	LGBTQの子どもたちが地域や学校で差別を受けないよう、啓発活動や教育プログラムの導入が進められています。彼らが抱える性自認や性的指向に関する悩みや問題を安心して相談できる場の提供も必要とされます。

◆逆境的小児期体験：虐待、貧困、家庭内暴力、親の病気や障害、親の離別・死別など、子どもの成長に影響を与える困難な状況を指します。

◆LGBTQ：Lesbian、Gay、Bisexual、Transgender、Queer/Questioning の頭文字をとって名づけられた幅広い性のありかたを総称することばです。

2　児童相談所の機能

（1）児童相談所の法的位置づけと役割

　児童相談所は児童福祉法第12条の規定により設置が義務づけられている児童福祉の業務に関する専門的な行政機関です。すべての都道府県および政令指定都市に最低1以上の児童相談所が設置されています（2023年4月現在、232か所）。

　児童相談所では原則として18歳未満の子どもに関する保護者や家族、教育関係者などからの相談や通告を受け付けています。児童福祉司や児童心理司などの専門スタッフが相談に応じています。主な相談種別は表9-2-2のとおりです。

◆児童福祉司：児童相談所に所属する職員で、子どもや保護者の相談に乗り、抱えている様々な問題の解決をサポートします。

◆児童心理司：児童相談所に所属する職員で、子どもや保護者などの相談に応じ、面接や心理検査、観察などによる心理アセスメント、必要な助言や指導を行います。

表9-2-2　児童相談所における主な相談種別

養護相談	虐待、保護者の家出、失踪、死亡、入院、家族関係不良等による養育に関する相談
障害相談	言語発達、知的障害、発達障害、重症心身障害等に関する相談
非行相談	ぐ犯（放置すれば犯罪に発展するような行為）、触法行為に関する相談
育成相談	落ち着きがない、乱暴等の性格行動、不登校、育児・しつけに関する相談
保健相談	未熟児、疾患等に関する相談

（2）相談内容と支援内容

ここでは具体的な相談内容とそれに対する支援内容について、いくつか紹介します。これらは一部の例であり、児童相談所のサービスは多岐にわたります。

また、児童相談所の仕事内容は地域によって異なる場合があります。

①虐待

虐待の疑いがある場合、子どもの安全を確保し、保護者に対して保護の必要性を説明し、被害者となった子どもに対して、安全な環境の提供、心理的なサポートなどを提供します。場合によっては、児童を一時的に保護するための対応も行います。

②不登校

登校できない子どもに対して、学校との連携を取りながら、適切な支援策を提案します。例えば、家庭訪問や学校への同行支援、心理的なサポートなどが含まれます。

③障害や疾病

障害のある子どもや疾病を抱える子どもに対して、医療機関や障害者支援団体などとの連携を図りながら、個別のニーズに合わせた支援計画の作成や施設への入所手続きの支援などを行います。知的障害のある子どもには療育手帳の判定をします。

◆療育手帳：知的障害（IQ70以下）であると判定された方に交付されます。障害の程度は最重度、重度、中度、軽度の4区分に分けられます。地域によって名称が異なり、東京都や横浜市では愛の手帳、青森県、名古屋市では愛護手帳と呼ばれます。

④家庭内暴力

家庭内暴力により子どもが安全でない状況に置かれている場合、保護者と子どもの双方に対してサポートを提供します。家族（主に母親と子ども）を緊急に保護する必要がある場合には、女性相談センター等への受け入れ手続きを行います。

⑤いじめ

子どもの安全確保や身体的・心理的なケアを行います。いじめの状況を把握し、関係者とのコミュニケーションを図り、解決策を模索します。学校や教師と連携し、的確な対応を図ります。必要に応じて、カウンセリングなどの心理的な支援の提供を行います。

第9章　子どもを護る社会資源

（3）児童虐待防止対策

　児童相談所への相談、通告の中でもっとも多いのが児童虐待です。児童虐待防止対策[*2]は、社会全体で取り組むべき重要な課題です。児童相談所では被害にあっている児童の保護だけでなく、以下に述べるように、予防にも力を入れています。

＊2：関連する法律として、児童虐待の防止等に関する法律（児童虐待防止法）や児童福祉法等があります。

①問題の早期発見

　児童虐待の疑いがあるケースを早期に発見することが重要です。そのためには、周囲からの情報や児童の状況に敏感に目を向ける必要があります。学校や保育園等との連携も重要です。虐待はそれが疑惑の段階であっても、国民には通報する義務があります。児童相談所**虐待対応ダイヤル**「189（イチハヤク）」にかけると居住する地域の児童相談所につながります。

②事例検討会議

　児童相談所では、児童虐待の疑いがあるケースを審議するための事例検討会議を行います。警察、医師、保健師、教育関係者、児童福祉関係者など、関係機関の専門家が参加し、事案を総合的に検討します。児童の最善の利益を考慮しながら、適切な対応策を立てることが目的です。

　全国の市町村では児童虐待などで保護を要する児童、療育支援が必要な児童や保護者に対し、関係する複数の機関で援助を行うための「**要保護児童対策地域協議会**[*3]」を定期的に開催することになっています。児童相談所の専門スタッフもこの会議に参加して、参加者への助言・指導を行っています。

＊3：第7章第3節4（3）で詳述しています。

③児童家庭支援

　児童相談所では、児童虐待の疑いがある家庭に対し、適切な支援を行います。支援内容はケースバイケースで異なりますが、家庭訪問や家庭生活の指導、親の教育支援などが含まれることがあります。目指すのは、児童虐待が再発せず、児童が安心して暮らせるようにすることです。

（4）関係機関との連携

　児童相談所は以下に述べる関係機関との連携を通じて、子どもや家族の支援ニーズを把握し、総合的な福祉サービスの提供を図っています。

①市町村

　児童相談所と市町村は、子どもの福祉や保護に関する情報の共有や相談を行う重要な連携体制を築いています。市町村は地域の子どもの生活状況を把握する役割を担っており、一般的な相談を扱う一方で、児童相談所は主に困難度が高いケースに対応しています。また、児童相談所は市町村に技術的な支援を行い、地域の子どもや家族をより効果的に支援するための協力関係を築いています。

②児童養護施設

　児童相談所と児童養護施設は、保護者のいない子どもや虐待の被害を受けた子どもなどの保護と支援に関わります。前述のように、児童相談所は虐待の疑いがある子どもを児童養護施設に保護することもあります。両者の連携を通じて、子どもの状況や支援のニーズを共有し、適切なケアや自立支援計画を立案します。

③教育・保育機関

　教職員や保育士が児童虐待などの問題を早期に発見し、児童相談所に情報提供することで、迅速な対応が可能になります。

④医療機関

　医療機関には虐待の疑いがある子どもが診察に訪れることもあります。児童相談所は医療機関と連携し、医師や看護師からの情報や意見を受け取り、保護や支援の判断を行います。

⑤警察

　警察は子どもの安全や保護に関与する機関です。児童相談所は警察と情報の共有を行い、虐待や非行などの危険状況を把握します。必要に応じて同行訪問をするなどして保護を行います。

⑥家庭裁判所

　家庭裁判所は法的な手続きを行う機関ですが、児童相談所とも深い関係があります。児童の保護や親権に関する問題では、児童相談所が家庭裁判所へ情報提供や意見陳述を行うことがあります。また、家庭裁判所の判断に従って児童保護の手続きを進めることもあります。

第9章 子どもを護る社会資源

キーワード

子育て支援	子どもを育てる家庭や保護者に対し、必要なサービスを提供する取組です。具体的には、保育施設の整備や育児休業制度の充実などが含まれます。これにより、子どもの健全な成長を促し、親の負担を軽減することを目指します。また、専門的なアドバイスや教育プログラムも重要で、地域全体で子育ての意識を高め、社会の発展に寄与します。
児童虐待	子どもに対する身体的、精神的、性的暴力や適切な養育を拒否する行為を指します。主な種類は身体的虐待、心理的虐待、性的虐待、ネグレクトです。虐待は家庭内で多く発生し、子どもの心身の健康に深刻な影響を及ぼします。早期発見や支援が重要で、学校や地域、専門機関が連携する取組が求められています。社会全体で児童虐待防止に向けた教育と情報提供を強化することが不可欠です。
少子化対策	出生率の低下を防ぐための施策です。育児支援の充実や経済的サポートの拡充が主な取組として挙げられます。具体的には、育児休業制度の改善や保育施設の増設、子育て世帯への金銭的支援が重要です。また、働き方の見直しや男女共同参画の推進も必要です。これにより、子どもを持つことに対する不安を減少させ、安心して子育てできる環境を整えることが目指されます。

| 第3節 | 地域子ども・子育て支援事業 |

1 「地域子ども・子育て支援事業」の概要と目的

わが国の少子化対策は1990年に合計特殊出生率が1.58を下回ったことを契機に本格的に取り組まれるようになってきました。1994年には、最初の総合的な少子化対策となる「エンゼルプラン」が策定され、仕事と子育ての両立に向けた雇用環境の整備や、保育所の増設、延長保育、地域子育て支援センターの整備等の保育サービスの拡充などが図られました。1999年12月には「少子化対策推進基本方針」が策定され、これに基づき、重点的に推進すべき少子化対策の具体的実施計画について、「新エンゼルプラン」が策定されました。保育サービスにとどまらず、雇用、保健、相談体制なども計画に含まれました。

2010年1月には「少子化社会対策基本法」に基づく、「子ども・子育てビジョン」が閣議決定されました。これは、今後の子育ての方向性を示す総合的なビジョンであり、保育サービス、放課後児童クラブなどの今後の子育て支援策の総合的な推進のために作成されました。4つの柱として、①子どもの育ちを支え、若者が安心して成長できる社会、②妊娠、出産、子育ての希望が実現できる社会、③多様なネットワークで子育て力のある地域社会、④男性も女性も仕事と生活が調和する社会（ワーク・ライフ・バランスの実現）を設定して、12の主要施策を定めました。あわせて、今後5年間（2014年度末まで）の施策の数値目標を掲げました。この当時の若者が将来の生活を不安視し、結婚や出産をあきらめたり、子育て世帯が悩みを抱えながら苦労している現実等から、これまでの少子化対策から、子どもを生み育てやすくする子ども・子育て支援に重点を置くことを示し、新たな制度の構築に向けての検討が始まりました。

こうして、子ども・子育て支援の新システムの基本制度が2012年3月に少子化社会対策会議にて決議され、同年8月に**子ども・子育て関連3法**[*1]が制定され、2015年4月に施行されました。

子ども・子育て支援法は、幼児期の学校教育・保育、地域の子ども・子育て支援を総合的に推進することを趣旨として、市町村が実施主体となり、地域の実情やニーズをもとに「市町村子ども・子育て支援事業計画◆」を策定して、給付と事業を実施しています。国と都道府県が実施主

＊1：「子ども・子育て支援法」、「認定こども園法の一部改正」、「子ども・子育て支援法及び認定こども園法の一部改正法の施行に伴う関係法律の整備等に関する法律」、以上の3つ。

◆市町村子ども・子育て支援事業計画：国の定める基本指針に基づいて、5年を1期として各市町村の保育、教育、子ども子育て支援事業などの量の見込みや提供体制などについての計画です。子ども・子育て支援法によって、各市町村に策定が義務付けられています。

体の市町村を重層的に支える仕組みとなっています。また、同法第 59 条には、すべての家庭を対象に 14 の地域子ども・子育て支援事業が定められています（表 9-3-1）。市町村は 14 の地域子ども・子育て支援事業の整備目標の具体的数値を示して、事業の展開にあたっています。

表 9-3-1　地域子ども・子育て支援事業の概要について

・市町村は、子ども・子育て家庭等を対象とする事業として、市町村子ども・子育て支援事業計画に従って、以下の事業を実施する。（子ども・子育て支援法第 59 条）

①利用者支援事業
子どもとその保護者等の身近な場所で、教育・保育・保健等の子育て支援の情報提供や、相談・助言等を行い、関係機関との連絡調整等を行う

②延長保育事業
保育認定を受けた子どもを認定こども園や保育所等で保育を実施する

③実費徴収に係る補足給付を行う事業
特定教育・保育施設等に保護者が支払う日用品、文房具その他の教育・保育に必要な物品購入に必要な費用や行事参加の費用等、特定子ども・子育て支援に対して保護者が支払う食事の提供（副食の提供）の費用を助成する

④多様な事業者の参入促進・能力活用事業
特定教育・保育施設等に民間事業者参入促進に関する調査研究その他多様な事業者の能力を活用した特定教育・保育施設等の設置又は運営を促進する

⑤放課後児童健全育成事業
保護者が労働等により昼間家庭にいない小学校に就学している児童に対し、授業の終了後に小学校の余裕教室、児童館等を利用して適切な遊び及び生活の場を提供し、健全な育成を図る

⑥子育て短期支援事業
保護者が疾病等の理由で家庭での養育が一時的に困難な児童に、児童養護施設等で必要な養育・保護を行う（短期入所生活援助事業（ショートステイ事業）及び夜間養護等事業（トワイライトステイ事業））

⑦乳児家庭全戸訪問事業
生後 4 か月までの乳児のいる全ての家庭を訪問し、子育て支援に関する情報提供や養育環境等の把握、育児に関する不安や悩みの相談を行う

⑧養育支援訪問事業
養育支援が特に必要な家庭に保健師や助産師、保育士が訪問し、養育に関する相談に応じ、指導や助言等を行い、養育能力を向上させるための支援を行う

⑨子どもを守る地域ネットワーク機能強化事業
要保護児童対策地域協議会の機能強化を図るため、要保護児童対策調整機関職員やネットワーク構成員（関係機関）の専門性強化と、ネットワーク機関間の連携強化を図る取組を行う

⑩地域子育て支援拠点事業
乳幼児及びその保護者が相互に交流が行える場を提供し、子育てについての相談、情報の提供、助言その他の援助を行う

⑪一時預かり事業
家庭で保育を受けることが一時的に困難な乳幼児について、主として昼間に認定こども園、幼稚園、保育所、地域子育て支援拠点等で一時的に預かり、必要な保護を行う

⑫病児保育事業
病児を病院・保育所等に付設された専用スペース等で、看護師等が一時的に保育等を行う

⑬子育て援助活動支援事業（ファミリー・サポート・センター事業）
乳幼児や小学生等の子育て中の保護者を会員として、児童の預かり等を希望する者と当該援助を行うことを希望する者との相互援助活動に関する連絡、調整を行う

⑭妊婦健康診査
妊婦の健康の保持及び増進のため、健康診査として 1）健康状態の把握、2）検査計測、3）保健指導を実施し妊娠期間中の適時に必要に応じた医学的検査を実施する

出所：こども家庭庁「子ども・子育て支援法制度の概要」より筆者が作表　https://www.cfa.go.jp/assets/contents/node/basic_page/field_ref_resources/59cb59b3-ce0e-4a4f-9369-2c25f96ad376/a1e9e6d3/20230929_policies_kokoseido_outline_12.pdf

第 3 節　地域子ども・子育て支援事業

2024 年 6 月 5 日には、子ども・子育て支援法の一部改正が可決・成立し、抜本的な支援策の強化として、新たな給付の創設や手当等の支給期間の延長や要件緩和等がされることになりました。

2　「利用者支援事業」の概要と目的

先に述べた地域子ども子育て支援事業の一つとして利用者支援事業が位置付けられています。子育て支援制度が多様になってきていますが、これらの多くは、各種制度を知り、サービス利用の申請を保護者が自ら行うことで利用につながるようになっています。そのため、「サービス自体をそもそも知らない」、「自分に合ったサービスがどれなのか分からない」などの理由から、適切なサービスが利用できない場合や、利用に至るまでの保護者の負担が大きくなることが考えられます。

そこで、市区町村が実施主体となり、子育て家庭や妊産婦の個別のニーズを把握して、身近な場所で教育施設や保育施設、地域の子育て支援事業等の情報提供や利用に向けての支援を行うこととしました。これらの支援を「利用者支援」と位置付けています。また、より効果的な支援を実現するために、関係機関との連絡調整や、連携及び協働、子育て支援資源の育成、地域に必要な社会資源の開発などができるような体制づくりを行っています。これを「地域連携」と位置付けています。

利用者支援事業は、「基本型」「特定型」「こども家庭センター」の 3 つの事業類型があります（表 9-3-2）。基本型は、行政窓口以外で委託を受けた事業所が「利用者支援」と「地域連携」を行い、専任職員（利用者支援専門員）を 1 名以上配置することとしています。特定型は、主に市区町村の窓口で「利用者支援」を主に行います。こども家庭センター型は、母子保健の専門知識を有した保健師等が各種相談を行うとともに、児童福祉の専門知識を有したこども家庭支援員等がこどもに関する相談を一体的に行います。

市町村子ども・子育て支援事業計画では、その地域の子育て家庭等のニーズをもとに、教育及び保育サービスの需要を見込み、多様なサービ

表 9-3-2　利用者支援事業の類型

類型	業務	職員配置
基本型	利用者支援と地域連携を実施	専任職員（利用者支援専門員）を 1 名以上配置
特定型	市町村窓口で利用者支援を主に実施	専任職員（利用者支援専門員）を 1 名以上配置
こども家庭センター型	保健と福祉の両面から相談を実施し、切れ目なく対応する	保健師、子ども家庭支援員等

第9章　子どもを護る社会資源

スの供給体制を確保しようとしています。これらのサービスを活用するにあたっては、個別の子育て家庭のニーズを把握した上で、適切なサービスを円滑に利用できるように支援していくことが求められます。

3　「地域子育て支援拠点事業」の概要と目的

近年では、少子化や核家族化が進み、地域のつながりが希薄化し、就業環境などによる**ワンオペ育児**も珍しくはないという状況があり、子育てが密室化し、親子が孤立してしまう傾向がみられます。そこで、**地域子育て支援拠点事業**では①地域の子育て中の親子の交流の場を提供し、交流を促進すること、②子育て等に関する相談・援助を実施、③地域の子育て関連情報提供、④子育て・子育て支援事業に関する講習等を実施しています。これらの事業によって、子育て中の親子が気軽に集うことができ、相互交流や子育ての不安や悩みを相談できる場を提供しています。児童福祉法に基づく事業であり、子ども・子育て支援法の地域子ども・子育て支援事業にも規定されています。実施主体は市区町村で、市区町村が認めた者へ委託等を行うことができ、公共施設や公民館、保育所等の児童福祉施設、空き店舗等が実施場所として活用されています。

さらに、地域の多様な世代との連携、伝統文化や行事の実施、地域ボランティアの育成、町内会や子育てサークルと協働して地域団体の活性化を図り、子育て資源の発掘と育成を行う事業も展開しています。子育て世帯の住む地域における子育て支援の拠点として、多くの機能を持ち合わせているといえます。

◆ワンオペ育児：「ワンオペレーション育児」の略称です。家庭での育児を一人で担っている状態を指します。

4　要保護児童対策地域協議会（子どもを守る地域ネットワーク）の概要と目的

児童福祉法では、地方公共団体に**要保護児童対策地域協議会**（以下、協議会）の設置の努力義務を課しています。協議会は、虐待を受けている児童をはじめ保護者のない児童または保護者が監護することが不適当であると認められる要保護児童や、保護者の養育を支援することが特に必要と認められる要支援児童や、これらの保護者、特定妊婦を支援の対象としています。

このような人々を早期に発見し、迅速に支援を開始し、適切な支援を図るために必要な情報を共有し、支援内容について協議します。学校、保育所、幼稚園、民生委員・児童委員、主任児童委員、児童相談所、児

＊2：第7章第3節4（3）でも紹介しています。

第3節　地域子ども・子育て支援事業

童福祉施設、医療機関、警察等の実務者によって構成され、機関相互の円滑な連携のための情報交換や協議も行っています。

5　民生委員・児童委員の役割と取組

　市区町村の区域に**民生委員**及び**児童委員**が置かれています。民生委員は、人格識見高く、広く社会の実情に通じ、かつ、社会福祉の増進に熱意のある地域住民の中から厚生労働大臣が委嘱します。それぞれの地域において、社会奉仕の精神、基本的人権の尊重等の原則に基づき、住民の立場に立って相談に応じ、必要な援助を行い、社会福祉の増進に努めています。また、民生委員は児童委員を兼ねています。民生委員及び児童委員の任期は3年で、再任も可能となっています。

　児童委員は、地域の子どもたちが元気に安心して暮らせるように、子どもたちを見守り、子育ての不安や妊娠中の心配ごとなどの相談・支援等を行います。また、一部の児童委員は児童に関することを専門的に担当する「主任児童委員」の指名を受けています。

　民生委員法で定められている職務は以下の通りです。

①住民の生活状態を必要に応じ適切に把握しておくこと
②生活に関する相談に応じ、助言その他の援助を行うこと
③福祉サービスを適切に利用するために必要な情報の提供、その他の援助を行うこと
④社会福祉事業者と密接に連携し、その事業又は活動を支援すること
⑤福祉事務所その他の関係行政機関の業務に協力すること
⑥その他、住民の福祉の増進を図るための活動を行うこと

　児童委員は、児童及び妊産婦に対して、上記①〜⑥に関する職務を行います。

6　社会福祉協議会における子ども子育て支援事業の概要

　都道府県社会福祉協議会及び市町村**社会福祉協議会**では子育て世帯の仕事や、家計、生活などに関する悩み等の相談を受け、支援を行っています。

　ほかにも、子育てに関連するボランティアグループや「当事者組織」の立ち上げや、子育てサロンの設置等をしています。これらの組織に誰もが気軽に立ち寄ることができ、利用する人が仲間づくりや情報共有ができ、時には悩みを分かち合い、支え合う関係性が形成されることを目指しています。

　また、**生活福祉資金の貸付制度**があります。具体的には、他からの貸

◆当事者組織：同様の悩みや課題を抱えた人たちが集まり、悩みを分かち合ったり、解決に有効な情報を共有したりして、互いに助け合い、支え合う組織のこと。例えば、身体障害者の会、アルコール依存症者の会、在宅介護を担う家族の会など様々な組織があります。

237

付が難しい低所得世帯に対して、一時的に必要な生活費や住宅の補修、就職、技能習得等に必要な経費を貸付ける福祉資金や、高等学校や大学又は高等専門学校への入学及び就学に必要な経費を貸付ける教育支援資金等があります。貸付にあたっては、各都道府県社会福祉協議会によって定められている審査基準により審査され、決定されます。教育支援資金は、連帯保証人が原則不要で償還期間が20年以内で無利子とし、低所得世帯の子どもが教育の機会を得て、将来的に自立することを目指しています。

貸付制度の利用と必要な相談支援を行い、世帯の生活の安定と経済的自立を図ることを目的としています。

7 茨城県日立市会瀬学区コミュニティ推進会の子育て支援事業の概要

私たちが住む地域では、地域が抱える課題を自らで解決しようと解決策を議論したり、解決のための事業を行ったりする**コミュニティ活動**が展開されています（図9-3-1）。

コミュニティ活動は、概ね小学校区をひとつの活動単位とし、地域住民とともに互いの絆を強める活動や情報発信、地域の安全及び安心に貢献し、地域の声を公的機関につなげ、公的機関とコミュニティの協働を発展させる役割を担っています。このコミュニティ活動は、地域の特色に合わせて様々ですが、自治会や町内会、老人会、子ども会、学校PTA等の各種団体代表者などが一つの組織として構成されます。

ここでは、**茨城県日立市の会瀬学区コミュニティ推進会**での子育て支援活動の一部を、同会副会長の柴田百恵様へのインタビュー等をもとに紹介します。

主に子育て支援活動を担う会瀬学区コミュニティ推進会青少年育成部

図9-3-1　会瀬学区コミュニティ推進会の子育て支援活動
（左）おおせひよこちびっこくらぶの活動の様子　（右）会瀬おもちゃライブラリーの活動の様子

第3節　地域子ども・子育て支援事業

の活動は、「地域の子供は地域で育てる　子育て、子供時代をおおせに住んで良かったと思えるような環境作り」を目標にしています。そして、「地域親」という言葉を用いて活動を展開しています。学校、PTA役員、育成会役員、更生保護女性会など地域の各種団体が地域親として、地域に住む子どもを地域で育てていこうという考えのもとに様々な活動を展開しています。

　具体的には、0歳からの未就学児の親子を対象としたレクリエーション活動や、学童期の児童を対象とした体験型活動などがあります。就労している親の積極的な参加を可能にするためにも、土曜日に多く開催しています。

　会瀬学区で育った子どもが様々な活動に参加して、地域の子どもや大人と交流を重ねながら成長して、子育てする親となり、自分の子どもとコミュニティ活動に参加して、やがてはコミュニティ活動を支える側になっていくという構図もあるようです。支え手となる世代が高齢化していますが、70代から80代の方々も年齢を感じさせない活動力があります。しかし、今後の活動を考えていくと、若い世代の支え手を多く育成することが求められます。会瀬学区コミュニティ推進会では、コミュニティ活動に参加している親世代にあたる人々を主なターゲットとして、今後引き続き活動に参加していただけるような取組をしています。また、地域の活動に興味関心を持っている人々に直接声をかけ、活動への参加協力を依頼しているとのことでした。インタビューを通して、「自分の住む地域を自分たちの力で良くしていきたい」という思いがとても強く伝わってきました。

キーワード　Let's review!（復習してみましょう！）

子ども・子育て支援法	2024年6月5日に「こども未来戦略加速化プラン」による児童手当拡充（所得制限撤廃、高校生年代まで延長、第3子以降増額等）、妊産婦への支援給付、こども誰でも通園制度・産後ケア事業の創設、育児休業給付の給付率の引き上げ、育児時短時間勤務者の賃金額一部給付等の改正があり、支援のための支援金制度が創設され、一部は2024年10月1日より施行されました。
地域子育て支援拠点事業	乳幼児及びその保護者の相互交流の場を提供し、相談や情報提供など当事者の目線に立った、寄り添い型の支援を展開する場となっています。2025年4月1日には、保育所等に通っていないこどもへの支援を強化する観点から「こども誰でも通園制度」と、出産後の母子に対して心身のケアや育児のサポートを行う「産後ケア事業」が地域子ども・子育て支援事業に位置付けられることが検討されています。
日立市のコミュニティ活動	日立市コミュニティ活動ハンドブック（2023年3月31日）によると、日立市のコミュニティ活動は、1974年の茨城国体の開催を契機として、1971年に小学校区を単位にコミュニティ活動が発足したことから始まりました。「自分の地域は自分の創意と努力で作り上げる」という理念のもと、市民の誰もが「このまちに住んでよかった」と実感できるまちにするため、以後40年以上にわたって環境美化や青少年育成、自主防災などの様々な分野でまちづくりの中心的な役割を担っています。

第9章　子どもを護る社会資源

第4節　子ども食堂と子ども110番の家

　現代の社会では子どもたちの健康と安全を守るためには、フォーマルな制度に加えて、地域の団体や住民の協力も重要です。その中でも、ここでは「子ども食堂」と「子ども110番の家」の役割について確認していきます。

1　子ども食堂

（1）子ども食堂の定義と趣旨

　子ども食堂は子どもが一人でも利用できる無料または低額の食堂です。子ども食堂は民間発の自主的・自発的な取組であり、法的な規定や明確な定義はなく、子ども食堂を運営するにあたって行政機関に届出をするような規定もありません。子ども食堂の活動を支援するために地域ネットワーク支援事業、法人や団体・団体との協働事業、調査・研究事業を行っている「認定NPO法人 全国こども食堂支援センター・むすびえ」によれば、子ども食堂の数は増加の一途をたどり、2023年では全国で約9000か所を超えています。なお子ども食堂には法的規定がないことから、地域食堂やみんな食堂、その他の名称が用いられることもあります。

◆認定NPO法人：特定の社会的課題に対して非営利で活動するNPO法人（特定非営利活動法人）の中で、公益性が高いものとして政府から認定を受けた法人。認定NPO法人になると税制上の優遇措置を受けることができます。

（2）子ども食堂の目的・対象者

　子ども食堂は基本的には生活困窮世帯の子どもに十分に栄養のある食事を提供することや、母子世帯などで孤食になる子どもに対し皆で食事をする機会を提供することが目的です。実際には、多くの子ども食堂では生活困窮世帯以外の子どもも利用することができ、また大人でも利用することができます。子ども食堂の利用者に占める生活困窮世帯の子どもの割合は、平均して7分の1程度です。また子ども食堂のうち、生活困窮世帯の子どものみを利用対象としているのは全体の5%程度にすぎません。対象が生活困窮世帯に限定されないことで、生活困窮世帯の子どもが利用しやすくなるということや、多世代交流の機会とすることが企図されています。地域の子ども同士の交流や、働く大人と会う機会が得られ、遊んでいても怒鳴らない大人がいることを知ることで、子どもに安心感を与えることにもつながります。

第4節　子ども食堂と子ども110番の家

（3）利用手続きと支援方法

　子ども食堂は上記のように単に十分な栄養のある食事を提供するということにとどまるものではありません。学校や家庭以外でリラックスできる「第三の居場所」を目指している子ども食堂も多く見られます。遊びや様々な体験を経験できる機会を取り入れている子ども食堂もあります。昔遊び、読み聞かせ、食育、防災、職業体験などの各種プログラムを通じて、文化的な体験や交流を促進しています。

　子ども食堂は通常は飲食店として営業している店舗である場合が多くなっています。そのほか社会福祉法人やNPO法人、公民館、寺院、コンビニエンスストアなどが子ども食堂を運営していることもあります。子ども食堂の運営スタッフの多くは地域住民や学生などのボランティアによってまかなわれています。子ども食堂を毎日開催していることは少なく、全体の3％程度です。一般的には月に数回や週に数回開催しているところが多く、中には月1回のみの開催のところもあります。

　子ども食堂には法的な規定や明確な定義がないため、利用者に関する規定も存在しません。そのため先にも見たように生活困窮世帯以外の子どもや、また大人が利用することができる場合も多くなっています。子ども食堂の利用方法としては、特に事前登録などは必要ではない場合が多く、利用者は開催日時に合わせて訪れるだけで利用できます。子ども食堂を利用する料金は、無料の場合もありますが、子どもの料金は100〜300円程度が多く、大人が利用する場合には料金がそれよりも高く設定されることが多いようです。

◆第三の居場所：家庭や学校以外で、子どもが安心して過ごせる場所を意味します。子ども食堂は単なる食事提供を超えて、子どもたちにとっての「第三の居場所」となることも目指しています。

（4）子ども食堂の課題

　まず運営資金や食材の確保についてです。子ども食堂は多くの場合、自発的に運営されているものであり資金の確保に課題があります。地方公共団体や公的機関、地元企業その他からの食材の寄付があるものの、近年の物価上昇により食材の調達が以前よりも困難になっています。これにより、継続的な運営に苦労している食堂も少なくありません。

　またボランティアスタッフの確保が難しい場合もあります。特に平日の運営には多くの人手が必要となりますが、働き手が限られているため、十分な支援が行き届かないケースが見受けられます。運営者自身が高齢化しているところもあります。

　さらに、子ども食堂の認知度と利用者の幅の問題もあります。子ども食堂には法的な規定や明確な定義がなく、利用者に関する規定も存在し

第9章　子どもを護る社会資源

ないため、生活困窮世帯や母子世帯以外の子どもや大人も利用できます。生活困窮世帯の子どもが利用しやすくなることや、多世代交流の機会を提供することから、そのことを積極的に捉えている子ども食堂も多いようです。他方、利用者の幅が広がることで、資源の分配や支援の焦点がぼやける場合があることから議論の分かれるところとなっています。

　社会全体の経済状況などから今後も子ども食堂に対するニーズは大きいと考えられ、子ども食堂がこれまで今以上にその役割を果たしていくためには、広く社会的な理解や支援が必要となっています。

2　子ども110番の家

（1）子ども110番の家の定義と趣旨・目的

　子ども110番の家は、子どもたちが街で知らない人から「声かけ」、「痴漢」、「つきまとい」などの被害を受けたときに助けを求めて逃げ込むための場所です。子ども110番の家はボランティアとして運営され、都道府県警が管轄しています。具体的な設置や運営に関しては地域の教育委員会や市町村が関与することもあります。警察が中心となり教育委員会や市町村と連携して、子ども110番の家を設置した一般家庭や個人商店に対する教育・訓練の機会を提供しています。

　法人や団体が子ども110番の家を設置する場合、**防犯CSR (Corporate Social Responsibility)** 活動の一環として行われることが多くなっています。法人や団体の参画には条件があり、参画手続や審査等について管轄の都道府県警から説明を受けます。参画条件として、都道府県内に2か所以上の事業所を有し、県内の全事業所に110番の家を設置でき、事業所が建物1階にあることが求められています。子ども110番の家を設置した法人や団体は警察と連携し、従業員に対しても適切な対応方法を教育します。法人や団体が設置する場合も、警察が主導して登録やフォローアップを行います。

　児童・生徒が他の学区でもこどもを守る110番の家であることを認識できるように、都道府県ごとにデザインしたシンボルマークを使用しています。シンボルマークは都道府県の中で一定の統一性をもたせ、その中である程度バリエーションのあるものが用いられています。そのシンボルマークを用いた表示板やマグネットを、子ども110番の家の外壁の子どもたちから見やすい位置に取り付けています。

◆防犯CSR (Corporate Social Responsibility)：企業が社会の一員として果たすべき責任をCSR (Corporate Social Responsibility)といい、その中で防犯活動の分野での活動を防犯CSRといいます。法人や団体が子ども110番の家となることは防犯CSRの一環でもあります。

なお一般家庭や法人・団体の事務所を子ども110番の家とする制度とあわせ、公的機関や法人・団体また個人の車両を「**子ども110番の車**」とする制度もあります。子ども110番の家と同様に、子どもたちが緊急時に安心して駆け込むことができるということを目的としています。警察署のパトロールカーや地域巡回車、地方公共団体の公用車をはじめ、一部の学校のスクールバス、路線バス、郵便配達車（および郵便配達バイク）、タクシー、大規模な企業や地域の商店、小売店の営業車や配送車などが子ども110番の車として設定されています。

図9-4-1 「こども110番の家」シンボルマークの例
（東京23区 千代田区）

子ども110番の家と同様に、子ども110番の車もシンボルマークを掲示しています。子ども110番の車の所有者は、事前に警察や地域の防犯団体から適切な対応方法の訓練を受けており、子どもたちが危険を感じた際には迅速に保護し、必要に応じて警察や保護者に連絡を行う体制が整えられています。さらに一部の電車の駅も「子ども110番の駅」として設定されています。

（2）子どもへの対応方法

子どもが逃げ込んできた場合には、屋内に避難させ、扉や窓を閉めて外部からの侵入を防ぐなどして安全を確保します。次に、子どもから事情を聞き取り、具体的に何が起きたのか、不審者の特徴や起きた場所、時間などを確認します。この際、子どもが落ち着いて話せるように優しく対応します。その後、すぐに警察に通報し、状況を説明します。また、必要に応じて子どもの保護者や学校にも連絡します。警察や保護者が到着するまでの間、子どもを安全な場所で保護し、安心できるように温かい飲み物や軽食を提供することも大切です。警察が到着したら、これまでの状況を詳細に伝え、警察の指示に従って必要な情報提供やサポートを行います。事後には、保護者や学校と連携し、今後の対策や必要なサポートについて話し合い、子どもが再び安全に生活できるよう、心理的なサポートも考慮することが大切です。

（3）子ども110番の家への後方支援

警察が中心となり教育委員会、市町村とともに地域の安全を確保するため「こどもを守る110番の家ネットワーク」を運営しています。運営には地域の防犯団体、NPOなどが協力していることもあり、学校などとも連携しています。こどもを守る110番の家ネットワークの会議が年に一度の頻度で開催されます。この会議では、各地域の子ども110

番の家の運営状況や問題点について報告し、評価を行うことが中心になっています。最近の事例や対応策、子どもたちの安全に関する最新情報を共有し、関係者への研修や訓練の計画を立てて実施する方法を検討します。また、運営上の問題点や改善点を話し合い、今後の対応策を決定することも、この会議の重要な役割です。

(4) 子ども 110 番の家の課題

　子ども 110 番の家が抱えている課題の一つが、子ども 110 番の家が減少傾向にあることです。2013 年には約 191 万 5 千軒でしたが、2023 年時点では約 147 万軒まで減少しており、この 10 年間で約 25%もの減少が見られます。その要因としては、まず運営する家庭や店舗の負担感が一因として挙げられます。子ども 110 番の家を設置するには、安全確保のための対応が求められ、これが大きな負担となる場合があります。また、登録後の演習や訓練、定期的なサポートが十分ではないため、実際の緊急時に適切な対応ができるかどうかに不安を感じたり、モチベーションが低下している設置者もいることが指摘されています。さらに、社会全体の地域コミュニティの希薄化や防犯意識の変化も影響しています。地域のつながりが弱くなる中で、子ども 110 番の家のようなボランティア活動が続けにくくなっているということがあります。

　また、子ども 110 番の家の認知度や利用方法の周知が十分ではないことも課題です。子どもたちや保護者がこの制度を知らず、緊急時に利用できないケースがあります。さらに、地域によってはシンボルマークの統一がされておらず、子どもたちが他の地域でも子ども 110 番の家を認識しにくいことも問題です。

　このようなことから運営者への定期的な訓練やフォローアップを充実させることで、実際の緊急時に対応できるスキルとモチベーションを高め、地域全体での防犯意識を高めるための啓発活動や、子ども 110 番の家の認知度向上のための広報活動も重要です。

3　地域社会で子どもたちを支えるために

　子ども食堂と子ども 110 番の家は、地域社会における子どもたちの成長と安全を支えるための重要な制度です。子ども食堂は、栄養バランスの取れた食事を提供し、様々な体験や多世代交流の場を提供することで、子どもたちの健全な成長を支えています。子ども 110 番の家は、

子どもたちが危険を感じたときに逃げ込む安全な場所を提供し、保護し、警察や学校に通報することで、子どもたちの安全を守っています。

　これらの制度は、地域社会全体で子どもたちを支えるために不可欠であり、その運営には多くのボランティアや法人や団体の協力が欠かせません。子ども食堂と子ども110番の家の重要性を理解し、支援することが、子どもたちの健康と安全を守るための第一歩です。地域社会全体が協力し、これらの制度をさらに発展させることで、子どもたちが安心して成長できる環境を提供し続けることが可能となります。

キーワード　Let's review!（復習してみましょう！）

子ども食堂	子どもに無料または低額で食事を提供する場であり、特に生活困窮世帯の子どもや孤食を避けたい子どもを対象としています。
第三の居場所	家庭や学校以外で、子どもがリラックスできる場所を指します。子ども食堂は第三の居場所となることも目指しています。
子ども110番の家	子どもが危険を感じた際に逃げ込める場所で、地域住民や店舗などが協力して提供します。
防犯CSR	企業や団体が社会的責任（CSR）として地域の安全活動に取り組むことを指します。
多世代交流	子どもたちだけでなく大人、お年寄りなど幅広い世代が交流する機会を意味し、子ども食堂は多世代交流が子どもの成長にもたらす効果を重視しています。

第9章　子どもを護る社会資源

▶コラム❹

茨城県の「子ども食堂」と「結婚・子育て」支援
茨城県福祉部子ども政策局の担当者様にインタビューを
行いました

Q：現在、茨城県では「子ども食堂」の新たな開設や運営などについて、様々
な支援をされています。「子ども食堂」設置の目的や今後のお取組など
をお教えください。

A：子ども食堂は、主に任意団体やNPO法人等が主体となって、無料ま
たは低額で子どもに食事を提供する取組として、近年、全国的に広が
りをみせており、本県におきましても、現在180か所以上の子ども食
堂が開設・運営をされていると報じられています。

　子ども食堂の取組内容としては、食事の提供はもとより、子どもの
居場所づくりや、食育、学習支援を行っているもの、多世代交流の場
として運営されているものなど様々な形態がございますが、いずれも
子どもの見守りや貧困対策として、大変重要な役割を担っているもの
と考えております。

　こうした子ども食堂の取組を支援するため、県では令和元（2019）
年7月に、子ども食堂の開設及び活動の総合的な支援拠点となる「子
ども食堂サポートセンターいばらき」を立ち上げ、相談窓口の運営、
開設準備の支援のほか、食材提供のマッチング、運営者同士の連携を
図る意見交換会や、情報の収集・発信などを行っています。

　特に、子ども食堂の安定的な運営の鍵は、食材の確保と考えており
ますので、民間企業やJAなどから食品寄贈を広く募り、食材を希望
する子ども食堂に配分する取組に力をいれています。寄贈いただく食
品は、野菜、果物、お菓子、防災備蓄品、クリスマスケーキと様々です。
サッカーチケットやいちごの収穫体験などを提供いただいた例もあり
ます。こうしたご厚意を子ども食堂につなげる取組を、令和5（2023）
年度は12月末までに56件行いました。

　また、民間企業と連携協定を締結してスタートした「いばらきフー
ドロス削減プロジェクト」の仕組みを、子ども食堂への食材提供にも
活用しております。これにより、環境悪化や食料危機の大きな脅威
である「フードロス」の削減や、「子どもの貧困」への対策といった、

246

SDGs の基本理念を踏まえた複数の課題解決にも取り組んでいます。

運営スタッフの不足と高齢化などの課題を抱える子ども食堂もあることから、学生ボランティアを募り、子ども食堂へ紹介する取組も行っています。（茨城大、常磐大、高校など学生 12 人をマッチング（令和 5 (2023) 年度））

このように県の子ども食堂支援は、運営費の補助という直接的なものではなく、活動の側面支援を中心に行っています。資金面で課題を抱える子ども食堂については、民間を中心に多くの助成プログラムが提供されていることから、こうした助成金を案内するとともに、必要に応じて申請書の書き方などもサポートしています。

県としましては、子どもたちの健やかな成長・発達に資する子ども食堂の活動が一層、活性化するよう、各子ども食堂の取組を引き続き、しっかりと支援していきたいと考えています。

Q：そのほかにも多数の子ども・子育て支援政策に取り組んでおられると思いますが、現在、力を入れておられる発信情報をお教えください。

A：　茨城県では、「いばらき結婚・子育てポータルサイト」を開設し、結婚から妊娠・出産・子育てまで、ライフステージに応じた行政情報を総合的に発信しています。ぜひご覧ください。（URL：https://www.kids.pref.ibaraki.jp/kids/kosodate/）

子ども食堂活動の意義や、子ども食堂が安定的に運営されるための魅力的で実際的なお取組をお教えいただきました。お忙しいところお時間をいただき、ありがとうございました。

参考文献

◆第 1 章　福祉的アプローチとしてのソーシャルワーク

警察庁生活安全局人身安全・少年課（2024a）「令和 5 年中における少年の補導及び保護の概況」https://www.npa.go.jp/bureau/safetylife/syonen/pdf-r5-syonengaikyo.pdf（2025.2.20 閲覧）

警察庁生活安全局人身安全・少年課（2024b）「令和 4 年における行方不明者の状況」https://www.npa.go.jp/safetylife/seianki/fumei/R05yukuefumeisha.pdf（2025.2.20 閲覧）

厚生労働省（2023）「2022（令和 4）年 国民生活基礎調査の概況」https://www.mhlw.go.jp/toukei/saikin/hw/k-tyosa/k-tyosa22/dl/14.pdf（2024.7.1 閲覧）

こども家庭庁（2023）「令和 4 年度 児童相談所における児童虐待相談対応件数（速報値）」https://www.cfa.go.jp/assets/contents/node/basic_page/field_ref_resources/a176de99-390e-4065-a7fb-fe569ab2450c/12d7a89f/20230401_policies_jidougyakutai_19.pdf（2024.7.1 閲覧）

文部科学省（2022a）「通常の学級に在籍する特別な教育的支援を必要とする児童生徒に関する調査結果について」https://www.mext.go.jp/content/20230524-mext-tokubetu01-000026255_01.pdf（2024.7.1 閲覧）

文部科学省（2022b）「令和 3 年度 日本語指導が必要な児童生徒の受入状況等に関する調査結果の概要」https://www.e-stat.go.jp/stat-search/files?tclass=000001159321&cycle=0（2024.7.1 閲覧）

◆第 2 章　子どもを取り巻く経済的危機

厚生労働省「改正児童福祉法について（第一部）」https://www.mhlw.go.jp/content/000994207.pdf（2024.6.22 閲覧）

厚生労働省「重層的支援体制整備事業における多機関協働事業と重層的支援会議について」https://www.mhlw.go.jp/content/000951202.pdf（2024.6.25 閲覧）

こども家庭庁「ヤングケアラー支援の強化に係る法改正の経緯・施行について」https://www.cfa.go.jp/assets/contents/node/basic_page/field_ref_resources/e0eb9d18-d7da-43cc-a4e3-51d34ec335c1/628c375f/20240612_policies_young-carer_11.pdf（2024.6.22 閲覧）

東京都（2023）「ヤングケアラー支援マニュアル」https://www.fukushi.metro.tokyo.lg.jp/kodomo/kosodate/young-carer.files/youngcarer_manual.pdf（2024.7.3 閲覧）

三菱 UFJ リサーチ＆コンサルティング（2020）「ヤングケアラーへの早期対応に関する研究報告書」https://www.mhlw.go.jp/content/11900000/000757978.pdf（2024.6.22 閲覧）

三菱 UFJ リサーチ＆コンサルティング（2021）「ヤングケアラーの実態に関する調査研究報告書」https://www.murc.jp/wp-content/uploads/2021/04/koukai_210412_7.pdf（2024.6.22 閲覧）

森田久美子（2016）「子ども・若年介護者の実態」『立正大学社会福祉研究所年報』18、pp.41-51　file:///C:/Users/HA770_owner/Downloads/shafukunenpo_18_041_morita.pdf（2024.6.25 閲覧）

有限責任監査法人トーマツ（2022）「令和 3 年度 子ども・子育て支援推進調査研究事業『多機関連携によるヤングケアラーへの支援の在り方に関する調査研究』多機関・多職種連携によるヤングケアラー支援マニュアル〜ケアを担う子どもを地域で支えるために〜」https://www.jaswhs.or.jp/images/NewsPDF/NewsPDF_vUEi99s1I7vbMH4Z_2.pdf（2024.7.3 閲覧）

◆第 3 章　子どもを取り巻く非社会的危機

第 1 節　不登校

厚生労働省 生活習慣予防のための健康情報サイト e- ヘルスネット（2024.6.2 閲覧）https://www.e-healthnet.mhlw.go.jp/information/Koedo 運営：株ジオグリフコンテンツ提供　koedo.project.@gmail.com（2024.6.2）

文部科学省初等中等教育局児童生徒課（2023）「令和 4 年度児童生徒の問題行動・不登校等生徒指導上の諸課題に関する調査結果について」

和田希（2023）「不登校児童生徒支援の現状と課題——不登校特例校について」『国立国会図書館調査と情報』No.1224、p.2

第 2 節　ひきこもり

井出草平（2007）『ひきこもりの社会学』世界思想社

川北稔（2019）「ひきこもり状態にある人の高年齢化と「8050 問題」生活困窮者相談窓口の調査結果から」『愛知教育大学研究報告人文・社会科学編』68、pp.125-133

久保浩明（2023）「ひきこもりの理解に関する近年の動向──ひきこもり支援の現状と今後の展望」『九州神経精神医学』第68巻第2号、pp.39-45

KHJ全国ひきこもり家族会連合会（2019）「ひきこもりの実態に関するアンケート調査報告書──本人調査・家族調査・連携調査」厚生労働省 平成30年度生活困窮者就労準備支援事業費等補助金社会福祉推進事業「長期高年齢化する社会的孤立者（ひきこもり者）への対応と予防のためのひきこもり地域支援体制を促進する家族支援の在り方に関する研究」

厚生労働省（2010）「ひきこもりの評価・支援に関するガイドライン」平成22年5月

田嶌誠一（2010）『不登校』金剛出版

内閣府（2016）「若者の生活に関する調査報告書」内閣府政策統括官（共生社会政策担当）

内閣府（2019）「生活状況に関する調査報告書」内閣府政策統括官（共生社会政策担当）

村澤知多里（2017）「「ひきこもり」概念の成立過程について──不登校との関係を中心に」『札幌学院大学人文学会紀要』102、pp.111-135

李敏子（2023）「社会のニーズとしての法・制度、社会の価値観と心理臨床・不登校・ひきこもりに対する支援から」『椙山臨床心理研究』第23号、pp.31-37

第3節　インターネット等への依存

学習意欲の科学的研究に関するプロジェクト事務局（2019）「学習意欲の科学的研究に関するプロジェクト　リーフレット集（平成22〜30年度）」https://www.city.sendai.jp/manabi/kurashi/manabu/kyoiku/inkai/kanren/kyoiku/documents/r2gakusyuiyoku_rifureto_hogosya.pdf（2024.2.27閲覧）

厚生労働省（2023）「健康づくりのための睡眠ガイド2023 こども版」https://www.jschild.or.jp/wp-content/uploads/2024/02/%E5%81%A5%E5%BA%B7%E3%81%A5%E3%81%8F%E3%82%8A%E3%81%AE%E3%81%9F%E3%82%81%E3%81%AE%E7%9D%A1%E7%9C%A0%E3%82%AC%E3%82%A4%E3%83%892023-.pdf（2024.5.16閲覧）

こども家庭庁（2024）「令和5年度 青少年のインターネット利用環境実態調査 調査結果（概要）」https://www.cfa.go.jp/assets/contents/node/basic_page/field_ref_resources/9a55b57d-cd9d-4cf6-8ed4-3da8efa12d63/98ae45a9/20240329_policies_youth-kankyou_internet_research_results-etc_10.pdf（2024.4.30閲覧）

政府広報オンライン（2024）「ネットの危険からこどもを守るために保護者が知っておきたいこと」https://www.gov-online.go.jp/useful/article/201303/3.html（2024.5.16閲覧）

セコム株式会社（2022）「小学生の安全対策に関する意識調査」https://www.secom.co.jp/corporate/release/2021/pdf_DL/nr_20220302.pdf（2024.4.30閲覧）

総務省（2024）「情報通信白書 for Kids」https://www.soumu.go.jp/hakusho-kids/safety/point2/danger/danger_02.html（2024.5.2閲覧）

総務省情報流通行政局情報流通振興課情報活用支援室（2024）「上手にネットと付き合おう！〜安心・安全なインターネット利用ガイド〜」https://www.soumu.go.jp/use_the_internet_wisely/（2024.5.4閲覧）

竹内和雄（2022）『こどもスマホルール　賢く使って、トラブル回避！』時事通信出版局

野田ユウキ（2023）『最新　スマホとネットのルール＆マナー事典』秀和システム

文部科学省（2023）「令和4年度学校保健統計（確定値）の公表について」https://www.mext.go.jp/content/20231115-mxt_chousa01-000031879_1a.pdf（2024.4.30閲覧）

文部科学省（2024）「子供のSOS相談窓口」https://www.mext.go.jp/a_menu/shotou/seitoshidou/06112210.htm（2024.5.4閲覧）

◆第4章　子どもを取り巻く反社会的危機

第1節　非行／第2節　家出・夜間徘徊

橋本和明（2004）『虐待と非行臨床』創元社

警察庁（2024）「不良行為少年の補導についての制定について」（別表：不良行為の種別および態様）https://www.npa.go.jp/laws/notification/seian/shounen/syonen01_20240304.pdf（2024.7.1閲覧）

大迫秀樹（1999）「虐待を背景に持つ非行小学生に対する治療教育」『心理臨床学研究』17（3）、pp.249-260

大迫秀樹（2003）「虐待を受けた子どもに対する環境療法──児童自立支援施設における非行傾向のある小学生に対する治療教育」『発達心理学研究』14（1）、pp.77-89

大塚尚（2019）『少年警察ハンドブック』立花書房

小栗正幸（2007）「発達障害のある非行少年への対応」生島浩・村松励編『犯罪心理臨床』金剛出版、pp.89-102

定本ゆきこ（2000）「LD/ADHDと非行」『犯罪心理学研究』38（特）、pp.209-211

法務省法務総合研究所編（2024）『令和5年版 犯罪白書』

Moffitt,T.（1993）Adolescence-limited and life-course-persistent antisocial behavior:A developmental taxonomy, *Psychological Review*, 100(4), 674-701.

第3節　性暴力とデジタルタトゥー

警察庁生活安全局人身安全・少年課「令和5年中における少年の補導及び保護の概況」https://www.npa.go.jp/bureau/safetylife/

syonen/pdf-r5-syonengaikyo.pdf（2024.9.14 閲覧）

警察庁生活安全局人身安全・少年課（2024）「令和 5 年における少年非行及び子供の性被害の状況」https://www.npa.go.jp/bureau/safetylife/syonen/pdf_r5_syonenhikoujyokyo_kakutei.pdf（2024.9.14 閲覧）

こども家庭庁「こども性暴力防止に向けた総合的な対策」https://www.cfa.go.jp/policies/child-safety/efforts/kinkyutaisaku/（2024.6.1 閲覧）

総務省「2021 年度総務省調査研究 青少年のインターネット利用におけるトラブル事例等に関する調査研究」https://www.soumu.go.jp/main_content/000707803.pdf（2024.6.25 閲覧）

総務省「実際に起きていることでネットの使い方を考えよう！ インターネットトラブル事例集（2022 年版）」https://www.soumu.go.jp/main_content/000707803.pdfhttps://www.gov-online.go.jp/article/202312/entry-5240.html（2024.9.15 閲覧）

名古屋高裁金沢支判昭和 36 年 5 月 2 日下刑集 3 巻 5=6 号

内閣府政府広報オンライン「こどもたちのためにできること～性被害を受けたこどもの理解と支援～」https://www.cfa.go.jp/assets/contents/node/basic_page/field_ref_resources/72e390fa-db00-44e9-af2e-084e71c76b93/01949a12/20231121_poli（2024.6.7 閲覧）

内閣府政府広報オンライン「こどもの性被害のサインを見逃さないで」https://www.gov-online.go.jp/prg/prg27340.html（2024.6.17 閲覧）

内閣府政府広報オンライン「こどもを性被害から守るために周囲の大人ができること」https://www.gov-online.go.jp/article/202312/entry-5240.html（2025.1.10 閲覧）

内閣府男女共同参画局 HP「性犯罪・性暴力とは」https://www.gender.go.jp/policy/no_violence/seibouryoku/index.html（2024.6.25 閲覧）

内閣府男女共同参画局（2023）「こども・若者の性被害に関する状況等について」https://www.gender.go.jp/kaigi/sonota/pdf/kyouka/05/03.pdf（2024.6.25 閲覧）

犯罪対策閣僚会議（2022）「子供の性被害防止プラン（児童の性的搾取等に係る対策の基本計画）2022」https://www.kantei.go.jp/jp/singi/hanzai/kettei/220520/honbun.pdf（2024.9.14 閲覧）

法務省 HP「ひとりで悩まずにご相談ください」https://www.moj.go.jp/JINKEN/index_soudan.html（2024.9.14 閲覧）

文部科学省「教育職員等による児童生徒性暴力等の防止等に関する法律 概要（令和 5 年 7 月 13 日更新）」https://www.mext.go.jp/content/20240718-mxt_kyoikujinzai01-000011979_04.pdf（2024.9.14 閲覧）

◆第 5 章 子どもを取り巻く命の危機

文部科学省（2023）「令和 4 年度 児童生徒の問題行動・不登校等生徒指導上の諸課題に関する調査結果について」

◆第 6 章 子どもの障害と病気

第 1 節 身体障害・病弱と療育

安梅勅江（2010）『保育パワーアップ講座 活用編』日本小児医事出版社、pp.14-17

一般社団法人 日本耳鼻咽喉科学会（2016）「新生児聴覚スクリーニングマニュアル――産科・小児科・耳鼻咽喉科医師、助産師・看護師の皆様へ」松香堂、pp.3-5

厚生労働省「日常生活用具給付事業の概要」https://www.mhlw.go.jp/general/seido/toukatsu/suishin/dl/04.pdf（2024.6.5 閲覧）

厚生労働省「「身体障害者障害程度等級表の解説（身体障害認定基準）について」の一部改正について」https://www.mhlw.go.jp/web/t_doc?dataId=00tb9986&dataType=1&pageNo=1（2024.6.1 閲覧）

厚生労働省（2014）「障害認定基準（言語機能の障害）の改正案」https://www.mhlw.go.jp/file/05-Shingikai-12501000-Nenkinkyoku-Soumuka/0000065140.pdf（2024.6.2 閲覧）

厚生労働省「障害者手帳について」https://www.mhlw.go.jp/stf/seisakunitsuite/bunya/hukushi_kaigo/shougaishahukushi/techou.html（2024.6.5 閲覧）

厚生労働省「障害者の範囲」s1031-10e_0001.pdf (mhlw.go.jp)（2024.5.30 閲覧）

厚生労働省「小児慢性特定疾病にかかる医療意見書」https://www.mhlw.go.jp/stf/seisakunitsuite/bunya/0000084783_00001.html（2024.6.2 閲覧）

身体障害者福祉法身体障害者福祉法｜e-Gov 法令検索（2024.5.30 閲覧）

東京大学多様性包摂共創センターバリアフリー推進オフィス HP https://ds.adm.u-tokyo.ac.jp/receive-support/disease.html」（2024.6.5 閲覧）

独立行政法人国立特別支援教育総合研究所（2020）『特別支援教育の基礎・基本 2020』ジアース教育新社、p.89、126、185、214、218

中村公枝（1997）「WHO 技術マニュアル――難聴乳幼児のハビリテーション」p.5、21

日本眼科医会（2021）「3 歳児健診における視覚検査マニュアル――屈折検査の導入に向けて」2021_sansaijimanual.pdf（jaco.or.jp）（2024.6.2 閲覧）p.3、4

日本耳鼻咽喉科学会（2016）「新生児聴覚スクリーニングマニュアル――産科・小児科・耳鼻咽喉科医師、助産師・看護師の皆様へ」pp.3-5

日本能率協会総合研究所（2022）「小児慢性特定疾病児童とその家族の支援ニーズの把握のための実態把握調査の手引き書」（2024.5.6 閲覧）p.1

松元泰英（2015）「肢体不自由教育連携で困らないための医療用語集」ジアース教育新社、p.60、120、140

文部科学省（2021）「障害のある子供の教育支援の手引——子供たち一人一人の教育的ニーズを踏まえ学びの充実に向けて」pp.60-61、p.72、83、pp.89-90、p.96、101、143、154、pp.162-164、p.172-173、p.182、184、193、pp.217-218

LYSOLife ライソゾーム病といっしょに。HP「知っておきたい社会保障制度」https://www.lysolife.jp/social/support_shoni.html#cnt03（2024.6.5 閲覧）

第2節　知的障害

愛育養護学校（幼児期を考える会）編（1996）『親たちは語る（愛育養護学校の子育て・親育ち）』ミネルヴァ書房

太田俊己・藤原義博編（2015）『知的障害教育総論』放送大学教材

岡本夏木・浜田寿美男（1995）『発達心理学入門』（子どもと教育）岩波書店

栗田広（1997）「精神遅滞の現在と展望」太田昌孝編『こころの科学』73、日本評論社、pp.57-60

田中康雄（2004）「精神遅滞にもっと光を」滝川一廣ほか編『そだちの科学』3、日本評論社、pp.2-8

谷昌恒（1996）『教育力の原点』岩波書店

手塚直樹（2002）『障害者福祉とはなにか』ミネルヴァ書房

富永康仁（2014）「知的障害」連合大学院小児発達学研究科・森則夫・杉山登志郎編『DSM-5 対応　神経発達障害のすべて』（こころの科学増刊）日本評論社、pp.38-42

原広治（2014）『障碍のある子と共に歩んだ 20 年——エピソード記述で描く子どもと家族の関係発達』ミネルヴァ書房

柚木馥（1995）『知的障害者の生涯福祉——その実践的アプローチ』コレール社

▶コラム❶　療育を実践して——発達障害のある子どもたちへの療育チームアプローチ

石崎朝世・湯汲英司（2007）「発達につまずきを持つ子どもの療育とは 1」社団法人精神発達障害教育協会、pp.6-7

石崎朝世・湯汲英司（2008）「発達につまずきを持つ子どもの療育とは 2」「社団法人精神発達障害教育協会、pp.12-14

請井伸力「発達に躓きのある子どもたちへのアプローチ」市原市杏保育園スキルアップ研修（2022.5.17）講義資料 pp.11-13

請井伸力「発達障害について」社会福祉法人佑啓会ふる里学舎　新任職員研修会（2020.6.15）講義資料 p.16、18、30

木村順（2013）『発達障害の子の感覚遊び・運動遊び』講談社、pp.40-50

今野義孝（2006）『障害児の発達を促す動作法』学苑社、pp.94-214

篠田幸子「ふる里学舎の療育」講演（2018.8.31）スライド pp.12-15

第3節　発達障害

【1　発達障害の全体像について／2　自閉スペクトラム症（ASD）】

American Psychiatric Association (2013) *Diagnostic and statistical manual of mental disorders: DSM-5*. Washington, DC: American psychiatric association.

Baird, G., Simonoff, E., Pickles, A., Chandler, S., Loucas, T., Meldrum, D., & Charman, T. (2006) Prevalence of disorders of the autism spectrum in a population cohort of children in South Thames: the Special Needs and Autism Project (SNAP). *The lancet*, 368(9531), 210-215.

Baron-Cohen, S., Scott, F. J., Allison, C., Williams, J., Bolton, P., Matthews, F. E., & Brayne, C. (2009) Prevalence of autism-spectrum conditions: UK school-based population study. *The British journal of psychiatry*, 194(6), 500-509.

Bondy, A., & Frost, L. (2011) *A picture's worth: PECS and other visual communication strategies in autism*. Woodbine House. Maryland.

Goldin, R. L., Matson, J. L., Tureck, K., Cervantes, P. E., & Jang, J. (2013). A comparison of tantrum behavior profiles in children with ASD, ADHD and comorbid ASD and ADHD. *Research in developmental disabilities*, 34(9), 2669-2675.

井上雅彦・大久保賢一・岡村章司・岡本邦広・倉光晃子・下山真衣・田熊立・村本浄司（2024）「強度行動障害に関する支援ガイドライン」『行動分析学研究』38（2）、pp.141-147

Saito, M., Hirota, T., Sakamoto, Y., Adachi, M., Takahashi, M., Osato-Kaneda, A., ... & Nakamura, K. (2020). Prevalence and cumulative incidence of autism spectrum disorders and the patterns of co-occurring neurodevelopmental disorders in a total population sample of 5-year-old children. *Molecular autism*, 11, 1-9.

佐々木正美編（2002）『自閉症の TEACCH 実践』岩崎学術出版社

若林上総・半田健・田中善大・庭山和貴・大対香奈子編著（2023）『学校全体で取り組むポジティブ行動支援スタートガイド』ジアース教育新社

【3　学習障害（LD）／4　注意欠如・多動症（ADHD）／5　発達性協調運動障害（DCD）】

厚生労働省令和 4 年度障害者総合福祉推進事業（2022）「DCD 支援マニュアル」協調運動の障害の早期の発見と適切な支援の普

及のための調査 https://www.mhlw.go.jp/content/12200000/001122260.pdf（2024.6.15 閲覧）

国立特別支援教育総合研究所（2010）「小・中学校等における発達障害のある子どもへの教科教育等の支援に関する研究」平成 20
　年度～ 21 年度研究成果報告書　https://www.nise.go.jp/cms/resources/content/409/05.pdf（2024.6.9 閲覧）

齊藤万比古・飯田順三編（2022）『注意欠如・多動症－ ADHD －の診断・治療ガイドライン』じほう

髙橋三郎・大野裕監訳（2023）『DSM-5-TR 精神疾患の診断・統計マニュアル』医学書院

日 本 発 達 障 害 ネ ッ ト ワ ー ク（2020）「ペ ア レ ン ト・ト レ ー ニ ン グ 実 践 ガ イ ド ブ ッ ク」https://www.mhlw.go.jp/
　content/12200000/000653549.pdf（2024.6.15 閲覧）

文部科学省（2021）「障害のある子供の教育支援の手引 —— 子供たち一人一人の教育的ニーズを踏まえた学びの充実に向けて」
　https://www.mext.go.jp/a_menu/shotou/tokubetu/material/1340250_00001.htm（2024.6.9 閲覧）

▶コラム❷　子どもの孤独感——不適応的な孤独と必要な孤独

Dunn, C., & Sicouri, G. (2022) The Relationship Between Loneliness and Depressive Symptoms in Children and
　Adolescents: A Meta-Analysis. *Behaviour Change*, 39(3), 134-145.

Fromm-Reichmann, F. (1959) Loneliness. Psychiatry: *Journal for the Study of Interpersonal Processes*, 22, 1–15.

中尾凪沙・平野美千代（2024）「日本語版 Positive Solitude 尺度の開発および信頼性・妥当性の検証」『日本公衆衛生雑誌』
　Advance online publication. https://doi.org/10.11236/jph.23-096

Ost Mor, S., Palgi, Y., & Segel-Karpas, D. (2021) The definition and categories of positive solitude: Older and younger
　adults' perspectives on spending time by themselves. *The International Journal of Aging & Human Development*, 93(4),
　943–962.

Moustakas, C.E. (1961) *Loneliness*. Prentice-Hall, New York.（吉永和子訳（1972）『孤独——体験からの自己発見の研究』岩
　崎学術出版社）

Peplau, L. A., & Perlman, D. (1979) Blueprint for a social psychological theory of loneliness. In M. Cook & G.WIlson (Eds.),
　Love and attraction: An interpersonalconference (pp. 101-110). New York: Pergamon Press.

Vanhalst, J., Soenens, B., Luyckx, K., Van Petegem, S., Weeks, M. S., & Asher, S. R. (2015) Why do the lonely stay lonely?
　Chronically lonely adolescents' attributions and emotions in situations of social inclusion and exclusion. *Journal of
　Personality and Social Psychology,* 109(5), 932–948.

Wang, Y., & Zeng, Y. (2024) Relationship between loneliness and internet addiction: a meta-analysis. *BMC Public Health*
　24, 858. https://doi.org/10.1186/s12889-024-18366-4

◆第 7 章　子どもの権利
第 1 節　子どもの権利に関する条約

こども家庭庁 HP　https://www.cfa.go.jp/policies/（2024.1.11 閲覧）

後藤幸洋（2022）「ICT を活用し、コロナに振り回されない方法で伝える」『月刊学校教育相談』36（4）、pp.8-10

日本ユニセフ協会 HP　https://www.unicef.or.jp/（2024.1.10 閲覧）

認定 NPO 法人カタリバ HP（2022）https://rulemaking.jp（2024.1.11 閲覧）

帆足英一ほか（2021）『子どもの発達と保育』実教出版

文部科学省（2021）「校則の見直し等に関する取組事例について」

文部科学省 HP　https://www.mext.go.jp/a_menu/shotou/seitoshidou/1404008_00001.htm（2024.1.4 閲覧）

八並光俊・石隈利紀編著（2023）『Q&A 新生徒指導要で読み解く これからの児童生徒の発達支援』ぎょうせい

米川和雄・大迫秀樹・富樫ひとみ編（2021）『福祉心理学〈日本福祉心理学会研修テキスト〉——基礎から現場における支援まで』
　明石書店

第 2 節　子どもの権利保障

網野武博（2002）『児童福祉学——〈子ども主体〉への学際的アプローチ』中央法規出版

第 3 節　育ちの保障

児童福祉法

子ども基本法

こども家庭庁支援局家庭福祉課・こども家庭庁支援局障害児支援課（2023）「児童養護施設入所児童等調査の概要（令和 5 年
　2 月 1 日 現 在 ）」https://www.cfa.go.jp/assets/contents/node/basic_page/field_ref_resources/8aba23f3-abb8-4f95-8202-
　f0fd487fbe16/5c104d63/20240229_policies_shakaiteki-yougo_86.pdf

新たな社会的養育の在り方に関する検討会（2017）「新しい社会的養育ビジョン」（平成 29 年 8 月 2 日）https://www.mhlw.
　go.jp/file/05-Shingikai-11901000-Koyoukintoujidoukateikyoku-Soumuka/0000173888.pdf

厚生労働省雇用均等・児童家庭局家庭福祉課（2014）「社会的養護の運営指針」https://www.cfa.go.jp/policies/shakaiteki-yougo

◆第8章　子どもの健康と・事故に対する予防と対策
第1節　熱中症
鳥羽研二ほか（2018）『老年看護 病態・疾患論　第5版』医学書院
富岡晶子・前田留美（2020）「事故・外傷と看護」奈良間美保ほか『小児臨床看護各論　第14版』医学書院
三宅康史（2023）「特集　子どもの熱中症」『チャイルドヘルス』26（6）

第2節　インフルエンザ
篠木絵理（2020）「感染症と看護」奈良間美保ほか『小児臨床看護各論　第14版』医学書院
齋藤昭彦（2018）「感染症患児の看護」海野信也ほか『母子看護　第12版』医学書院
長谷川直樹ほか（2019）『呼吸器　第15版』医学書院
南嶋洋一ほか（2018）「感染と感染症」『微生物学　第13版』医学書院

第3節　食育
e-Gov（2015）学校給食法　https://elaws.e-gov.go.jp/document?lawid=329AC0000000160（2024.3.23 閲覧）
e-Gov（2015）教育基本法　https://elaws.e-gov.go.jp/document?lawid=418AC0000000120（2024.3.23 閲覧）
一般社団法人全国学校給食推進連合会 HP「学校給食の歴史」https://www.zenkyuren.jp/lunch/（2024.5.13 閲覧）
江原絢子・石川尚子編（2016）『新版　日本の食文化——「和食」の継承と食育』アイ・ケイコーポレーション
国立教育政策研究所（2012）「我が国の学校教育制度の歴史について」https://www.nier.go.jp/04_kenkyu_annai/pdf/kenkyu_01.pdf（2024.5.18 閲覧）
国立教育政策研究所（2023）「令和5年度　全国学力・学習調査　報告書・調査結果資料」https://www.nier.go.jp/23chousakekkahoukoku/（2024.5.10 閲覧）
厚生労働省（2017）「保育所保育指針」https://www.mhlw.go.jp/web/t_doc?dataId=00010450&dataType=0&pageNo=1（2024.4.4 閲覧）
厚生労働省雇用均等・児童家庭局母子保健課（2010）「児童福祉施設における食事の提供ガイド——児童福祉施設における食事の提供及び栄養管理に関する研究会報告書」https://www.mhlw.go.jp/shingi/2010/03/dl/s0331-10a-015.pdf（2024.3.9 閲覧）
スポーツ庁（2023）「令和5年度全国体力・運動能力、運動習慣等調査結果報告書」https://www.mext.go.jp/sports/content/20231218-spt_sseisaku02-000032954_12.pdf（2024.5.10 閲覧）
髙田尚美（2018）「学校における食育の推進と食に関する指導の変遷」名古屋学芸大学健康・栄養研究所年報（10）、pp.73-100 https://www.nuas.ac.jp/IHN/report/pdf/10/08.pdf（2024.5.18 閲覧）
内閣府・文部科学省・厚生労働省（2017）「幼保連携型認定こども園教育・保育要領」https://www.mhlw.go.jp/web/t_doc?dataId=00010420&dataType=0&pageNo=1（2024.4.4 閲覧）
農林水産 HP「aff 0 6　June2020　学校給食の変遷　ふるさと給食自慢」https://www.maff.go.jp/j/pr/aff/2006/food01.html（2024.5.13 閲覧）
農林水産省（2023）『令和5年度版　食育白書』日経印刷株式会社
農林水産省（2024）「食育の推進」https://www.maff.go.jp/j/syokuiku/（2024.4.12 閲覧）
藤井義博（2014）「石塚左玄の食育食養法——栄養療法の知的枠組についての研究 11」藤女子大学人間生活学部紀要（51）、pp.25-38　file:///C:/Users/HA770_owner/Downloads/KJ00009362564%20(1).pdf（2024.5.24 閲覧）
文部科学省（2017）「幼稚園教育要領」https://www.mext.go.jp/component/a_menu/education/micro_detail/__icsFiles/afieldfile/2018/04/24/1384661_3_2.pdf（2024.4.4 閲覧）
文部科学省 HP「食育って何？」https://www.mext.go.jp/syokuiku/what/index.html（2024.4.4 閲覧）
文部科学省（2019）「食に関する指導の手引——第二次改訂版」https://www.mext.go.jp/content/20210716-mext_kenshoku-100003341_1.pdf（2024.4.26 閲覧）
文部科学省（2023）「令和3年度学校給食実施状況等調査の結果をお知らせします」https://www.mext.go.jp/content/20230125-mxt-kenshoku-100012603-1.pdf（2024.5.16 閲覧）

◆第9章　子どもを護る社会資源
第1節　子どもを護る都市政策
国土交通省「都市計画制度の概要」https://www.mlit.go.jp/toshi/city_plan/toshi_city_plan_tk_000043.html（2024.5.1 閲覧）
こども家庭庁「こども家庭審議会」https://www.cfa.go.jp/councils/shingikai（2024.5.24 閲覧）

第2節　子ども支援政策と児童相談所の機能
石川恵太ほか（2022）「親の小児期逆境的体験が次世代の精神病理に与える影響に関する研究と現状と課題」『発達心理学研究』33（2）、pp.89-103
井上明美（2020）「日本の保育観の歴史的変遷からとらえる保育——保育の質の向上を目指して——」『花園学園大学社会福祉学

部研究紀要』(28)、pp.35-44

大川聡子ほか (2023)「10 代初産母親の逆境的小児期体験（ACE）の特徴と育児中の心身の健康、経済的状況との関連」『日本地域看護学会誌』26 (1)、pp.4-12

柏女霊峰 (2015)「子ども・子育て支援制度を読み解く～その全体像と今後の課題」誠信書房

黒川恵子ほか (2017)「特定妊婦に対する保健師の支援プロセス──妊婦から子育て支援への継続したかかわり」『日本看護科学学会誌』37、pp.144-122

厚生労働省 (2009)「病児・病後児保育について」https://www.mhlw.go.jp/shingi/2009/09/dl/s0930-9e.pdf（2024.1.12 閲覧）

厚生労働省「児童相談所運営指針」https://www.mhlw.go.jp/bunya/kodomo/dv11/01-03.html（2024.10.4 閲覧）

厚生労働省 (2023)「出産・子育て応援交付金の概要について」https://www.mhlw.go.jp/content/11908000/001035057.pdf（2024.1.12 閲覧）

こども家庭庁 (2023)「令和 6 年度当初予算案の概要」https://www.cfa.go.jp/assets/contents/node/basic_page/field_ref_resources/88749a20-e454-4a5b-9da8-3a32e1788a23/1ce413a4/20231222_policies_budget_16.pdf（2024.1.12 閲覧）

佐々木大樹 (2018)「児童相談所の役割変遷と課題」『京都大学大学院教育研究科紀要』(64)、pp.277-289

佐藤晃子 (2008)「「近年の子どもの放課後」をめぐる政策的変容に関する一考察──「生活の場」としての学童保育の位置づけをめぐって」『生涯学習・社会教育学研究』33、pp.45-54

児童虐待問題研究会 (2020)「すぐに役立つ！児童相談所のしごと Q & A」ぎょうせい

大東文化大学地域デザインフォーラム・ブックレット (2007)「少子化対策──非婚化、晩婚化を視座にして」(19)、pp.19-31

前田雅子 (2014)「みんなでつくる子ども子育て新支援制度──子育てしやすい社会をめざして」ミネルヴァ書房

第 3 節　地域子ども・子育て支援事業

厚生労働省「民生委員・児童委員について」https://www.mhlw.go.jp/stf/seisakunitsuite/bunya/hukushi_kaigo/seikatsuhogo/minseiiin/index.html（2024.5.1 閲覧）

全国民生委員児童委員連合会「民生委員・児童委員とは」https://www2.shakyo.or.jp/zenminjiren/minsei_zidou_summary/（2024.5.1 閲覧）

社会福祉法人全国社会福祉協議会「福祉の資金（貸付制度）」https://www.shakyo.or.jp/guide/shikin/seikatsu/index.html（2024.5.1 閲覧）

日立市コミュニティ活動ハンドブック編集委員会編集 (2023)『日立市コミュニティ活動ハンドブック』日立市・日立市コミュニティ推進協議会

第 4 節　子ども食堂とこども 110 番の家

【1　子ども食堂】

廣繁理美・高増雅子 (2019)「こども食堂の継続的な運営に関する検討──現状と課題を踏まえて」『日本食育学会誌』13 (4)、pp.297-310

加藤悦雄 (2019)「こども食堂が拓く新たな生活支援の形」『日本家政学会誌』70 (2)、pp.102-109

町田大輔・長井祐子・吉田亨 (2018)「実施者が評価する子ども食堂の効果──自由記述を用いた質的研究」『日本健康教育学会誌』26 (3)、pp.231-237

認定 NPO 法人 全国こども食堂支援センター・むすびえ HP　https://musubie.org/（2024.5.31 閲覧）

竹中祐二 (2018)「「子ども食堂」の社会的意義をめぐる理論的検討」『北陸学院大学・北陸学院大学短期大学部研究紀要』11、pp.51-62

【2　子ども 110 番の家】

「「子ども 110 番の家」の意義とは　コラム」公益財団法人ベネッセこども基金ホームページ　https://benesse-kodomokikin.or.jp/column/2021/0928911.html（2024.5.31 確認）

建神和希・中野茂夫・井上亮(2016)「「子ども 110 番の家」の設置状況とその課題の検討──旧松江市における 20 小学校区を事例に」『日本建築学会技術報告書』22 (50)、pp.319-324

索引

あ行

愛着障害　75, 177
アウトリーチ　60, 110, 112
亜型　192, 195
アセスメント　22-23, 49, 109-111, 146, 157
アタッチメント　177
新しい社会的養育ビジョン　182
暑さ指数　187, 188, 196
育児休業制度　227, 232
育児支援センター　227
いじめ　15, 17-18, 94-102, 229
いじめ防止対策推進法　17, 94, 100, 102
インターネット　16, 17, 49, 62-68, 96, 97, 100, 158
インテーク　22, 25
インフラ　216
インフルエンザ　192-197
栄養教諭制度　200, 203, 206
栄養不良　107
エコロジカル・アプローチ　21, 25
エンパワメント　12, 112
音声機能、言語機能又はそしゃく機能の障害　116-117
音声障害　116
オンラインサロン　49

か行

解離　108
カウンセリングマインド　101
学習障害　74, 143, 150
学童保育　226, 227
火災　208-212
家族ケア　44-49
学校給食　200, 203, 206
学校給食法　203, 206
家庭環境　15, 73, 84-85, 110, 176, 205, 206, 224
家庭裁判所　71, 76-79, 80, 84-85, 231
家庭裁判所調査官　76, 78, 85
家庭内孤立　104
感音性難聴　116
感覚過敏　146
感覚特性　157
感覚鈍麻　146

環境調整　76, 85, 154
関係者（ステークホルダー）　24, 25
感染　192-194
完全給食　200, 203
感染力　192
希死念慮　108
機能的アセスメント　146, 157
虐待　13-15, 17-18, 33, 73, 75-76, 81-83, 85, 103-112, 170, 177, 179, 183, 229-232
虐待回避型非行　82
虐待対応ダイヤル　230
逆境的小児期体験（子ども期の逆境的体験）　73, 177, 228
救急安心センター事業（＃7119）　210
教育機会確保法　53
強化子　148
強化の原理　147-148
共食　199, 201, 206
強度行動障害　146
緊急消防援助隊　207
ぐ犯　16, 70-72, 75, 77, 80-81, 84, 85, 228
ぐ犯少年　71-72, 77, 84, 85
警察　70, 75, 78, 80-83, 85, 89, 91, 101, 103, 231, 242-243
ゲーム機　62-63, 68
限局性学習症　142, 144, 150
言語障害　119-120
建蔽率　214
誤飲事故　211-212
誤飲チェッカー　211
構音障害　116, 119
合計特殊出生率　224, 233
恒常性　186
校則　164, 166
合理的配慮　18, 20, 152, 156-157
国際連合　162, 168-169, 172
国際連盟　169, 172
個食　205, 206
孤食　205, 206, 240, 245
子育て支援　18, 19-20, 222, 224-228, 233-239, 247
子育て世帯生活支援特別給付金　227
こども医療電話相談事業（＃8000）　210

こども家庭センター　13, 47, 48, 49, 109, 183, 224-225, 227-228, 235

こども家庭ソーシャルワーカー　13

こども家庭庁　13, 20, 34, 35, 47, 56, 165, 182, 224

こども家庭庁設置法　47

こども虐待による死亡事例等の検証結果等について　106

子ども期の逆境的体験（逆境的小児期体験）　73, 177, 228

子ども・子育て関連3法　233

子ども・子育て支援法　224, 233-236, 239

子ども・子育てビジョン　20, 233

子ども食堂　201, 240-242, 245, 246-247

こども大綱　165, 223

子どもの権利　162-174, 182

子どもの権利条約（児童の権利に関する条約）　13, 44, 162-166, 169, 172-175, 178

子どもの最善の利益　163, 172-174, 178

子どもの人権　91, 167-174

子供の貧困対策に関する大綱～全ての子供たちが夢と希望を持って成長していける社会の実現を目指して～　14, 37-38

子どもの貧困対策の推進に関する法律　37-38

子ども110番の家　242-245

子ども110番の車　243

こどもまんなか社会　162, 165, 224

こどもまんなかまちづくり　216, 223

子ども・若者育成支援推進法　44, 47, 49

コミュニティ活動　219, 238-239

コンパクト・プラス・ネットワーク　216

さ行

里親　19, 104, 175, 176, 182

産後うつ　105, 181

視覚障害　115, 119, 121, 122, 137

試験観察　76

肢体不自由　117-118, 119, 120-121, 123, 136

失語症　116

児童委員　237

指導委託　84, 111, 112

児童家庭支援センター　78, 84, 108, 110-111, 175

児童虐待　17-18, 103-112, 170, 183, 230, 232

児童虐待の防止等に関する法律　85, 103, 230

児童憲章　167-168, 169, 178

児童指導員　84, 104

児童自立支援施設　76, 78, 80, 81, 85

児童自立支援専門員　85

児童心理司　84, 85, 228

児童心理治療施設　175-177

児童生活支援員　85

児童相談所　19, 70, 78, ,80, 83-84, 85, 91, 103, 111, 112, 132, 175, 179, 181, 228-231

児童手当　227, 239

児童の権利に関するジュネーブ宣言　169

児童の権利に関する条約（子どもの権利条約）　13, 44, 162-166, 169, 172-175, 178

児童の性的搾取等に係る対策の基本計画　90-92

児童発達支援　126, 152, 179

児童発達支援事業　149, 157

児童発達支援事業所　147, 149

児童福祉司　84, 85, 228

児童福祉法　47, 77-78, 84-85, 103, 109, 125, 126, 165, 167-169, 173-174, 175-176, 178-183, 224, 230, 236

児童扶養手当　34, 132, 227

児童養護施設　76, 78, 84, 104, 111, 175-182, 231

児童養護施設送致　76

自閉スペクトラム症　74, 128-129, 142-150, 157

地面からの照り返し　190-191

社会権　168-169, 174

社会的コミュニケーション　143-145

社会的孤立　104, 105, 158

社会的自立　130, 132

社会的相続　42-43

社会的養護　18, 111, 175-183

社会発達　106-107

社会福祉協議会　110, 206, 220, 237-238

就学援助制度　37, 38, 227

自由権　168, 171, 174

重層的支援体制整備事業　47, 49

重大事態　94, 99

受動的権利　162, 167, 170-171, 173, 174

受動的権利保障　167, 170, 173

障害児相談支援事業所　149

障害受容　131-132

少子化対策　13, 224, 232, 233

小舎夫婦制　85

少年院　75-76, 78, 79

少年鑑別所　76, 78-79

少年サポートセンター　78, 83

少年非行　16, 70

少年法　16, 70-71, 76, 78, 80, 85

ショートステイサービス　110, 112

初回面接（インテーク）　22, 25

食育基本法　198-199

食育推進基本計画　201, 203-204, 206

食事環境　205

食事のマナー　201, 204-205

食に関する指導の手引き　201, 203, 205, 206

触法　16, 70, 71, 85

触法少年　16, 71, 77, 84, 85
自立援助ホーム　175-176
自立支援　132, 179
親権　103
身体障害　114-126
身体的虐待　17-18, 103, 177, 183, 232
心肺蘇生　211
心理士　84
心理的安全性　164
心理的虐待　17-18, 73, 82, 85, 103, 177, 183, 232
水難事故　207-208, 212
スクールカウンセラー　38, 56, 99, 100, 206
スクールソーシャルワーカー　15, 19, 38, 56, 206
ステークホルダー　24, 25
ストレングス　110, 112
スマートフォン　16, 40, 62-68
スマホ依存症　65-66
スマホ急性内斜視　64, 68
生活規制　114, 124, 126
生活習慣病　202, 205
生活福祉資金の貸付制度　237
生存権　168, 171, 174
性的虐待　17, 85, 87, 103, 106-108, 177, 183, 232
生徒指導提要　164
青年期限定反社会性　73, 81
生物・心理・社会モデル（BPS モデル）　72, 81, 122
性暴力　86-89, 91-92
世代間連鎖　42, 43, 105
接触感染　193
摂食障害　89, 98, 205
絶対的貧困　14, 39
全身倦怠感　193
潜伏期　192
相対的貧困　14, 30, 31, 37, 38-39, 40

た行

体育　198-199, 203
体験の格差（体験格差）　31-32, 35
第三の居場所　241, 245
第 4 次食育推進基本計画　201, 203, 206
多機関協働事業　47, 49
多機関・多職種連携　47, 49
多極ネットワーク型コンパクトシティ　217, 219, 223
多世代交流　201, 219, 240, 242, 244, 245, 246
脱水　188, 190, 191
打撲痕　106, 108
地域子育て支援拠点事業　180, 181, 222, 234, 236, 239
地域モビリティ　219

知育　198-199, 203
チームアプローチ　47, 134, 136, 138
チーム学校　56
地区計画制度　215
知的障害　127-133, 146, 177, 229
知的発達症　142, 144, 147
致命率　194
注意欠陥多動性障害　74, 143, 152
注意欠如・多動症　128-129, 142, 144, 152-154, 177
中耳炎　194
聴覚障害　116, 119, 121, 122-123
聴覚又は平衡機能の障害　116
フィルタリング　66
通級による指導　122, 123, 152
通信指令室　208
デジタルタトゥー　17, 89-90, 92
伝音性難聴　116
徳育　198-199, 203
特定少年　70
特別支援教育　152. 156. 157
特別支援教育コーディネーター　152
都市計画マスタープラン　214, 217
都市施設　214
都市のスポンジ化　216, 218
土砂・風水害機動支援部隊　207
ドメスティック・バイオレンス（DV）　73, 82, 103, 105, 176, 177, 178
トラウマ　32, 75, 98, 108, 111

な行

内部障害　117-118, 120, 121, 124
二次障害　74, 98, 157
日本型食生活　200, 206
乳児院　19, 175, 182
人間の尊厳　168, 171-172, 174
ネグレクト　13, 14, 17, 33, 41, 42, 73, 82, 85, 103, 106-107, 110, 170, 173, 177, 183, 232
熱中症　186-191, 196
ネットいじめ　64, 90, 95, 96
ネットワーク　47
脳損傷　107, 116
能動的権利　162, 163, 166, 170-174
能動的権利保障　170-174

は行

発症　192
発達障害　55, 72, 74, 75, 76, 81-83, 105, 142-157, 177, 226, 228

発達障害児者及び家族等支援事業　154

発達障害者支援センター　143, 157

発達障害者支援法　74, 128, 143, 152, 156

発達障害の併存　142, 144, 157

発達性協調運動症　142, 144, 155-156

犯罪少年　71, 80, 85

パンデミック　192

ピアサポート　49

ひきこもり　15, 58-61

ひきこもり地域支援センター　61

非行　16, 70-79, 82-85, 228

非正規職員　29

被措置児童等虐待　104

ひとり親世帯　28-35, 38

飛沫感染　193

病児保育　227, 234

病弱　114, 118, 120-121, 122, 124, 126

ファミリーホーム　175, 176-177

福祉・介護・医療・教育の連携プロジェクトチーム　46

不登校　15, 52-57, 59, 94, 98, 229

プライベートパーツ　106, 107

フラッシュバック　78, 98, 108

不良行為少年　70, 75, 80, 85

ペアレント・トレーニング　110, 111, 154

変異　194

保育士　84, 104, 124, 231

保育所等訪問支援事業　126, 149

放課後等デイサービス　126, 149, 152, 156, 179, 226

包括的アセスメント　110

防犯 CSR 活動　242, 245

保護観察　76, 79

保護観察官　79

保護観察所　75, 78, 79

保護司　79

保護処分　71, 76, 78, 85

母子健康手帳　227

母子生活支援施設　34, 175, 176

補導　70, 75, 80, 83

ま行

マイナー　168, 169, 170, 171, 173

味覚・臭覚障害　205

未成年後見人　85, 103

民生委員　236, 237

メジャー　168, 169, 170, 171, 173

免疫力　192, 193, 195

面前 DV　73, 82

モータリゼーション　216

や行

薬物療法　154

山側住宅団地　217, 218, 219

ヤングケアラー　15, 44-49, 55, 228

ヤングケアラー支援体制強化事業　46

養育費　30, 34, 35

容積率　214

用途地域　214

要保護児童　15, 46, 47, 49, 175, 181

要保護児童対策地域協議会（要対協）　15, 46, 108-109, 181, 183, 230, 234, 236

ら行

離岸流　208, 212

リスクアセスメント　110

リストカット　89, 108

立地適正化計画　216

流行株　194, 195

療育　74, 122, 124, 134-141, 145, 146, 147-149, 157, 230

療育手帳　128, 132, 150, 229

利用者支援事業　234, 235

ルールメイキング　164, 166

レスパイト　110, 112

わ行

ワーキングプア　29, 35

ワクチン　194-195

ワンオペ育児　236

ワンストップ支援センター　89, 91-92

英数字

ADHD　72, 74, 75, 82, 128, 142, 144, 152-154, 157

ASD　72, 74, 128, 142-150, 157

BPS モデル　72, 81, 122

BRT　218

COCOLO プラン　56, 57

DCD　142, 144, 155-156

DSM　88, 142, 144, 150, 153, 155

DV　73, 82, 103, 105, 176, 177, 178

GIGA 端末　63, 68

ICT　12, 56, 164

LD　72, 74, 150-152

LGBTQ　228

NET119　209

PDCA サイクル　109

PECSR　148

PTSD　75, 76, 98

SLD　142, 144, 150

SNS　17, 58, 62, 64-68, 86, 88, 90, 91, 96, 97, 164

TEACCH プログラム　140, 146, 149

Well-being　162, 165, 166

1.57 ショック　224

119 番通報　208-209

8050 問題　59

◆監修

宮本 文雄（みやもと・ふみお）

修士（教育学）

東京教育大学大学院（博士課程）教育学研究科特殊教育専攻中退

筑波大学附属大塚養護学校教諭、筑波大学学校教育部講師、東京成徳大学応用心理学部福祉心理学科教授、東京成徳大学大学院（修士課程）心理学研究科教授、東日本国際大学健康福祉学部教授兼学部長並びに副学長を歴任

日本特殊教育学会会員、日本心理臨床学会名誉会員、日本福祉心理学会会員（常任理事、元理事長、監事）

八千代市身体障害者福祉会はばたき職業センター苦情解決第三者委員、筑波大学附属大塚特別支援学校評議委員、杉並区保健福祉サービス苦情調整委員、社会福祉法人温光会評議委員、八千代市特別支援連絡協議会委員長、八千代市高齢者虐待防止地域連絡会委員長、福島県立いわき総合高等学校評議員、いわき市行政経営市民会議委員、社会福祉法人わかぎり評議委員を歴任

『福祉心理学——援助を必要とする人のために』（共著、ブレーン社、2002 年）、『公認心理師スタンダードテキストシリーズ 17　福祉心理学』（分担執筆、ミネルヴァ書房、2021 年）、『福祉心理学〈日本福祉心理学会研修テキスト〉——基礎から現場における支援まで』（分担執筆、明石書店、2021 年）

◆編集代表

富樫 ひとみ（とがし・ひとみ）

博士（社会学）、社会福祉士、福祉心理士

茨城キリスト教大学生活科学部 教授

日本福祉心理学会 常任理事／日本福祉心理士会 会長

日本法政学会 理事／編集副委員長

日立市及び他の地方公共団体の委員会・審議会の委員長及び委員を歴任

『茨城キリスト教大学言語文化研修所叢書　高齢期につなぐ社会関係　ソーシャルサポートの提供とボランティア活動を通して』（ナカニシヤ出版、2013 年）、『Next 教科書シリーズ　社会保障』（分担執筆、弘文堂、2014 年）、『公認心理師スタンダードテキストシリーズ 17　福祉心理学』（分担執筆、ミネルヴァ書房、2021 年）、『福祉心理学〈日本福祉心理学会研修テキスト〉——基礎から現場における支援まで』（編著、明石書店、2021 年）など

◆編集

大迫 秀樹（おおさこ・ひでき）

修士（教育学）、臨床心理士、公認心理師、福祉心理士、指導健康心理士

九州大学大学院人間環境学研究科修士課程修了

福岡女学院大学人間関係学部心理学科・大学院人文科学研究科臨床心理学専攻 教授

日本福祉心理学会 常任理事／機関紙編集委員会 委員長

児童家庭支援センター（非常勤心理士）にて現職として稼働中／公的機関の委員として、児童福祉審議会権利擁護部門委員、要保護児童対策地域協議会委員など

『社会的養護の理念と実践 第2版』（編著、みらい、2017年）、『福祉心理学 公認心理師の基礎と実践17巻』（共著、遠見書房、2018年）、『福祉心理学〈日本福祉心理学会研修テキスト〉――基礎から現場における支援まで』（編著、明石書店、2021年）など

大西 良（おおにし　りょう）

博士（保健福祉学）、社会福祉士、精神保健福祉士、公認心理師、福祉心理士

筑紫女学園大学人間科学部人間科学科心理・社会福祉専攻 准教授

日本福祉心理学会 常任理事

『スクールソーシャルワーク実習・演習テキスト』（共著、北大路書房、2010年）、『精神保健福祉士のためのスクールソーシャルワーク入門』（編著、へるす出版、2012年）、『スクールソーシャルワーク実践技術』（共著、北大路書房、2015年）、『貧困のなかにいる子どものソーシャルワーク』（編著、中央法規出版、2018年）、『福祉心理学〈日本福祉心理学会研修テキスト〉――基礎から現場における支援まで』（共著、明石書店、2021年）など

執筆者一覧（執筆順、〈　〉は担当個所）

宮本　文雄　　元 東日本国際大学健康福祉学部教授〈監修のことば、第6章第2節〉

富樫　ひとみ　茨城キリスト教大学生活科学部教授〈まえがき、第2章第3節、第4章第3節、第8章第3節、コラム❸、コラム❹、コーヒーブレイク〉

益子　徹　　　東京都立大学ダイバーシティ推進室特任研究員〈第1章〉

大西　良　　　筑紫女学園大学人間科学部准教授〈第2章第1節・第2節〉

荒谷　容子　　岩国短期大学幼児教育科教授〈第3章第1節・第2節〉

小野崎美奈子　つくば国際短期大学保育科准教授〈第3章第3節〉

大迫　秀樹　　福岡女学院大学人間関係学部心理学科教授〈第4章第1節・第2節〉

吉田　滋　　　茨城キリスト教大学兼任講師〈第4章第3節〉

藤原　善美　　茨城キリスト教大学文学部准教授〈第5章第1節〉

芳賀　英友　　同仁会子どもホーム 園長〈第5章第2節〉

有村　玲香　　鹿児島国際大学福祉社会学部准教授〈第6章第1節〉

請井　征力　　社会福祉法人佑啓会ふる里学舎潮見 療育相談員〈コラム❶〉

村本　浄司　　九州看護福祉大学看護福祉学部准教授〈第6章第3節〉

細川　美由紀　茨城大学教育学野准教授〈第6章第4節〉

菅原　大地　　筑波大学人間系准教授〈コラム❷〉

後藤　幸洋　　オイスカチカラン日本語幼稚園事務長兼教諭(元 北海道立高等学校教頭)〈第7章第1節〉

網野　武博　　現代福祉マインド研究所 所長〈第7章第2節〉

大原　天青　　東京都小平児童相談所〈第7章第3節〉

大平　裕子　　看護師〈第8章第1節・第2節〉

日立市消防本部総務課〈第8章第4節〉

朽津　秀治　　日立市都市建設部都市政策課〈第9章第1節〉

水口　進　　　放送大学茨城学習センター客員教授・茨城キリスト教大学兼任講師〈第9章第2節〉

今橋　みづほ　茨城キリスト教大学兼任講師〈第9章第3節〉

平塚　謙一　　常磐大学人間科学部現代社会学科助教〈第9章第4節〉

子ども家庭まるごと支援テキスト
——垣根を越えた重層的支援論

2025年3月31日　初版第1刷発行

監　　修	宮本文雄
編集代表	富樫ひとみ
編　　集	大迫秀樹
	大西　良
発 行 者	大江道雅
発 行 所	株式会社 明石書店

〒101-0021 東京都千代田区外神田 6-9-5
電　話　03 (5818) 1171
FAX　03 (5818) 1174
振　替　00100-7-24505
https://www.akashi.co.jp/

装丁	谷川のりこ
印刷・製本	モリモト印刷株式会社

定価はカバーに記してあります。　　　　　　　　ISBN978-4-7503-5907-6

JCOPY 〈出版者著作権管理機構　委託出版物〉
本書の無断複製は著作権法上での例外を除き禁じられています。複製される場合は、そのつど事前に、出版者著作権管理機構（電話
03-5244-5088、FAX 03-5244-5089、e-mail: info@jcopy.or.jp）の許諾を得てください。

福祉心理学

〈日本福祉心理学会研修テキスト〉
基礎から現場における支援まで
日本福祉心理学会監修
米川和雄編集代表　大迫秀樹、富樫ひとみ編集
◎2600円

子ども家庭支援の勘ドコロ

事例の理解と対応に役立つ6つの視点
川畑隆著
◎2600円

地域とともに歩む子育て支援

いつ、どこで、誰が、なにを支援するか
平野恵久著
◎2200円

保育者のための専門職倫理ハンドブック

事例から学ぶ実践への活用法
亀﨑美沙子、鶴宏史、中谷奈津子著
◎2600円

産前からの親準備教育のススメ

二人でともに親になるために　柴田俊一編著
◎2200円

子どもの権利ガイドブック【第3版】

日本弁護士連合会子どもの権利委員会編著
◎4000円

子どものウェルビーイングとひびきあう

権利・声・「象徴」としての子ども
山口有紗著
◎2200円

子どもアドボカシーQ&A

30の問いからわかる実践ガイド
栄留里美編著
◎2200円

子ども虐待・子どもの安全問題ソーシャルワーク

マネジメントとアセスメントの実践ガイド
山本恒雄著
◎2600円

スクールソーシャルワーク実践スタンダード【第2版】

実践の質を保証するためのガイドライン
馬場幸子著
◎2200円

迷走ソーシャルワーカーのラプソディ

どんなときでも「いいんじゃない?」と僕は言う
山下英三郎著
◎2000円

海外の教育のしくみをのぞいてみよう

日本・ブラジル・スウェーデン・イギリス・ドイツ・フランス
園山大祐編著
◎3000円

スウェーデンの優しい学校　FIKAと共生の教育学

戸野塚厚子著
◎2200円

新版 Q&A 少年非行を知るための基礎知識

親・教師・公認心理師のためのガイドブック
村尾泰弘著
◎1800円

自分でできるコグトレ【全6巻】

学校では教えてくれない困っている子どもを支える
トレーニングシリーズ　宮口幸治編著
各巻◎1800円

発達障害白書

知的・発達障害を巡る法や制度、社会動向の最新情報を網羅。【年1回刊】
日本発達障害連盟編
◎3000円

〈価格は本体価格です〉